U0594477

皓月繁星

青少年儿童
心理成长手册

主　编 ◉ 林赞歌
副主编 ◉ 杜志南　魏长波

中国水利水电出版社
www.waterpub.com.cn
·北京·

内 容 提 要

《心灵绿洲》广播节目是由厦门市集美区委宣传部、集美大学心理咨询中心和集美区心理学会共同策划并推动的心理学科普平台。该平台以专业为基石，以传播为核心，经过精心策划、录制与呈现，成功推出了一系列影响深远、实用性强的佳作。

本书聚焦青少年儿童心理成长，涵盖了亲子关系、情绪管理、缓解考前焦虑、青春期问题等多方面的内容，不仅对青少年儿童的心理健康成长有积极的指导意义，也给广大读者，尤其是学生家长们提供了心理指导与支持。

图书在版编目（CIP）数据

皓月繁星：青少年儿童心理成长手册 / 林赞歌主编.
北京：中国水利水电出版社，2025. 4. -- ISBN 978-7
-5226-3382-4

Ⅰ. G444

中国国家版本馆 CIP 数据核字第 2025NH3543 号

策划编辑：陈艳蕊　　　　责任编辑：邓建梅　　　　封面设计：苏敏

书　　名	皓月繁星：青少年儿童心理成长手册 HAOYUE FANXING: QINGSHAONIAN ERTONG XINLI CHENGZHANG SHOUCE
作　　者	主　编　林赞歌 副主编　杜志南　魏长波
出版发行	中国水利水电出版社 （北京市海淀区玉渊潭南路 1 号 D 座　100038） 网址：www.waterpub.com.cn E-mail: mchannel@263.net（答疑） 　　　　sales@mwr.gov.cn 电话：（010）68545888（营销中心）、82562819（组稿）
经　　售	北京科水图书销售有限公司 电话：（010）68545874、63202643 全国各地新华书店和相关出版物销售网点
排　　版	北京万水电子信息有限公司
印　　刷	三河市德贤弘印务有限公司
规　　格	170mm×240mm　16 开本　14.5 印张　251 千字
版　　次	2025 年 4 月第 1 版　2025 年 4 月第 1 次印刷
定　　价	59.00 元

厦门，如大厦之门，亦似诗意之门；集美，汇聚天下之美、人文之美，光听名字便令人心生向往。无论何时，这里都魅力不减，吸引着学者专家赴会、富商巨贾寻商机，更引得男女游客来此观光度假。如今，越来越多人愿在此闲居，他们都深感，在四季如春的厦门集美生活，幸福又惬意。

集美之美，不止于人文与文化。山海林湖间，青山滴翠，湖海深蓝，沙滩金黄，面朝大海，春暖花开。吃住行游娱购，商家热情，环境舒适，老字号随处可见。集美气候宜人，四季如春，绿树繁花，相得益彰。园博苑堪称水上大观园，水上有园，园中有湖，桥桥相通。在此，可览古今中外胜迹、异域风情和海上风光。此外，厦门大学、集美大学等高校，还有从幼儿园到研究生全覆盖的学村，更为集美增添了独特魅力。

集美的发展离不开来这里的能工巧匠，离不开他们的领路人。如今，在建设者们的辛勤耕耘下，厦门从海岛型城市向海湾型城市转变，还有善良和富有爱心的厦门人，给人热情，令人温暖。所有这些客观外在作用于人，作用于人心，使人产生情绪心理吸引力和黏性力，形成安全、舒服自在的连接。从一定意义上说，也筑就了厦门集美这方水土，一块特别适合心理建设、心灵成长、开心快乐的土壤。

心灵是一种主客观存在。每个人都有喜怒哀乐，有的品性暴躁，有的多愁善感，心绪情感，都在变化发展。每个人都有自己的心路历程，也有自己的处置方式，喜怒哀乐正常，这就是人文的主要成分，也是人作为高级灵性动物的价值优势所在。它每时每刻发生在人的身上，影响着人的言行举止，体现了每个人的不同品格思想感情。由此延展到家庭、群体和社会，就形成了各类精彩纷呈的家庭、群体和社会的心理特征和心灵现象。由心理心灵衍生的各种行为和结果客观地无时无刻体现着反映着，作用在具体个体群体上面，从而不断影响每个人的人生，影响着每个家庭的结构组合形态和生命，影响着整个社会的生态和文明。为了解决这个无形却又极为重大的问题，人们归纳产生了各类学科，包括哲学、各种教派、民间信仰等，心理科学也应运而生，并发挥着越来越重要的作用。那些长期耕耘在心理科学理论、实践、教学咨询、辅导干预，包括心理科技领域的人群，为此付出很多甚至终身，其中的佼佼者对社会贡献更大，影响更深远。

就像集美吧，有一个响亮的名字叫"集美学村"，被誉为"华侨旗帜、民族光辉"的陈嘉庚先生给教育下了一个很明确的结论"教育非仅读书识字而已，而是以养成德性，禅益社会"，嘉庚年代的集美学村就推行德、智、体、美、劳五育教育，特别重视心理教育。集美学校从 20 世纪 20 年代就开设心理学课程，关注学生心理建设，对孩子的心理进行科学研究，引导教育人们科学认识自己，把握心理，惠及他人，造福社会。1930 年，集美学校将心理学及教育心理学同国文、生物学一样列为全校必修科目。1931 年 5 月 9 日集美儿童心理研究会成立，这在当时的基层社会应该是一个创举，给了当时的中国社会有用有效有趣的精神食粮，也给集美这块"心灵绿洲"留下了很好的种子。

人的心理成长伴随人的终生，每一代人都在不断地寻求心理力量，形成自己的方法和途径。

2008 年 5 月 9 日，集美区团委、妇联、教育局联合成立集美区青少年心理咨询指导中心和集美区家庭教育指导中心，我兼任这两个中心主任，开始了积极推动集美区青少年心理健康教育工作。2010 年 7 月，富士康事件发生后，为了赋能个人、家庭、社会发展力量，科学引导和解决各类主体在面对机遇和应对挑战时产生的各种心理问题，集美区委宣传部、人社局、工会、团委等部门和我一起联手开启关爱职工"心"健康活动，仅仅一个暑假我就走进集美 34 家企业为 5000 多名职工开展了 50 多场心理讲座和"心理体检"活动。自此，集美大地逐步构建起包含集美区心理学会等 19 个社会心理服务平台，搭建起一片新时期的"心灵绿洲"，开展了不同群体丰富多彩的"健心"活动。集美区历任区长、区委书记都非常重视心理工作，许多基层干部直接参与其中。在一段时间内，集美社会各界形成了由区委宣传部牵头，各部门共同参与，大家重视心理健康，积极主动提升心理素质,科学应对学习、家庭、工作、情感、身体健康等各种生活的刺激和事件,培育出向上向善的积极心理氛围。集美心理工作还得到了全国各省、市、区以及香港、台湾等心理专家的爱心支持,他们前来集美为百姓授课。这种超前做法后来被清华大学心理学博导樊富珉教授归纳总结为心理建设的"集美模式"!

心理建设的"集美模式"通过各种媒介传播出去,引起清华大学樊富珉教授的关注,她多次到集美调研,办讲座,指导我开展系列"健心"工作和活动。福建师范大学的连榕教授,把集美作为一处心理研究、教育实践的试验田,邀请在全国各个领域有影响力的心理学大咖到集美来调研,举办各类全国性心理学学术会议,派出一批又一批的心理学专业毕业生到集美各个岗位实习并传播心理学,有力加强了集美的基础心理力量,推动了集美"心灵绿洲"由浅到深,由低到高,形成体系和影响力。

特别是在当时新媒体还不够成熟,直播还没有发展起来,要在更大范围普及心理健康知识,要让更多的人重视心理知识主动"健心",从"心"开始过好每个时间节点,过上更美好的生活,单方面的力量是远远不够的,单是课堂上开讲座的普及面是不够的。能不能请更多的心理学家和老师参与进来?能不能让更多的人在不同的时间点接受心理学知识,甚至可以实现互动?

2015年7月,时任集美区委常委、宣传部部长赖朝晖想到了广播,用这个伴随着很多人的成长,通过声音空中传递,可以进行互动,充满着人性温暖,同时又可以回放和储存的古老又现代的传播方式,来解决集美"心灵绿洲"普及面受限的问题。他特别邀请我来负责此项工作,同时让集美广播电视台的阿杜做主持人,并由时任集美区委宣传部副部长周国治具体协调相关工作。我们为此专门开设了调频FM89.2MHz心理教育广播专栏,商定每周日21:00—22:00为集美《心灵绿洲》广播节目时间,将邀请心理学专家开展空中心理讲座。这在区一级的媒体传播来说是绝无仅有的。自此,由我负责邀请全国省市区心理学专家参加集美《心灵绿洲》广播录制,并与专家探讨每一期录制主题,阿杜负责主持。2015年8月30日,第一期集美《心灵绿洲》广播特别邀请时任厦门市仙岳医院心理科主任张晓阳作为嘉宾进行首播,与听众在空中见面。该广播还可以使用手机便捷收听,是心理科普的一个重要窗口,受到大家的喜爱。随后,越来越多的心理学专家积极参与广播的录制。在录播的实践探索过程中大家发现，虽然是短短的一期节目，但涉及心理学方方面面，特别考验老师的知识功底、认知水准以及深入浅出的表达能力等，这与接听热线电话的要求完全不一样。

每一期广播我们往往都会向全国各个心理学专业群推荐，越来越多地受到大家的喜爱，尤其是来自全国各大高校、在心理学领域深有造诣的心理学大咖，直接参与到集美《心灵绿洲》广播的录制，提升了广播的品质和品牌效应。当然，在刚刚准备邀请他们参与广播录制时，我也十分忐忑不安，担心集美区区一级小小的广播节目，能否请到这些大咖？他们出场的费用会不会很高？结果证明，我所有的这些担心和忧虑都是多余的。所有经过厦门或在厦门短暂停留的心理学大咖，一旦被我"发现"，被集美调频 FM89.2MHz 心理教育广播邀请，都十分愿意"路过留声"，从不谈费用，他们完全以公益心积极参与进来，支持我们的工作。他们有的提着行李箱录完就赶路，有的分不同专题讲了 3 次，有的在广播中留下自己的咨询电话给听众……他们想方设法用最浅显的语言，给听众最有效的讲解，回答不是心理专业毕业的电台主持人阿杜的各种追问，演绎了一场场大咖大家与普通大众心心相印、同心同德、其乐融融的"心理磁场"感应。张侃教授的"心理学大视野"，韩布新教授的"颜色心理学"，徐凯文先生的"为心灵升级"，岳晓东博士的"幸福元素表"，格桑泽仁的"生活的智慧，智慧的生活"，樊富珉教授的"了解 EAP，幸福职场路"……心灵之声形成了讲者与听者心灵的高光时刻，精神富养。很多人现在提及，都心怀欢喜，终生难忘。集美《心灵绿洲》广播共录播 250 期空中心理讲座，现在这些专家们录播的空中心理讲座成为集美"心灵绿洲"工作的一份珍贵的财富。厦门集美，因为有了这档节目，也被全国各地的很多听众称为"海上花园，人文集美，心灵绿洲"，并获得了各种荣誉，如集美区 2016 年 7 月荣获"全国心理科普基地"、2021 年 11 月荣获"全国十佳社会心理服务地区"等称号。

社会总是在不断发展进步，特别是互联网的不断升级换代，信息传递的方式也在换新迭代，人们开始采用了诸如直播的方式，插入了 PPT、漫画和各类的视频、沉浸式短剧，把自己摆进去等。此外，人工智能、ChatGPT 又可以替代人们的众多功能，未来的心理健康的普及会越来越好。集美学村"心灵绿洲"耕耘者的探索都值得肯定。十年前在集美《心灵绿洲》广播里发出来的声音仍然可以不断指导现在的你我他继续前行在各自的人生之路上。

　　把过去的积累有效整理和固定下来是一种智慧，也会成为一种财富，因此，我们找出了当时的音频资料，先是委托厦门音像出版社林慧君等团队一句句导成文字，在保持口头语言真实性的基础上转化为可读性更强的书面语言，再由集美大学学生们逐句校对，并附之以"心灵绿洲"小课堂和音频，数易其稿终于形成初稿。与出版社各位老师进行多次会商，再分别经各位心理专家修改，大大提高了稿件质量。其间，每位心理专家都是在百忙之中用爱心支持我们，令我感动万分。本书的插图由黎斌先生创作。百川成河，集合大成，经过大家多方努力，终于形成了本书。本书的出版还得到了集美区委常委、宣传部部长庄志辉、集美区社科联主席杨良杰的大力支持。同时，集美区区长倪杰先生来到集美工作之后，一直致力于积极推动集美"心灵绿洲"工作，对本书的出版给予高度重视。在此，我代表编委会对所有支持集美《心灵绿洲》广播录制以及本书出版的心理学专家们、朋友们、学生们致以最诚挚的谢意！

　　本书的出版也是为了纪念集美学村、厦门大学校长陈嘉庚先生诞辰150周年，弘扬嘉庚精神，同时也为纪念集美学村拥有百年心理学史。

　　所有的这些付出都在为人民的美好生活赋能。我期待这本带着情怀、专业、声音和温暖的心灵之书能够给不断前行的你我他增添力量，拓展活力！我更期待本书如书名一样像天上的皓月繁星照亮所有人的心灵，使人们过上舒心惬意的生活，自由自在地唱着悠然舒适的歌！

林赞歌

2025 年 2 月 20 日

Contents
目录

优质父母宣言

> 在生命的源头做足教育。
>
> ——纪汉平

嘉宾简介

纪汉平，中国心理学会心理学普及工作委员会副主任，商务部企业心理培训师，心理咨询师，中国医学与心理学工作者协会心理干预技术专业委员会副主任，中国优生优育科学协会特聘专家，国家妇联婚姻与家庭专家讲师团讲师，团中央青少年儿童发展心理讲师中山大学汕头训练基地主任，世界自然医学大学心理学院"婚姻与家庭"方向硕士博士生导师，国务院医改办、国家卫健委"健康中国行·健康宣传大使"，十年荣耀·引领心理咨询行业发展十大杰出贡献人物，广西中国—东盟医师行业协会积极心理学分会名誉会长，2023 年度品牌影响力·最具社会责任感贡献人物，中国"一带一路"中华文化传播讲好中国故事香港"一带一路"发展促进会名誉会长，深圳粤港澳大湾区心理健康研究院院长，哈佛大学新经济与幸福管理访问学者。

主持人：纪老师，您好！您是关工委（中国关心下一代工作委员会）以及优生优育协会的委员，相信大家大概能猜到今天的讨论主题了。

纪汉平：没错。刚才你提到关工委，关工委和国务院新闻办公室同处一座大楼办公，这足以彰显其重要地位。至于关工委为什么要设立"科学早教专业委员会"，原因在于当下许多早教活动缺乏科学性，急需专家介入，提升早教的规范性和科学性。

主持人：早教和胎教是同一概念吗？

纪汉平：早教涵盖胎教，通常指孩子出生后一段时间内接受的教育。但真正科学的早教，其实从父母领结婚证，甚至谈恋爱阶段就该着手准备。换言之，胎教的筹备应尽早开始，贯穿整个孕育前的生活阶段。

主持人：社会大众对早教和胎教存在不少误区。一提到胎教，很多人就想到听莫扎特或肖邦的音乐。

纪汉平：实际上，听音乐仅仅是胎教的一小部分，远不能代表胎教的全部。胎教是一个多元且系统的过程，涉及多个维度的准备与培养。

主持人：今天，我们就来全面认识一下胎教。追本溯源，胎教是什么时候出现的？很多人可能认为胎教是从西方传入的。

纪汉平：恰恰相反，胎教概念在东方文化中的出现远比西方更早。它最早源于《黄帝内经》的《上古天真论》，黄帝可谓是胎教的受惠者，他的智慧很大程度上得益于父母给予的胎教。

主持人：所以《上古天真论》中有这样的记载："昔在黄帝，生而神灵，弱而能言，幼而徇齐，长而敦敏，成而登天。"

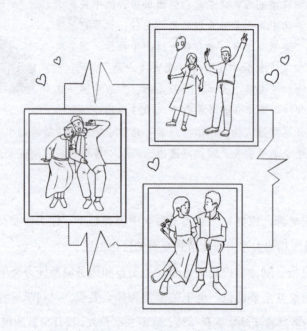

纪汉平：《黄帝内经》对养胎有明确论述，每个月的胎养方式都有所不同。例如，怀孕首月由肝经主养。在十月怀胎期间，单月属阳，双月属阴。无论怀孕于哪个月份，首月均由肝经主养，次月由胆经主养，三月由心包经主养，四月由三焦经主养，五月由脾经主养，六月由胃经主养，七月由肺经主养，八月由大肠经主养，九月由肾经主养，十月则静待瓜熟蒂落。这些理念自《黄帝内经》传承至今。到了周朝，周文王也接受过母亲的胎教，其母留下的"气类潜通，造化密移；子在腹中，随母听闻"十六字，点明了胎教的关键。前八字强调营造清新优美的环境，为孕育创造最佳条件；后八字则表明胎儿在母体内，会感知并传承父母的言行。

主持人：也就是说，妈妈怀孕时经常看书，或者收听节目，宝宝在腹中也能"学习"。

纪汉平：没错。我在全国妇联、卫生健康委、优生优育协会以及中国心理学会普及工作委员会开展全国宣教工作时，反复强调，宝宝潜在能力和未来智慧的开发，关键在于父母。父母要努力成为优质父母。就像入党需要宣誓一样，成为优质父母同样需要践行特定的理念，这绝非一纸结婚证就能替代。

主持人：做优质父母有六大宣言，我们后面会讲到，这如同结婚时许下"我愿意"的承诺。在准备孕育宝宝以及与宝宝相处的过程中，父母应当接纳胎教的理念。

纪汉平：胎教绝非简单之事，不能秉持"我的孩子我做主，我怀孕我做主，我结婚我做主"的片面观念。这里的"做主"更多体现在个人生活层面，而孕育宝宝需要全面且科学的准备。

主持人：胎教究竟有多重要？

纪汉平：我从 2006 年开始在全国推广胎教，我期望每个孩子都能健康拙壮成长。然而，像孤独症、发育障碍等问题，给一些家庭带来沉重打击。我与孤独症儿童打交道长达 18 年，目睹了这些家庭的艰难处境。我认为应从生命源头入手，避免孩子出现此类心理障碍，这便是我推广胎教的初衷。

主持人：找到孩子产生心理障碍的原因了吗？

纪汉平：在怀孕、恋爱和婚姻阶段，情绪至关重要，许多疾病都由情绪引发。孕期保持身心愉悦十分关键，一旦孕妇情绪出现问题，可能会对胎儿产生不良影响，甚至导致孩子出现障碍，给家庭带来巨大打击。

主持人：所以，胎教开始的时间比大多数人认为的要早，正如您所说，从结婚或准备孕育宝宝时就该开始。

纪汉平：一般建议从婚姻阶段开始，因为此时夫妻组建了家庭。恋爱阶段更

是理想时期，双方沉浸在愉悦、甜蜜的氛围中。领结婚证后，夫妻需肩负起责任，此时建议学习专业的胎教知识。国外部分地区会建议每对育龄夫妇在领结婚证后，参加婚姻大学的学习。婚姻大学的课程涵盖五大内容：首先是敬畏生命，这是胎教的核心；其次是解读生命；再者是适应角色转变；然后是学习如何孕育生命；最后是让生命处于最佳和最优质的状态。

主持人：我觉得国内也应推广这种婚姻大学。

纪汉平：目前，全国妇联正在大力推广一项活动，育龄夫妇结婚登记后，国家会为专业工作者提供费用支持，助力他们开展公益学习活动。

主持人：就像开车需要考驾照一样，为人父母也需"储备知识"，才能对宝宝负责。

纪汉平：确实如此。通过婚姻大学的学习，人们能正确认识生命。自2006年至今，我持续开展胎教的全国性推广工作。2006年，许多国家将孤独症儿童列为残疾群体，并放开了孤独症家庭的二胎生育指标。在此背景下，家庭在计划生育二胎时，面临诸多疑问，如能否生育二胎、二胎是否会患孤独症等。于是，我整合中西方胎教文化，开始推广胎教服务。我为约2000个孤独症家庭提供了二胎胎教服务，结果这些家庭的二胎均未出现孤独症症状。我们进行数据调研后发现，接受过胎教和未接受胎教的孩子存在显著差异。接受过胎教的孩子，出生后笑容满面，语言表达、数字理解和人际交往能力更强，且比普通孩子早11个月牙牙学语，各方面发展更为出色。正因如此，全国妇联将胎教列为重点推动项目，让更多家庭受益。

主持人：这确实是件大好事。如今二孩政策开放，许多已有一孩的夫妇，以及大量育龄夫妇都有生育二孩的计划。那么，主要的胎教知识都有哪些呢？

纪汉平：今年，全国妇联和卫生健康委加大了对胎教的推广力度，引导育龄夫妇学习相关科学知识，践行优质父母宣言，在孕期10个月甚至备孕6个月的时间里，科学开展胎教。第一大宣言：敬畏生命是胎教的核心。准父母需先学习生命知识，若对生命缺乏敬畏之心，便难以照顾好腹中胎儿。怀揣敬畏之心，不仅能给予宝宝更多关爱，还能提升自身素养。

主持人：我在朋友圈看到，不少女孩成为妈妈后，言行展现出母爱的升华。

纪汉平：没错。敬畏生命是胎教的核心。前文提到《黄帝内经》的胎教理念，孕期 10 个月，单月养阳，双月养阴，追求阴阳结合，这是对生命的崇高敬畏，有助于生命生生不息。我们秉持中学为体、西学为用的原则，西方的部分理念也值得借鉴。

主持人：比如 B 超技术？

纪汉平：并非如此。我从心理学角度探讨生命的生生不息，B 超主要用于检查胎儿的生理发育状况，难以在心理学层面为胎教提供助力。心理学在胎教中的作用体现在，例如积极心理学胎教强调，备孕前 6 个月，夫妇应学习婚姻大学的相关内容滋养自身。孕前 3 个月，需制定胎教计划，并动员全家参与，因为孕育宝宝不仅是妈妈或夫妻二人的事，而是整个家庭的大事。在此期间，爸爸要养肾，妈妈要养血，为胎儿的成长创造良好条件。同时，心理学为育龄夫妇提供胎教计划，并明确每个月的胎教主题。孕期首月开展环境胎教，营造干净整洁、空气清新、环境优美的家庭环境，这与周文王母亲的胎教理念不谋而合。次月进行心理胎教，此时妈妈通常会出现妊娠反应，爸爸与妈妈的心理沟通尤为重要。第三个月开启音乐胎教，选择合适的音乐。第四个月，妈妈妊娠反应减轻，需科学饮食，均衡补充七种营养素。我曾调研发现，许多年轻爸爸在妻子妊娠反应结束后，对其饮食需求有求必应，甚至半夜为其购买烧烤等食物，这其实是错误的做法。第五个月，妈妈身体状态最佳，可开展运动胎教，如散步、瑜伽、孕动体操等。第六个月进行视觉胎教，让妈妈接触美好的事物。第七个月开展美学胎教，第八个月进行语言胎教。第九个月，胎儿基本成型，妈妈肚子增大，爸爸需做好辅助胎教。第十个月则进行临产胎教，若无手术指征，建议自然分娩。这对宝宝的身心发展更为有利，剖宫产可能会对孩子的性格发育产生一定影响。

主持人：刚才纪老师介绍的是第一大宣言——敬畏生命。那么第二大宣言是什么呢？

纪汉平：第二大宣言：文化底蕴是胎教的关键。我国古代先辈在胎教方面积累了丰富的智慧，如今，国学热的兴起、吟诵艺术的传承，以及《道德经》《弟子规》《三字经》等经典著作的推广，为胎教提供了深厚的文化土壤。这些经典不仅适用于胎教阶段，任何时候学习都有益处。

主持人：在胎教过程中，应该是爸爸妈妈共同学习，宝宝在腹中也能受到熏陶。

纪汉平：非常正确。胎教绝非妈妈一人的任务，需要夫妻双方共同参与、陪

伴和推动，若爷爷奶奶、外公外婆也能参与其中，效果会更好。因为长辈们的言行都会成为孩子学习的榜样，即便孩子尚未出生，文化和品德也在悄然传承。目前，我们推广的"易学胎教""蒙学胎教"和"儒学胎教"，均传承了我国悠久的文化传统。过去，胎教多在皇家贵族中施行，如今，我们希望将这些优质的胎教理念推广至普通家庭，提升孩子的文化底蕴。

主持人：国家对胎教也给予了高度重视。

纪汉平：国家从 2006 年开始重视胎教。多年来，我在全国妇联推动"黄房子"关爱生命 1000 天项目，这是一项国家战略计划。1000 天涵盖备孕 6 个月、怀孕 10 个月以及宝宝出生后至一岁半的时间。"黄房子"指代女性的乳房，它是宝宝营养的重要来源，其营养水平取决于女性生理和心理的健康状况。

第三大宣言：艺术修养是胎教的桥梁。这是我在多个国家访学后总结的经验。法国以浓厚的浪漫和艺术氛围著称，1972 年，法国里昂大学率先建立胎教学院，胎儿大学的概念也源于此。法国在胎教方面成果显著，通过音乐鉴赏、电影胎教、肚皮画等形式，将艺术融入准父母的生活。

主持人：这在胎教过程中是重要环节吧？

纪汉平：从某种程度来说，它相对表象，易于推广和复制，不像《黄帝内经》和国学胎教那样具有较高的学习难度。

主持人：这是不是就是节目开头提到的，听莫扎特、肖邦的音乐进行胎教？

纪汉平：虽有这方面因素，但从科学角度看，并非所有名人作品都适合胎教。音乐创作者在不同年龄阶段，作品蕴含的情绪和风格各异。若选择莫扎特后期，尤其是其处于抑郁或婚姻困境时创作的音乐，可能会将消极情绪传给宝宝，适得其反。因此，选择胎教音乐需在专业人士指导下进行，优先选择创作者青春年华时创作的积极向上的作品，如奏鸣曲、小夜曲等。同样，选择胎教电影时，应挑选积极、喜剧类的影片，避免凶杀、恐怖题材，像《阿甘正传》这类励志且能舒缓情绪的电影，是较好的选择。我在全国妇联和卫生健康委推广电影胎教时，每周都会严格筛选两部影片。

主持人：您之前提到的肚皮画、创意画，很新颖。

纪汉平：肚皮画是妈妈腹部隆起后，爸爸和妈妈用可食用颜料在肚皮上创意作画，类似涂鸦。国内从 2006 年开始推广，效果显著。

主持人：这会和宝宝产生互动吗？宝宝会感觉到笔在戳肚子吗？

纪汉平：作画时主要采用描绘的方式，不会戳到宝宝。肚皮画能激发父母的创意，促进夫妻间的情感融合，营造和谐的情绪氛围，对夫妻协作也是一种锻炼。

第四大宣言：运动滋养是胎教的保障。 在国内推广胎教时，我们发现许多孕妈妈为保持体型，孕期会进行瑜伽等运动。实际上，运动滋养对宝宝的身心健康至关重要，而非仅仅为了保持身材。对于孕前有运动基础的孕妈妈，适当增加运动量，能让宝宝更健康。运动形式包括舞动、呼吸训练、骨盆提升训练，以及太极八卦、八段锦、五禽戏等。此外，我们还会让孕爸爸佩戴模拟孕妇肚皮，体验孕妈妈运动的不易。

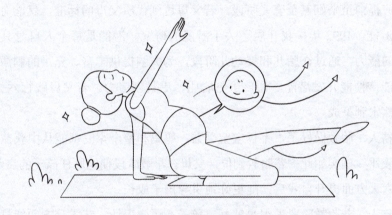

主持人：孕妈妈增加运动量，需在科学指导下进行。

纪汉平：没错。这一环节趣味性十足，比如通过让孕爸爸体验孕妈妈的状态，增进对孕妈妈的理解和支持。

第五大宣言：婚姻幸福是胎教的基石。 在幸福家庭中，宝宝、妈妈和爸爸都能保持愉悦的状态。在备孕 6 个月和怀孕 10 个月期间，夫妻双方应保持积极的情绪，积极投入生活，建立良好的人际关系，共同探讨人生的意义和目标。我们为营造幸福婚姻提供了五大要素：积极情绪、积极投入、积极的人际关系、畅享人生的意义和目的，以及人生的成就。做到前四点，自然能收获人生的成就。

第六大宣言：亲子和谐是胎教的目标。 胎教是科学早教的重要组成部分，科学早教应从恋爱、结婚直至孕育阶段持续开展。无论是早教还是胎教，最终目的都是促进孩子与父母、社会的和谐相处。为此，准父母在孕前需参加婚姻大学的

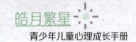

学习，怀孕后参加胎儿大学的学习，宝宝出生后，父母还需与孩子共同成长，参加父母大学的学习。

主持人：这三个阶段对宝宝的成长影响重大，夫妻应在相应阶段参加这三所大学的学习。

纪汉平：没错。这三所大学由中国妇联推广，父母在不同阶段学习，不断提升自我，不仅能促进孩子的成长，自身也能在学习中进步。

主持人：遵循这六大宣言，能为宝宝的成长奠定良好的基础，所谓的起跑线，或许就在于此。

纪汉平：对。过去，人们普遍认为孩子出生才是起跑线，而这六大宣言表明，起跑线应提前至婚姻甚至恋爱阶段。若父母达到优质父母的标准，就能有效开发宝宝的潜能。1992年，我开展了关于潜能的研究。潜能是每个人自身具备但未被开发的能力，通过在胎儿和婴幼儿阶段，为大脑提供丰富、充足的刺激，激活各项功能，便能开发潜能，让孩子更聪明、更具创造力。若父母践行六大宣言，胎教自然水到渠成。

主持人：胎教做好了，不仅宝宝受益，妈妈和整个家庭都能从中获益。

纪汉平：确实如此。若胎教到位，父母在早教阶段便能胜任孩子的启蒙老师。父母在六大方面提升自我后，能更好地引导孩子成长。

主持人：若胎教阶段做得足够好，孩子在语言表达、艺术等方面能打下良好的基础。

纪汉平：没错。当我们做到敬畏生命、积累文化底蕴、提升艺术修养、保障身心健康、营造幸福家庭、实现亲子和谐，就能有效开发孩子的潜能。

主持人：用通俗易懂的话来说，孩子在弹钢琴、音乐感知、背诵《岳阳楼记》等方面表现出色，可能得益于胎教阶段打下的基础。

纪汉平：对。打下这些基础后，应尊重孩子的兴趣，鼓励他们做喜欢的事，让孩子保持愉悦的情绪。许多家长强迫孩子学习，很大程度上是因为胎教环节的缺失。

主持人：您一直强调胎教的理想时长为16个月（备孕6个月加怀孕10个月），但现实中，可能会出现意外怀孕等情况，无法达到这一理想时长。

纪汉平：虽然理想和科学的胎教时长是16个月，但任何时候开始胎教都不

晚，关键是从当下行动起来。胎教的本质是提升父母的素养，而非单纯针对宝宝。胎教以胎儿为载体，促使父母聚焦胎儿，学习六大宣言相关知识，提升自身能力。当父母的能力提升后，宝宝自然能受益。

主持人：常说父母是孩子的第一任老师。

纪汉平：没错。六大宣言旨在助力父母成为孩子的第一任优秀老师。若胎教成功，早教便无需耗费过多精力。在早教阶段，家庭和早教机构相互配合，能达到事半功倍的效果。反之，若未进行胎教，孩子在早教机构和家庭中的表现可能会出现较大差异。

主持人：您提到孕期 10 个月，每个月的胎教都有特定方向。若妈妈怀孕五个月才开始胎教，是需要补之前的课程，还是只做当下的胎教呢？

纪汉平：若妈妈怀孕五个月才开始胎教，应重点做好第五个月的运动胎教，适当增加运动量。到第六个月，侧重视觉胎教。同时，针对之前错过的胎教内容，我们也会进行合理安排，帮助妈妈补上。胎教的关键在于树立胎教意识，只要有行动的决心，错过的课程都能补回来。

主持人：听了纪老师的讲解，大家对胎教的重要性有了清晰的认识。那么，通过哪些途径能学习胎教理论呢？

纪汉平：自 2006 年起，全国妇联大力推动胎教工作。到了 2010 年前后，

社会上陆续涌现出一批开展胎教服务的机构。近年来，国内胎教推广工作开展得热火朝天，尤其是各大妇幼保健院纷纷增设胎教课程，加快了胎教知识普及的步伐。

主持人：计划怀孕的夫妇，不妨提前前往妇幼保健院，了解胎教相关知识。

纪汉平：除了妇幼保健院，不少月子会所、母婴服务机构也开设了胎教课程。近年来，全国妇联、卫生健康委以及教育部，均将胎教纳入成人教育推广范畴。胎教的核心目的，在于提升准父母的文化素养，培养他们对生命的敬畏之心，全方位保障孩子的健康成长。因此，希望广大市民树立胎教意识，在备孕及孕期，积极参加胎教课程，提升自身综合能力，为孩子做好榜样，当好孩子人生路上的第一任老师，这是我们开展胎教推广工作的重要目标。

主持人：确实，在这一关键阶段，爸爸妈妈一定要以身作则，毕竟榜样的力量是无穷的。

○"心灵绿洲"小课堂 ✎

科学胎教与科学早教，对孩子的健康成长起着极为关键的作用。培养优质父母，不仅能帮助他们做好孩子人生路上的第一任老师，为孩子树立良好榜样，更能全方位助力宝宝茁壮成长。在此过程中，"优质父母六大宣言"提供了清晰指引。

宣言一：敬畏生命是胎教的核心。对生命的敬畏，是孕育新生命的重要前提。只有心怀敬畏，父母才能给予孩子最悉心的呵护与关爱。

宣言二：文化底蕴是胎教的关键。丰富的文化底蕴，是胎教的重要养分。通过学习经典文化，能为孩子营造充满文化气息的成长环境，培养其深厚的文化素养。

宣言三：艺术修养是胎教的桥梁。艺术修养能让胎教变得更加生动有趣。借助音乐、绘画、电影等艺术形式，能够将美好的情感与认知传递给孩子。

宣言四：运动滋养是胎教的保障。科学合理的运动，不仅有助于孕妈妈保持良好状态，更是宝宝健康成长的有力保障，为孩子的身体素质打下坚实基础。

宣言五：婚姻幸福是胎教的基石。和谐幸福的婚姻，是孩子成长的温暖港湾，为胎教营造稳定、愉悦的家庭氛围。

　　宣言六：亲子和谐是胎教的目标。追求亲子和谐，是胎教的重要目标。这能让孩子在充满爱的家庭中，学会沟通与理解，建立健康的亲子关系。

　　在备孕6个月加怀孕10个月的理想周期里，国家大力推广的婚姻大学、胎儿大学和父母大学，为家长提供了专业的学习平台。家长可以系统学习育儿知识，和孩子一起学习、共同进步，开启科学育儿新征程。

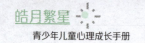

家庭关系与家庭教育

> 　　不良的父母夫妻关系和亲子关系以及失能的家庭教养问题，往往是青少年儿童心理问题和心理创伤的源头。良好的家庭沟通方式，情绪稳定且愿意成长与学习的家长，是个体健康成长的第一起跑线。幸福的家庭路径是"父爱则母静，母静则子安"。
>
> ——苏细清

🎧 嘉宾简介

　　苏细清博士，香港注册社工，香港心理辅导协会认证心理咨询师，中国心理学会注册临床心理督导师（D21-110），香港浸会大学社会政策社会科学学士（荣誉）课程总监，曾任清华大学幸福热线、华中师大心理咨询热线、北京语言大学心理咨询中心、兰州大学驼铃服务等心理督导师。

　　长期从事心理健康、社工教育及家庭教育，有三十多年的大学生心理咨询和青少年心理危机预防与干预实践经验。近年来专注青少年心理健康守门人计划推广，致力于中小学心理健康与发展、生涯规划、感恩教育、残障人士的复康服务及本土化的实践，聚焦学生全人发展教育及测量、亲子关系与青少年的心理健康等研究，曾出版图书十余种，发表论文二十余篇，科研成果丰富。

主持人：以前我们可能觉得心理咨询是一个比较私密的事情，更希望咨询师对受访者进行一对一的咨询和关切。

苏细清：确实如此，以前许多求助者来到咨询中心和咨询员进行一对一的互动。但现在我们发现，很多问题不能在一个抽离所有外界因素的特殊环境里解决，人在环境中（person-in-the-situation），个体所处的社会和人文环境塑造着个体的个性和品格，也影响个体的心理健康。实际上，很多人的问题是源自家庭、夫妻或人际关系。特别是中国人，问题往往更多地来自周围的关系网。相对于西方文化，中国人的自我更多是人际关系中的自我，中国人更在意他人的感受，也更倾向于在各种关系中建构自我、评价自我的价值和能力。因此，心理问题离不开个体所处的环境和不同的人际关系，咨询时咨询师常常要与服务对象一起回归到这些关系脉络，在治疗关系中重塑不同关系的论述，重塑关系中的人际互动关系，包括权力和情感互动关系，在重塑不同关系中重塑自我，重新评估自己，从镜像自我发展成为成熟的自我，才是咨询的本质。

主持人：现在更多人会参与结构性的家庭式咨询，可能也是因为发现了一些问题根植于家庭系统，特别是青少年的心理问题。

苏细清：是的，青少年是个体从儿童期向成人发展的过渡期，良好的家庭关系促进青少年儿童的健康成长。心理咨询学派从传统的重视个人内在世界的重塑，包括强调自我与潜意识对话的精神分析和重视内在认知归因和信念系统重构的认知行为疗法（Cognitive-Behavioral Therapy），到重视人与环境互动的各种流派，包括格式塔、关系聚焦（Relation-Focused Therapy）、家庭治疗等。家庭治疗的核心理念：家庭中一个成员出现问题，往往意味着整个家庭的功能、关系或原则需要重构。换言之，一个家庭成员的问题反映的是一个家庭长时间未解决的系统问题，包括家庭沟通问题、家庭关系问题、家庭权力关系问题以及家庭教养功能失调问题等，家庭系统问题是长期家庭功能失调的累积结果，处于弱势的家庭成员可能受家庭系统的影响最大，以不同方式的情绪问题、行为问题以及心理问题等表现出来。因此，我们需要重新解释这个家庭的结构。

主持人：爆发的原因是两边都在不停地累积和加码。

苏细清：是的，良好的家庭关系的维系是需要双向奔赴的。我很反对简单论证原生家庭的原罪，更不能简单指责父母的问题。实际上，不存在绝对完美的原生家庭，也没有完美的父母，每个人都需要成长与学习。心理问题的出现可以视为长时间未解决的家庭危机爆发，同时也是家庭关系和功能重塑的成长机会。许多心理问题实际上需要家庭成员的共同参与才有可能解决。因此，当前的心理治疗，特别是青少年儿童的心理咨询和治疗，倾向于重新审视他们的家庭结构，重点在重建健康的家庭关系互动模式和情绪情感表达方式，让家庭的爱能积极且温暖地流动，青少年儿童的自我价值和自我效能感在原生家庭中得以重塑。

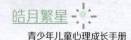
主持人：假如您作为咨询师就坐在工作室中，现在门开了，一个家庭来到您面前，您可能也会从中判断、观察他们的状态或关系。

苏细清：当然，如果全体成员都能来到咨询室，肯定有助于我们了解他们的互动模式和关系的原始状态。但是，我们的心理咨询或治疗不能局限在咨询室内进行，有时我们还会外展（outreach），到求助者的家庭中，让所有的家庭成员熟悉的环境中自然展现其共同模式和人际关系互动的状态，咨询师可以很快了解他们的家庭结构和互动方式。作为咨询师，我们的关注点并非在不同的事件中评判谁对谁错，而是审视家庭成员互动过程中是否存在需要重新构建的地方。当然，这个家庭规则与沟通模式的重新建构是需要家庭所有的成员参与。

主持人：受访者经过互动，再去找您咨询时，我觉得可能有两种状态，一是怒气冲冲或余火未消来找您理论；二是在冷战的状态。这两种状态应该都是最常出现的。

苏细清：相对而言，冷战状态的家庭关系比较难处理，因为这种冷冻关系说明成员间彼此完全不沟通，甚至早就感到绝望了，首先是需要时间去理解和处理成员对彼此的绝望感。而怒气冲冲型则属于情绪爆发时，愤怒的能量感是非常具有扩张性的，甚至是破坏性的。但是，每个负面的情绪下往往包裹至少一个未被满足的需要或期待，对彼此的愤怒至少说明对他／她还有期待。心理咨询的关键是，如何将愤怒所包裹的内心需求翻译出来。咨询师首先要让情绪激动的人平复下来，感受自己的情绪，并了解自己情绪下的需求，才有能力去感受彼此的情绪以及彼此未被表达出来的内心需求。情绪本身无对错，关键在于情绪表达方式是否恰当。因为我对他感觉就是生气，不必压抑，能诱发愤怒必然是感觉自己的尊严被侵犯，愤怒是自己的尊严底线的表达，是值得被对方看到的。而"忍"字心头一把刀，忍总是要付代价的。愤怒不表达，后果很严重，不是忍够了不忍之后对他人出现更愤怒的冲动表达，甚至伤害对方；就是对自己"无能"进行愤怒的鞭笞，久而久之，则容易形成自我攻击和精神内耗，发展成为"冰冻的愤怒"——青少年抑郁症。但是，愤怒也不能恣意表达，是需要讲求策略的，可以通过训练进行自我调整和管理。因此，咨询师要协助家庭成员有技巧地表达自己的情绪，重构沟通的方式。情绪就是活生生的感受，我感到愤怒和生气，是因为对方触碰我的底线，是真实存在的，应该在关系中被听见或被看到。然而，中国人推崇隐忍而压抑情绪，视情绪表达为不良的行为，会破坏关系，且"家丑不外扬"，所以大多数人在有情绪时选择隐忍或不表达。在亲密的家庭关系互动时，"忍"无法让对方了解你的尊严或底线，无形中隐忍并鼓励了对方恣意侵犯你的底线而不自知，彼此内心都伤痕累累，亲密关系在长时间中也冰冻了，失去了彼此亲密的温情。因此，情绪没有对错，我们需要的是管理情绪表达的方式，不是压抑情绪或恣意乱发脾气。

主持人：人有各种情绪，可能不知如何处理。

苏西清：我们常说，孩子是父母的复印件。当父母过度表达负面情绪，比如以暴力来表达爆炸性、张力大的愤怒，孩子虽惧怕这样的情绪，但只学会了愤怒就是可以暴力表达。夫妻关系是家庭关系的第一关系，家长的厮打或吵闹会无形中给孩子造成心理创伤。孩子不知道怎么处理，争斗的父母经常忽略了自己孩子的感受。如果父母沟通不善不仅影响夫妻关系，也给孩子做了不良的示范。孩子有了情绪后，不知道该怎么处理，有样学样，他们生气时也只会乱发脾气。特别是关系不良的夫妻，在孩子面前彼此诋毁对方，相当于在孩子这里争夺权力，争夺孩子的地盘，彼此将最坏的一面呈现给孩子，让孩子不敢相信别人，因为最亲密的爸爸妈妈都彼此如仇人，其他人也是不可信的。当父母相互诋毁对方并给对方定罪问责时，孩子只学会了判断对错，如何给对方定罪，却不懂得如何表达和处理情绪和情感，不懂积极正面地表达自己的需要。在自己的人际关系互动中，他们既不容易对他人产生信任，也不容易与他人建立长时间的亲密关系，这些才是我们为什么说"不幸的童年要用一生来修复"。

主持人：听您的阐述，我深感此事非同小可。接下来，我们谈谈积极的一面。众所周知，营造温馨和谐的家庭氛围能促进孩子心智方面的成长。我们可能会将孩子的学习托付学校，但在心灵成长方面，学校可能难以顾及，更需要家庭的呵护。

苏细清：家庭的核心任务在于促进孩子积极品格的塑造、良好习惯的养成以及情感的正确表达能力的培养。实际上，家庭是孩子个性成长中学习如何正确表达情绪情感，学会自我照顾的最佳实践场所。在此过程中，家长的角色尤为重要。首先家不是争论谁有理的地方，家更需要营造充满情感交流、温馨支持的氛围。我们经常讨论什么是孩子的第一起跑线，在我看来，给孩子最好的礼物是夫妻间的深情厚爱与彼此尊重，以及允许孩子犯错且情绪稳定的父母。接纳孩子暂时的不能，允许孩子犯错并协助他们吸取经验，"从错中学"的家庭教育原则是孩子最能受益的教育。"父爱则母静，母静则子安"。父母间，父亲要为母亲提供足够的情绪价值，成为关爱妻子的典范，而非冷漠挑剔的旁观者；从婚姻关系中汲取足够的爱，母亲会更温暖坚定，更有能力回应孩子的情绪情感需要，母亲的温柔关爱于孩子的健康成长是不可或缺的。这些早期的互动模式深刻影响孩子对未来伴侣的选择与期待，给孩子未来的婚姻关系提供模板（Schema）。如果爸爸特别关爱妈妈，妈妈在婚姻中感觉很安全，很安心，则孩子会觉得暂时的分离是安全和安心的，在未来的亲密关系中，对伴侣容易建立信任，不会有分离的焦虑。反之，如果父母婚姻不稳定，彼此诋毁对方，孩子可能因此对异性产生泛化的恐惧、不信任或不安全感，未来在亲密关系或婚姻关系的维护中，也很难忍受分离的焦虑和恐惧，更难对伴侣发展出信任和安全感。因此，家庭作为每个人成长最初的心理安全舒适区，其重要性不言而喻，需要我们用心经营与维护。

主持人：当前社会，诸多领域皆需持证上岗，譬如驾驶需驾驶证，从事会计则需会计证。然而，为人父母却无"父母证"一说，尤其80后、90后这代，多为独生子女的群体，在育儿方面可能更缺乏经验。

苏细清：如今，80后一代已步入社会中坚，承担起为人父母的重任。遗憾的是，部分80后夫妻陷入了"巨婴关系"的困境，彼此间缺乏应有的体谅、妥协与共同成长。双方在夫妻关系中往往执着于争论是非对错。因为以前在他们的原生家庭里都是被父母单向呵护和满足的，可能没有学会如何感受别人的感受，对他人容易陷入判断对错和论是非的陷阱，而忘记了亲密关系中最重要的是彼此的情绪情感联结。这或许源于原生家庭中的教育模式是过度保护或过度满足，个体成长成为过度的自我中心，在面对不如意时，容易责任外化，归咎于外界。这折射出我们的家庭教育需要反思。

主持人：我方才梳理了当前家庭中几种典型情况，逐一向苏老师请教。首先我觉得最为显著的挑战莫过于新生儿的到来，尤其对于工作忙碌的 80 后、90 后而言，可能身心俱疲。在这种情境下，上一辈家长们出于善意，会帮忙照顾孩子。

苏细清：中国文化重视家庭共担责任，跨代教养方式实际上也是不可或缺之补充。是否能促进孩子的健康成长，关键在于孩子父母与上一辈的教养方式及价值观能否相互妥协并达至和谐统一。若存在分歧，易使孩子陷入矛盾之中，进而可能形成不良性格、习惯等问题。当然，我们不应苛责上一辈，因为他们同样深爱孩子，但他们的教养方式需要与时俱进，物质条件的充裕与教育理念的普及，使我们更注重个性化教育，却也可能反而产生观念上的冲突与矛盾，因此，有了孩子，整个家庭成员的关系都会发生变化，每个人都需要与孩子一起学习成长和改变，学习适应彼此的变化。因为，孩子的教养其实没有唯一的标准。

主持人：您是否认同"穷养男孩，富养女孩"这一说法？

苏细清：简单讨论男女孩应"穷养"还是"富养"是不科学的，我不完全认同。其实，这样的观念是植根于传统性别对男孩女孩的角色期待，通过"穷养"来磨砺男孩意志，使之能够承担更多责任。然而，这种做法往往令男孩子困惑不解——我的家人为什么要人为制造一个灾难给我？本应温情的家人却特别制造磨砺会让孩子感觉痛苦异常，他们会感觉被伤害，会怀疑自己的存在价值。男孩和女孩的教养并非一个简单可以遵从的范例，真正的教育应该依据孩子的个体差异与成长需求灵活调整。在教养孩子的过程中，我们应着重考虑以下关键要素：一是立足于日常生活，做有准备的教育，讲求教育时机；二是家长适时且得体地放手，让孩子参与家庭生活与经营，学习决策和解决问题，提升执行力。教育的时机是孩子求助父母时，父母与孩子一起面对，及时提供协助，促进孩子发展两个重要的能力：一是自我决策与承担后果的能力；二是解决问题的能力。如果家长过度保护孩子，有什么问题就马上接手帮忙给他们解决，则可能适得其反，无形中剥夺他们成长的机会。

主持人：关于"穷养"与"富养"的议题，在您的视角中，这并非一个非黑即白的简单选择。但是这种做法可能会对孩子造成逻辑偏差：本应享有的资源与机会，却因家长追求所谓的"培养"或"磨砺环境"而被剥夺。

苏细清：教育本身就是一个合作关系，教育不仅仅在于技巧与方法的教，更重要的是育，以爱心陪伴孩子，以耐心与孩子一起探索最合适的成长途径，在这个过程中，让孩子理解你的教养理念，才能形成教育合力。以感恩教育为例，如果父母有足够金钱买两碗饭，但是因为要磨砺孩子，就只买一碗饭并等孩子吃后再吃，以此告诉孩子要感恩父母，要有感恩的心。这样的做法孩子是不能理解的，反而会觉得这是一种道德绑架或情感勒索。教育需要双方投入与合作，父母认为有益的教育可能对孩子而言是不能接受的，甚至是一种伤害，变成遗憾的相爱相害（或相杀）。教育输出的效果如何，孩子是最有话语权的，应当由孩子来评判，遇到孩子"叛逆"，其实就是教育策略要改变的时候。教育没有定律，但最好的父母是成长型的父母，教养中重要的理念是——向你的孩子学习，学习如何成为适合他们成长的父母。每个孩子都独一无二，对教育方式的理解亦千差万别，向孩子学习，了解他们对教育的感受和期待，感受他们的感受，了解他们的需求，教育才能真正做到以孩子为本，因材施教，孩子才能真正受益。

主持人：从与孩子的互动中捕捉反馈，以提升自我，学会如何更好地给予关爱。不禁让人想起一句话——"我都是为你好呀"。

苏细清：实际上，很多孩子最怕听这句话，根源在于父母常以自我偏好为基准，施行他们认为"对的"教育方式。要做到因材施教，以人为本，我们希望家长记住：教育并非简单的对错，并非单凭一己之力，而应以孩子愿意接纳或可承受的方式来教育，来传递爱，孩子才能真正受益于教育和爱。因此，合作与协商显得尤为重要，共情式的教育对孩子才有益：在教养孩子的过程中，家长需要尽快了解哪些交流方式让孩子感到自在，哪些方式让他们感到受侵犯，从孩子的角度来理解孩子，讲求教育的天时、地利与人和。有时，家长需要示弱，给孩子道歉，不要成为毫无错误的"神"。许多家长常自诩无过，却未察觉孩子的委屈与不解，就算发现自己错了，也可能采取回避甚至偏执态度，让孩子感到无奈，甚至是愤怒。这时家长其实是在回避自身问题，觉得给孩子认错或道歉是件很丢脸的事，但这样的父母其实示范了一个错误的行为方式，就是"绝不认错，都是别人的错"的行为模式，孩子也学会了推卸责任，不担当。为人父母也是个人修养成长的过程。

主持人：当前社会虽大力倡导素质教育与多元化教育，但是升学压力依然如影随形，迫使孩子们在追求全面发展的同时，也不得不面对分数至上的现实考验。

苏细清：这个是社会的游戏规则，在游戏规则没有改变前，我们要尽可能地协助孩子适应环境，以后才能改造环境。其实，现在找不到可以替代考试且更好的选拔人才的方式，考试作为相对公平的手段，不能简单地论其对错。其实考试的内涵远不止于知识和技能的考核，也是在检验个体的心理韧性、毅力与坚持。正因如此，我们常观察到，平时学业成绩斐然者，在关键考试前，有时反因背负过多期望与荣誉而无法取得良好成绩，说明了他们心理耐受力的脆弱。长远观之，步入职场后，那些历经过挫折、具备强大心理承受力的人往往更能脱颖而出。人生犹如一场超长的马拉松，要想赢得比赛，并非时时冲刺在前，而是跟住人生轨道，在关键节点上能自主有能力发力追赶，因此，家长对孩子真的不必过分拘泥于一时的成绩与得失。所谓危机，是"危"与"机"并存，失败之时正是知识补缺补漏和心理耐力滋长的新起点。

主持人：类似于短板理论，关键在于迅速弥补自身的不足。刚才我们谈及学习，与学习相对的还有兴趣及生活情趣。有的人可能过度专注于学业，而忽视了其他方面的发展，以至于跟别人没有共同话题，沟通能力就会较差。

苏细清：其实可以从另一视角审视，心理学中的社会角色理论揭示了人的身份的多元性。譬如，我当前身为教师，需恪尽职守于教学；同时，我也是母亲、女儿、伴侣，以及独立的自我，每个人同时承载着多重身份。所谓"君子不器"，人不应该成为工具，生活、工作与学习应该平衡才能出彩，人才能真正享受生活、工作和学习的快乐。我们常说"人生漫漫，有诗，有远方"，生活不应局限于考试与成绩，广泛涉猎不同领域，发现自己真正的兴趣，让生命之旅更加丰富多彩。

主持人：但时间总是有限的，对于小孩来说，他可能需要上课、吃饭、睡觉，有的还需练琴、练声乐、练书法。

苏细清：其实这涉及的是家庭教育中的教育理念问题。我观察到一种普遍现象：众多家长深陷教育的焦虑之中，对于培养孩子成为什么样的人，如何培养孩子成才等基本问题仍然感到迷茫。许多父母总在羡慕别人家的孩子，看到别人孩子学钢琴，就赶紧让孩子也学钢琴，无形中就忽视了自己孩子的独特性，将自己的孩子培养成别人家孩子的影子。现在很多的家长完全是羊群效应的跟风，缺乏对教育深层次的思考，盲目跟风，鲜少探究孩子的真正兴趣所在，以及何种学习能为其带来真正的快乐。

主持人： 但是就像周杰伦一次在访谈当中说，自己的钢琴技艺最初得益于母亲的督促。这会不会给那些虎爸虎妈们提供了一个正面的案例？

苏细清： 在孩子成长的历程中，12 岁常被视为一个从他人引导发展向自主发展的重要转折点。不可否认，越小的孩子受父母的影响越大。12 岁之前，父母的角色至关重要，是孩子的行为典范提供者与人生的启蒙者。此阶段的孩子个性和自控力尚显稚嫩，未必能理解父母的栽培意图。但是我很希望家长要多跟孩子讲明自己教育的原理与理念，说明每个行为的道理，多讲他们就明白了，这可以说是一种"知所以然"的教育，也叫元认知教育（Meta-cognition）。在陪伴孩子成长时，重要的是让他们学会享受学习过程的乐趣，而非成为学习成绩的奴隶。因此在孩子较小时，父母恰当的管教是很重要的。与西方文化认为管教是负面的管控不同，对中国孩子来说，父母的管教意味着我的父母爱我，他们才会管我。实际上，从脑神经科学视角来看，孩子的大脑在 12 岁前生理基础尚未完全发育成熟，12 岁时脑的生理发育才接近成人的 75% ～ 90%，认知功能完全成熟；然而，很多孩子可能知道该怎么做，但行为管理却无法完全做到，知行不一致，这是大脑管理行为的眼睑皮质层要到 20 ～ 21 岁才真正成熟。因此，稚子无辜，孩子需要成人多提点，多启迪，多给机会让孩子在练习中成长。如果孩子的大脑被过早开发，过早集中在认字书写上，则孩子容易成为学习的工具或成为知识的容器。其实，孩子的年龄越小，大脑的可塑性越大，好奇心是大脑可塑性最佳的养分，父母应创造机会让孩子去探索世界，保持他们的好奇心，培育多元的兴趣，创造机会让孩子能满足好奇探索的"诗和远方"。除了技能学习，如绘画、书法等，更应鼓励孩子体验国学之美，通过诗词等载体，感受文字背后的意境与情感，这是美育。而面对应试压力，孩子需要鼓励，调整心态，关注当下的学习任务，而无需为学习结果过度担忧，才能真正享受学习的过程和快乐。注重培养孩子合理安排时间的技能，以平衡兴趣与学业。正如鲁迅所言，上天是公平的，每个人都是 24 小时，时间挤一挤还是有的。家长需引导孩子理解努力与辛苦的意义，为

何而学，知其然更知其所以然，从而减少孩子的叛逆情绪。

主持人：我们总希望孩子能够孝顺。

苏细清：我认为孝顺不应该是盲从的。孔子所倡导的孝顺，并非一味要求子女无条件遵从父母的所有要求。若父母要求有所偏颇，盲目遵从反而会使父母陷入不义之境，这实则是违背了孝顺的初衷。中国式父母的教养方式大多数是从方便自己管理的角度出发，但这样的教养没有考虑到孩子的独特性和感受，而是以父母的感受为中心。在此，我想重申我的观点，关爱与教育应当采取孩子能够理解并接受的方式进行，共情式的教养才能促进孩子的健康，以父母为中心的教育不仅没效果，甚至可能是破坏的，或者是有毒的，可能会伤害孩子。

主持人：可能有这样的情况，比如几个家庭一起聚会时，有某一个孩子特别淘气，这个时候家长可能会说："人家的孩子这么乖，这么听话，你呢？"

苏细清：是的，一般家长会以比较的方式打压自己的孩子，总认为别人的孩子好过自己的孩子。其实社会交往的目的是促进彼此的社会化和社会学习，社会学习的目的是博取他长，扬长避短，恰如孔子所言："见贤思齐焉，见不贤而内自省也。"在孩子与团体或同辈的互动中，他们自然而然地相互学习、模仿。同时我不希望父母看到别人孩子的不好就让自己的孩子去孤立或排斥他们，这样只会让孩子学会了歧视和孤立别人，或者形成错误认知——觉得自己做得好了，就可以去欺负孤立别人。"老吾老以及人之老，幼吾幼以及人之幼。"当遇到行为不端的孩子时，我们应意识到这可能与其家庭教养方式有关，孩子只是教养结果的呈现，家庭教养黑洞最需要学校的爱来修补，其他成人如果能以爱来修补他们原生家庭可能存在的缺失，则是这个孩子的幸运。我们应教导自己的孩子学会多元了解别人，理解对方行为背后的教养方式，如果可以，尝试以正面的方式帮助那些孩子改进，至少不必简单施以歧视或孤立他人。

主持人：与顺从相反的方向，可能是创造。很多西方家庭，更倾向于采用一种较为自由放任的教育方式。他们的创造力相对于我们中国的孩子可能会更强，您赞同这样的观点吗？

苏细清：这是关于"放养"与"圈养"的教育理念的讨论，中国式父母往往因焦虑而倾向"圈养"，因为这样会"安全"。相比之下，西方教育倾向于放养，但绝非放纵，放养是有底线的，有正确的人生观和价值观引导的。家长在确保孩子不触及危险边缘的前提下，鼓励其尝试，允许犯错，让孩子在不断试错中发展解决问题的能力与承担后果的责任心，从错中学习和成长。反观中国式教育，父母有时因缺乏宽容与放手，未能给予孩子足够的试错空间，导致家长在"替代式成长"中不断进步，而孩子却未能获得相应的成长。没有亲身经历，则无法形成经验，更无法转化成为智慧。口头道理或经验无法直接移植成为孩子的人生阅历或智慧，需要通过亲身的体验与实践来内化。

主持人：接下来要和您来讨论一下"谦让"。家长总希望孩子像彬彬有礼的君子一样，但一些人觉得谦让可能会让人在社会中吃亏。

苏细清：谦让应秉持底线，谦让不是无原则的退让。谦让蕴含"谦"与"让"两重含义。对君子而言，适度展现谦逊与退让是美德，但需视对象而定。吃亏反映的是"舍得"之道的大智慧，先舍后得。适当吃亏能彰显人性与个人胸襟，实为有节有度的、积极的谦让，有清晰的底线，避免"哑忍"。谦让和宽容是有容度的，是我愿意谦让你，谦让者会有愉悦的感觉；忍则是一种非常不舒服的感觉，是我不舒服但不表达而压抑着，终归会有忍不住的时候。因此，真正有教养的孩子，谦让源于自己的教养和习惯，是自愿的让步，不图回报但是有底线。培养孩子成为大气之人，还是斤斤计较的人，关键看父母是否能坚持有底线的吃亏和谦让。孩子间的吵架是一个社会化过程中，孩子学会相互磨砺、相互妥协、团队沟通的过程。但有些父母对孩子间吵架的处理，常会为护犊而偏帮自己的孩子，为孩子强出头，这样过度的介入甚至升级为家长间的冲突，错误示范影响了孩子的视野与格局，对孩子的未来绝对是不好的。缺乏格局与心胸的孩子，难以赢得他人的尊重与合作，其人生道路也将越走越窄。

主持人：还有一个困扰很多家长的矛盾问题——对孩子，我到底应该是放纵一点，还是严格一点？

苏细清：这本质上还是一个教养的度的问题。在谈及"放纵"时，关键在于"放"而非"纵"。纵是纵容，即无原则地放任，缺乏明确界限。家长应为孩子设定明确的危险边界，在此范围内，孩子可自由探索与成长，此谓"放"。明智的父母会与孩子共同探讨并设定合理的底线，明确规则与期望。放纵的家长很怕承担这个责任，他们不知道该怎么教养，就放任孩子恣意放纵。另外一种极端情况就是专制。极端专制的教育方式完全忽视孩子的独立性，视孩子为父母的附属品，强加个人意愿与期望，将孩子培养成为实现自己梦想的工具。要培养孩子成为独立自主与决策能力的个体，家长要成为孩子独特性的伯乐，探索并尊重孩子的独特性，在教养中要聆听孩子的需要，让孩子理解行为背后的原因与目的，学会设置自己个人的底线与沟通边界，既不妄自菲薄而一味讨好他人，也不狂妄自负地自以为是。

主持人："边界"这个词最近确实常被提及。在有形的环境中，边界显而易见。然而在思维领域，边界的界定似乎相当棘手。甚至有时，孩子的撒娇或某些偶然因素的介入，都可能使这些边界变得模糊。

苏细清：其实，这也要考虑孩子的年龄。在孩子很小的时候，教养的一个重要任务就是让他们懂得是非和彼此尊重。在与孩子互动的过程中，你会发现孩子其实很聪明，他们会以自己的方式与你比拼耐力。比如，孩子想吃冰激凌，但家长说冬天不可以吃，因为会肚子疼。然而，孩子一定会以他们自己的方式来达到目的，比如哭闹。此时，如果家长受不了孩子的哭闹，自欺欺人地说"下次不可以了"，但实际上又让步，这就等于没有坚持底线。如果每次孩子哭闹，家长最终都让步，那么几次之后，孩子就会意识到，所谓的"下一次"往往都是他们赢。孩子在这样的互动中学会了"哭闹是可以获得自己想要的"，下次想要，则会按照哭闹方式来表达自己的需求，被拒绝则会简单拉长哭闹的时间。教养中的底线设置以及底线的坚守非常重要。当然，设置底线要通知孩子，进行沟通和调整，直至彼此都愿意坚守；此外，底线可以调整，但需要双方进行有效的沟通和互动，

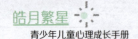
而不是无原则的妥协或随时随意被更改。

　　主持人：您刚刚提到的这些点，都可能会在不同程度上伴随着这个孩子的成长历程。在与您交谈的过程中，我突然想到一个很可怕的事情。这些孩子在未来的 10 年、20 年里，也会经历恋爱、组建家庭，并成为他人的父母。如果他们仍然带着原生家庭的概念，那将是一个值得深思的问题。

　　苏细清：我们常探讨原生家庭的"原罪"，并非是对自己家庭进行定罪。因为世间本就没有完美的原生家庭，原生家庭令人"痛苦的基因"可能是原生家庭悬而未决的"创伤"。两个人的结合，相当于两个原生家庭的结合，探索原生家庭的原罪，目的是未来解决自己未尽的家庭"创伤"，有意识中止自己在原生家庭中无意识带来的问题，如情绪满溢或情绪无法表达。新组成的家庭夫妻要进行磨合，并探索彼此可以和谐相处的沟通方式。夫妻两个磨合相处，才能为自己的子女准备好的原生家庭。家庭教养氛围深受夫妻关系及亲子互动关系的影响，这实质上体现了家庭成员间的互动模式与沟通方式。作为家长，我们要引导孩子探索和实践有效的沟通策略，学会在人际交往中妥协、求同存异，培养相互尊重的品格。身为父母，不仅是在养育孩子，培养他们的健康习惯、利他负责的品质，促进他们健康成长，也是在为社会培养未来的父母、伴侣及其他社会角色。

　　主持人：但是反观一些现状，一些人自身还未成熟，便已承担起为人父母的重任。夫妻发生矛盾他们可能会赌气，比如妈妈教育孩子要往东走，爸爸偏偏教育孩子往西走。

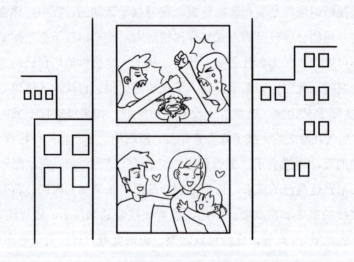

苏细清：这就是原生家庭在论理、论是非、论对错，而不论情感，使得原生家庭充满判断和定罪，每个成员都可能受伤。若家长过分纠结于理论上的对错是非，孩子往往会习得这种偏执。任何要维护的长时间关系都是需要磨合的，都是在有爱、有情、有义的基础上相互妥协和成就。家庭共同的血缘纽带是孩子，夫妻面对孩子的共同点是如何促进和提升孩子的健康与福祉。怎样让孩子因为你的教育而受益，逐步走向独立与成熟？比如，我培养我的儿子首先成为一个为自己负责的人，再成为能负责的好男人，才有可能成为某个女孩子未来的老公。我对他孝顺的期待是：基本孝顺在于他日常中能自理，不轻易增添父母的负担，高阶些的孝顺，就是对身边的人有爱，有担当，能体察父母和家人的需求，愿意为他们付出，特别是在他们特殊时期（如生病或经济困顿时）给予帮助与关爱，做到真正的不离不弃。当父母有意识地培养孩子关爱他人的习惯，你可以看到他们进入婚姻关系或进行社会交往时，自然会愿意付出，而不必刻意为之或勉强忍耐。要想孩子的婚姻是快乐的，要培养孩子成为自愿付出的人，夫妻关系的维护才会好，他们在婚姻关系中会是幸福快乐的，而不会受伤。

主持人：能不能给大家一些建议或者帮助？

苏细清：从夫妻关系来讲，核心在于情感重于理论争辩。论理讲理其实是错误的。实际上女性在整个家庭氛围和格局中是很重要的，女性如何用语言去表达自己需要丈夫的爱是很重要的，因为男性对情绪情感没那么敏感。夫妻关系中，女性运用自己擅长的情绪表达力，积极正面地表达自己的情感需要，让自己的需要在这个关系中被听见，被看到，通过磨合，男性才可能更清晰地了解对方的需求，双方才能最终成为默契的灵魂伴侣。同时，男性也应意识到自己情绪情感表达的弱项，理解女性对情感的渴望。亲密关系中，女性需要的安全感是对方的爱和关心，并非简单的金钱满足。两性相处中，男性往往易被赞美之词打动，而女性则容易因微小的关爱而感到满足。男性只要拿出五分钟来表达对她的爱和肯定，说句"老婆你辛苦了，今天做的菜好好吃啊"，女性就容易满足，感觉到爱意，所谓"父爱则母安"了。然而，中国男性普遍不擅长表达情感和关爱，令其伴侣常常在论证自己是否被丈夫所爱而产生很多内耗，精神内耗的妻子无法成为一个情绪稳定的妈妈。同样，我希望父母在跟孩子互动的过程中，多肯定孩子，多抱抱孩子，让他们感到爱的温暖和安全。

在亲子关系上，第一是得体地放手与退让，给予孩子解决问题的机会并获取尝试错误的经验。第二，要让孩子学会承担责任。父母不应过度干预或代劳决策，以免孩子形成依赖心理，逃避责任。第三，家长应鼓励孩子尝试新事物，表达信任而非过度焦虑，确保孩子在安全的环境中自由探索。第四，培育孩子享受生命展开的快乐，享受过程的快乐（包括学习）。欣赏和肯定孩子细小的努力、坚持、变化、尝试以及帮助他人，培育他们的乐观精神。培养孩子不是帮他们筑篱笆，筑篱笆保护他们的安全会成为舒适区，他们可能不愿意走出去，或永远都走不出去；父母是用无条件的爱建构孩子内心的安全岛，鼓励他们大胆去探索世界，去尝试新的方法，如果失败了，回到家里，家是安全的心灵港湾，充电后，有能力再出去探索世界。因此，孩子犯错误时，家长的指责或问责无疑是雪上加霜，让他们无力走出错误的愧疚或痛苦泥淖。举个例子，孩子考试考不好时，其实孩子本身都有羞耻感、内疚感，这时候如果父母批评或问责他，会把他们的内疚感消减，甚至外化为愤怒，他们会慢慢被培养成为愤怒的小鸟，因为孩子觉得"你已经批评我了，你还要我怎样"。最可怕的是，在愧疚时被指责，他们会感觉被抛弃，父母给的是有条件的爱，他们会感觉到父母的爱是欺骗，或感觉不到爱而很痛苦。让孩子感觉到父母对自己学习只是提要求，遇到自己暂时不能的时候，就打击挖苦，却没有帮他解决问题，痛苦会不断加强，精神内耗就产生，就没有精力去考量如何改善成绩。在孩子考试失意时，不离不弃的爱就是，感受到孩子失意时的痛苦，共情他们的感受，"孩子你考不好，是不是很难过了？妈妈很担忧你，如果需要妈妈在这，你随时和我聊聊。"在孩子暂时不行时，父母与孩子的情感共鸣会产生很强的联结感，孩子感觉到爱的温暖和不离不弃，父母此时接住孩子的痛苦，与他们一起面对，亲子关系才是真正的协作共进，孩子才能真正在亲子互动中受益。

此外，肯定和欣赏孩子是为了增强孩子的自我效能感，如何肯定和欣赏则需要策略。提升孩子的自我效能感的关键是欣赏和肯定他们可控、可改变和可发展的范畴。如考试好了，要肯定孩子的努力与准备的过程，而非表扬孩子的天赋或成绩，如"我很高兴看到，你这两个礼拜提前复习了，而且每天用功四个小时，所以你这次考试可以考这么好，你的努力和坚持做得很好"。如果是另外一种表扬方式，比如家长只说"宝贝你好厉害，考试考得这么好，你真聪明"，则只是肯定了孩子的天赋，也埋下了一个隐患——"下次我考不好了，我就不聪明了"。孩子是上天给我们的礼物，我们的孩子通过自己的情绪、失败甚至是心理问题，在警示我们的教导方法需要改变，在教我们如何当父母，父母有意识地成长，与孩子同行，用他们愿意受教的方式，成为适合他们的父母，我们的家庭教育才真正有效果。

○"心灵绿洲"小课堂 ⋇

　　家庭关系与家庭教育对孩子成长至关重要。家庭问题往往源自有问题的家庭沟通和互动模式，需通过结构性治疗（如家庭治疗）来解决。家庭是孩子情感表达与个性发展的最佳场所，家长应展现夫妻间的深情厚爱与相互尊重，以身作则，示范不离不弃的情感和爱的表达，营造温馨、支持的、允许犯错的教育氛围，成为孩子成长过程中的心理安全岛。教养需根据孩子的个体差异灵活调整，而非简单套用"穷养"或"富养"模式。家长应适度放手，让孩子在探索中成长，并培养解决问题和决策的能力。同时，教育应兼顾学业与兴趣，合理安排时间。面对升学压力，苏细清博士建议家长引导孩子理解努力的意义，培养心理韧性。在亲子关系上，她主张得体放手，让孩子承担责任，并鼓励尝试新事物。家长应尊重孩子，设置家庭教育底线，避免无原则妥协，以有效沟通和理解为基础，共同成长，促进孩子的健康发展。

⟋⟍ 亲子关系中的心理学智慧 ⟋⟍

> 智慧赋能，让孩子成长为最好的自己。
>
> ——葛操

 嘉宾简介

葛操，郑州大学教育学院心理学系教授、心理学博士，中国心理学会注册系统临床督导师，河南省心理学会心理测量分会会长，河南乐尚完满心理咨询公司首席咨询师兼督导师。

主持人： 葛操老师写过一本《与孩子一起成长》的书，今天我们就围绕这本书的副标题"亲子关系当中的心理学智慧"展开讨论。

葛操： 我平时常给家长和心理学爱好者举办心理学讲座，同时长期从事心理咨询工作，接触过大量儿童和青少年。在咨询中我发现，当下儿童、青少年面临的最大问题，就出在亲子关系上。

主持人： 亲子关系有时确实很尴尬。家长觉得自己付出了全部的爱与心血，可孩子却觉得父母不理解、不懂自己，甚至不爱自己。

葛操： 每个父母在孩子教育上都倾注了全力，都会说"我怎么会不爱孩子呢，我把心血都花在他身上了"。有些母亲甚至全职带娃，对丈夫的关注都少了，一心扑在孩子身上，结果孩子却不领情，觉得父母不亲自己。其实很多家长是真的爱孩子，真心希望孩子有个好前途。但问题在于，通过这些年心理咨询，接触有问题的孩子以及和家长交流，我发现家长和孩子相处时，缺乏足够的智慧。他们总认定自己的方法一定对，能让孩子成才。

主持人： 从家长角度看，他们的父母就是这么教育他们的，所以想延续这种

方式。

葛操：家长通常觉得老方法有用、正确。但他们不了解孩子的内心世界。如今时代变了，孩子和过去不同，其心理特点发展有自身规律。家长不了解规律，盲目沿用旧方法，这就是缺乏智慧。

主持人：您写这本书时，肯定收集了不少案例，能跟大家讲讲如何智慧地与孩子相处吗？

葛操：现在很多孩子觉得家长不理解自己。实际上，不少家长为教育孩子，听讲座、看书学习，可获取的知识零散、不系统、不规范。今天听别的家长说这种方法好，回家就照搬；明天又听说要奖励、要无条件地爱与激励；后天又有人说要严惩。结果一个星期里，教育方式变来变去，孩子无所适从。孩子还给这类家长取了个难听的称呼——"蛋白质父母"。所谓"蛋白质父母"，就是指那些不了解孩子生活与需求，只坚持自己认为对的做法，对孩子包办代替，孩子做得不好还会发脾气的家长。

主持人：有些家长觉得，给孩子吃穿就等于爱孩子了。

葛操：这种爱缺乏智慧，日后孩子也不会认可。等孩子进入青春期、逆反期，父母就不知所措，隐约感觉之前的做法不对，这其实是因果循环。

主持人：人生中每天都有因果。像青春期的问题，看似是未来的"因"，实则是小时候教育的"果"。

葛操：家长爱孩子的方式大相径庭。有的主张严厉，给孩子明确界限，做得

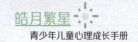

不好就督促，再不好就惩罚；有的则完全放纵，觉得现在条件好，就尽量满足、娇宠孩子。还有的家庭，父母一方严厉，一方宠爱。

主持人：就像"红脸白脸"，也就是"虎妈猫爸"。

葛操：如此一来，孩子在家都不知道该听谁的，妈妈很宠，爸爸却很严。而且这种平衡难以长久维持，妈妈可能觉得爸爸太严厉，于是对孩子更娇惯些；爸爸又觉得妈妈太宠孩子，便愈发严厉，双方育儿观念冲突，都在试图找平衡。真正有智慧的方法，首先要在娇宠和严厉间找到平衡。《正面管教》里有句话叫"和善而坚定"，我把它改成"温暖而坚定"。"温暖"意味着什么呢？对待孩子，一方面要尊重孩子，所有的爱都源于尊重。尊重孩子有自己的想法，了解他们的需求、感受和内在情绪。做到尊重，爱才称得上温暖。另一方面要"坚定"，即便爱孩子，给予温暖、激励与鼓励，也要有界限，明确哪些能做、哪些不能做。一旦孩子违反，就必须接受惩罚。不是说不能惩罚孩子，惩罚有时很有必要，但不是父母动手打骂，而是让孩子承受自然后果。

主持人：比如告诉孩子一锅水很烫不能摸，孩子若执意去摸，被烫伤就得自己承担后果。

葛操：这种疼痛孩子得自己忍受，家长无法代劳，这就是自然后果，也是孩子的一种学习过程。很多家长把孩子犯错视为灾难，其实不然。家长应把孩子犯错当作成长的契机，没必要发脾气。

主持人：有时候家长会走向另一个极端，比如小孩走路磕到桌子，妈妈会说："桌子坏，桌子不好，我打它。"

葛操：这种做法在生活中很常见，不能算错，也是家长对孩子的一种温暖表达，是发自内心的爱。但仅有这样的言语还不够，还可以更温暖些。要告诉孩子："走路得小心，妈妈知道你磕到肯定特别疼，妈妈能体会你的痛。"这在心理学上叫共情。共情就是要理解孩子当下的感受，比如疼、不舒服、想哭。妈妈接着说："你要是想哭，就哭出来吧。"共情之后，马上告诉孩子："你看，桌子一直都在这儿，以后做事得小心，别再碰到了。你得明白下次该怎么做。"这样既表达了对孩子的爱，又让孩子知道，下次走路要留意，别被桌子磕着。目的是温暖孩子，同时明确界限，让孩子知道，妈妈虽和他一样埋怨桌子、感受疼痛，但疼终究是自己的，得从这件事吸取教训，获得成长。这能产生长期影响，让孩子逐渐明白有些规则不能违背，否则就要承受自然后果，这就是"坚定"。

主持人：说到"坚定"，很多妈妈可能理解为"你是男孩不能哭，要勇敢"，这会不会压抑孩子情绪呢？

葛操：妈妈有时会用这话鼓励男孩，倒也不是不能说。关键在于，在要求孩子不哭之前，先给予温暖。可以说："你磕到了，妈妈很心疼，知道你现在特别疼，也能感觉到你想哭，对吧？然后再讲，妈妈觉得你是男子汉，哭两下可以，但别一直哭。"

主持人：现在不少家长只做了后面所谓"爱"的部分，却省略了前面讲道理和共情的环节。

葛操：很多孩子非常渴望家长给予温暖或关爱。即便犯错知道该怎么做了，他们此时更需要的是父母的温暖。比如孩子放学回家向家长抱怨："今天数学老师太讨厌，留了超多作业，今晚完了，十二点都不一定能写完。"孩子这么极端地表达，其实是想让父母知道作业多，自己学习辛苦，希望父母多关爱、别吵自己。可很多父母不理解，会说："就你事儿多，就你作业多，别人都没说。"要是温暖而坚定的妈妈，会说："妈妈知道现在学习又苦又不容易，理解你压力大、没时间玩，很不容易。妈妈相信以你的能力，这些作业难不倒你，对吧？作业还是得完成的。"孩子想要的就是妈妈的安慰。

主持人：要做温暖而坚定的家长。不过这个概念比较宽泛，也有边界。像前面提到的"虎妈猫爸"，怎么把握界限呢？

葛操：这在家庭教育里是个难题。父母一方唱红脸、一方唱白脸，未必对孩子好。家长内部最好达成协议，确定家庭教育的主要实施者，建议是母亲。一方面基于母亲在家庭中的角色和地位，另一方面母亲心思也比较细腻。父亲则作为家庭教育的影响者，因为父亲通常在外辛苦工作。孩子遇到困难时，父亲可以跟他说："这点困难不算啥，爸爸平时也遇到过，努力就能克服。再大的事儿，只要积极面对，都能解决。"比如孩子在家又踢又摔发脾气，家庭教育主要实施者要冷静，采用行为学上的漠视方法，不理他。孩子发脾气是对父母的不尊重，这时不跟他说话，就是"坚定"，并告诉孩子："等你情绪好了，想跟我说话再说。"父母双方观念要和谐一致，由一方实施教育，做到团结一致，助力孩子更好更健康地发展，不能一会儿这个温暖、一会儿那个坚定，让孩子无所适从。

主持人：现在很多父母会在孩子面前表露情绪，还有个毛病是总提"当年勇"，说"看你爸爸/妈妈当年如何如何"。

葛操：父母在孩子面前说当年的成功，是想让孩子觉得自己厉害。有的家长跟我说："我当年高考可是全县第一名，这孩子现在成绩咋这样。"父母这么做缺乏智慧，没有激发孩子的成就感和价值感，而激发这些对孩子成长至关重要。很多家长抱怨："葛老师，我家孩子学习没动力，整天不想学、无所事事。"我就说："孩子没动力，是因为你没激发他的价值感、责任感和成就感。一旦激发，孩子动力无穷。要善于让孩子感受自己的成功，而非父母的成功。"

宝贝好棒！妈妈为你自豪，妈妈为你骄傲！

妈妈我给您倒水

有个历史老师找我咨询,她说:"我是市里优质课大赛一等奖获得者,历史教得很好,教的班级成绩都特别好。我发誓,等我孩子上初中,一定让他历史成绩在班里名列前茅。"孩子上初中后,妈妈一有历史课,晚上就抽半小时给他"开小灶"。她幻想孩子期末考试历史能拿高分,结果成绩出来只有68分,她欲哭无泪,问我:"下了这么多功夫,孩子成绩咋这么差?"我跟她说:"你教育孩子时,一直让他感受你的成功,从没让他感受自己的成功。你获得优质课大赛一等奖,教的班那么厉害,一给孩子讲历史,就说班上孩子历史多好,不善于激励他,孩子一听历史课就紧张,觉得妈妈太厉害,自己学不好,感受不到自身价值。"生活中,父母别太强势,有时在孩子面前可故意示弱,比如跟孩子说:"妈妈需要你帮忙做这事。"之后再鼓励他。我曾看到一位家长帮上初中的孩子扛自行车,就问:"您这么大年纪了,孩子都上初中了,咋还帮他扛?"家长说孩子筋骨弱,自己不累。我说:"让孩子扛,扛完再鼓励他,孩子就会觉得自己有价值,能帮父母做事,活得有意思。现在孩子觉得生活单调,就是因为父母包办太多,孩子没机会做事,无法成长。"

主持人:家长让孩子感受自己的成功,本意是想给孩子树立榜样,激励孩子向自己学习。

葛操:但我们忽略了孩子内心的需求,他们渴望自身价值能被父母认可。比如去饭店点菜,孩子帮忙拿筷子、倒水,这时家长可以表扬:"我的孩子真厉害,妈妈吃饭都不用动手,能享受孩子的服务了,妈妈为你自豪。"

主持人:看来关键在于家长如何向孩子传递理念。

葛操:现在孩子常觉得缺乏参与感。像周末出去玩,去哪吃饭都由父母决定,孩子感觉不到自己的价值与归属感,体验不到成功。在家庭教育中,要让孩子参与做事,别包办,多和孩子商量。比如报课外班,应坐下来商量,这是对孩子的尊重,也是"温暖"。要是直接决定,孩子即便知道自己某科该补,也会反感。

主持人:家长得了解孩子想法,用温暖而坚定的方式去爱孩子,这需要有效沟通。很多家长说每天和孩子一起吃饭等,沟通挺好,但孩子仍觉得父母不懂自己,这是沟通出问题了吗?

葛操:是的。不少家长带孩子咨询时说:"葛老师,我怎么没和孩子沟通,我每天都跟他说好久的话。"其实这不算沟通,而是发牢骚,把自己的焦虑转嫁给孩子。真正的沟通,一是听孩子想说的,二是说孩子想听的。孩子表达时,要倾听他的情绪和需求，这样才能共情。很多家长总跟孩子谈学习、考试、前途，孩子一听就头疼。有个家长给上初中的女儿定三条家规：不能和成绩差的孩子玩，不能和男孩子玩，不能和家境差的孩子玩，结果孩子不想上学了，因为妈妈为监督她，让她毫无自由。家长以为孩子在一起会交流学习方法，其实初中生、高中生出去玩很少谈学习，一谈学习可能会被同伴排斥。有个典型案例，一位办事处书记带孩子和妻子找我咨询，孩子高二突然不愿上学，说爸爸忙得一周都见不到，妈妈不看书，和自己说不到一起。书记承诺只要孩子上学，每周五回来陪他吃饭。可三周后他们又来了，孩子说爸爸回来吃饭让自己饭都吃不好，因为爸爸第一周问学习情况，第二周问成绩有无退步，第三周问前途规划，孩子很反感。和孩子沟通应先从生活琐事、关心孩子入手，等孩子主动谈及学习、前途，再深入交流，不要一上来就直奔主题。<u>父母若想智慧沟通，就要理解孩子需要共情，最后再谈实质问题。</u>

主持人：很多家长并非真心想和孩子沟通，只是宣泄情绪。

葛操：部分家长把焦虑都发泄到孩子身上。孩子出问题，被老师批评或在学校惹事，家长就觉得孩子没做好，回来就唠叨"沟通"，结果自己轻松了，孩子却承受了所有负面情绪，压力更大。<u>日常生活中，有情绪时要先冷静。</u>孩子发脾气或自己想发脾气时，都不是沟通的好时机，别急于解决问题，更不要以暴制暴。可以自己在房间坐二十分钟，冷静后再解决问题。<u>理性时的交流才叫沟通，否则就是宣泄和转嫁焦虑。</u>焦虑像击鼓传花，父母传给孩子，时间久了，孩子可能抑郁，或叛逆反抗。智慧的做法是以问题为中心，对事不对人，以解决问题为目标。

主持人：您说"父母的品质实际上就决定了孩子的未来"，这句话很有道理。

葛操：父母要反思在孩子成长中做了什么、提供了什么条件。比如孩子学习成绩不好，那自己当年学习成绩如何？是否也贪玩？家长不让孩子玩，可自己上学时比孩子玩得还疯，现在看孩子玩又不舒服。父母要为孩子创造优良的成长环境。比如想培养孩子阅读习惯，即便工作忙没时间，也可以每晚饭后和孩子一起读书。孩子看到父母看书，自己也会跟着看，二十多天就能养成好习惯。但很多家长回家就玩手机、刷微信，却要求孩子好好学习、看书，不许玩手机。

主持人：有的家长甚至在家打牌娱乐。

葛操：家长一边搓麻将、喝酒，一边让孩子去读书，没有给孩子树立好榜样。

主持人：孩子很多不良品行都是学来的。

葛操：父母是孩子的第一任老师，言传身教至关重要。孩子小时候不是学规则，而是模仿父母的行为表现。如果父母日常行为出尔反尔、牢骚骂人，孩子也会跟着学。父母想培养孩子哪方面品质，就要在这方面以身作则。

主持人：很多家长以为第一任老师只负责课业，其实在品德行为方面，更要做好孩子的榜样。

葛操：所有家长都希望孩子成绩名列前茅，但如何提高孩子学习成绩呢？要培养孩子良好的学习力。学习力不只是学习能力，包含四个方面：一是学习动力，即孩子对学习有无兴趣、动力和学习欲望，要培养孩子多方面兴趣，让其养成学习习惯；二是思维力，鼓励孩子多思考问题，比如语文、英语、数学考试中的逻辑思维就属于思维力；三是注意力；四是记忆力。父母要善于激发孩子的学习力，让孩子专注学习，逐步提升成绩，这个过程不要操之过急，通过沟通、鼓励与共情，帮助孩子形成良好学习习惯。

主持人：学习力的概念如今越来越受关注，家长在实践中容易走入误区。

葛操：学习动力分内部和外部。内部动机是孩子发自内心觉得学习有趣、快乐，一般小学时孩子有这种愿望，但后来很多家长总用外部动机刺激孩子，比如"好好学习，将来考个好大学，找份好工作，生活富裕"，说多了孩子就烦了。像"考上大学就能想干什么就干什么"，很多孩子觉得还不如现在就玩。家长激发孩子学习动力可以用奖励方式，但不要总谈钱，要考虑孩子真正需要什么，尽量从内因上奖励。告诉孩子学习不是为了和别人比高低，也不是为了买大房子，而是为了增加未来选择的自由。可以给孩子具体奖励，比如"这学期成绩达到什么程度，妈妈就允许你做什么，如去旅行，或者奖励你五千块钱，你可以带爸爸妈妈去旅行"。这五千块意义非凡，是孩子自己挣的，还能在暑假带父母旅行。

主持人：很多家长只做到前面给钱，后面让孩子带父母旅行，就涉及孩子的成就感和价值感了。

葛操：对，激发孩子的成就感和责任感，父母的智慧很关键。比如给孩子买名牌服装，家庭条件一般的话，若孩子能通过自己努力获得，会更有动力。

主持人：这样会不会太物质了？

葛操：可以和孩子协商，让孩子通过努力获得这个年龄段想要的"奢侈品"，而不是不劳而获。要让孩子明白，靠奋斗获得是幸福、有价值且快乐的。外部动机可以用，因为内部动机可能会逐渐消失，需要融入外部动机来教育孩子。

皓月繁星
青少年儿童心理成长手册

主持人：本期我们向葛老师请教了亲子关系中的心理学智慧，希望大家在日常教育中学习运用。

葛操：智慧的父母是成功且幸福的，为人父母需要用心学习。

主持人：有机会大家可以读一读葛操老师的《与孩子一起成长》这本书。

◦"心灵绿洲"小课堂 ◦

　　每位父母在孩子的教育上都倾注了全部心血，然而结果却常常不尽如人意。父母满心爱意付出，孩子却觉得家长不理解、不懂自己，甚至感觉不到爱。

　　葛操老师指出，新时代孩子的心理发展遵循特定规律，若不了解这些规律，盲目采用教育方法，便是缺乏智慧的表现。我们需要借助全面、规范且系统的教育理论，来更好地应对孩子的教育问题。他认为，父母教育孩子应遵循"温暖而坚定"的首要原则。"温暖"意味着共情与尊重，即尊重孩子，深入了解他们的需求和内心感受。"坚定"则是指即便深爱着孩子，也要明确行为界限，清楚告知孩子哪些能做、哪些不能做，并且让孩子承受行为带来的自然后果。

　　在遵循"温暖而坚定"原则的基础上，父母还需激发孩子的责任感，为孩子营造优良的成长环境。总之，教育孩子绝非易事，是为人父母的必修课。智慧的父母往往是成功且幸福的，这需要他们用心去感受、通过阅读不断学习，密切关注孩子成长的每一个细微之处。

情绪行为管理技巧

> 蹲下来听孩子说话，站起来做孩子榜样。
>
> ——王利刚

嘉宾简介

王利刚，中国科学院心理研究所副研究员，硕士生导师。研究领域：青少年网络成瘾与网络生活方式；自我控制的脑机制；儿童青少年心理发展评估技术；儿童青少年心理辅导及家庭教育。社会任职：中国心理学会心理学普及工作委员会主任；中国心理学会心理服务标准化工作委员会委员；北京心理卫生协会理事；全国服务标准化技术委员会心理咨询服务分技术委员会副秘书长。

主持人：今天的节目中，很荣幸邀请到王利刚老师，和大家分享一些他的所学。

王利刚：我们今天要跟大家探讨的是情绪问题。情绪是每个人都有的，是每天都在发生的，都在感受的，对生活有很大影响。

主持人：您能否从科学的角度讲一下情绪的定义，是否与我们平时理解的情绪是同样的内涵和外延呢？

王利刚：基本的情绪就是喜怒哀乐，不管情绪的界定方式是什么，叫什么名字，但是基本上人们感受的就是我们要研究的，我们会更进一步去认识情绪。大家可能会说我有情绪是不是不好，或者不应该有情绪。从真正科学的角度来看，不仅人类会有情绪，甚至其他物种也有情绪，像狮子老虎也会有情绪，它在进攻时也会表现出愤怒。这些在进化的层面上都有它的意义。恐惧也就是现在所说的焦虑，这种情绪在丛林时代可以帮助我们规避危险。我们可能还有一些其他的情绪，这些情绪能够帮助我们获得内心的喜悦、安定或愉快。在进化过程中，情绪有助于生存所以才得以保留。刚才提到的焦虑和恐惧符合原始丛林规则，而现在情绪还以一种新的形式存在于我们的脑海中，我们在焦虑的时候注意力会更加集中，能够提高办事效率。其实情绪并不可怕，可怕的是我们对情绪的控制能力不够，从而让情绪伤害自己或家人。

主持人：情绪讲一个度，如果在合适的时间、地点、人物、事件中出现情绪，可能是好事。但如果在不合适的时机或地点发生过当的情绪，可能会对自己或别人造成伤害。度难以把握，我们能够感觉到开心，但不能够像烧水一样，有零到一百度的刻度，我们没办法感觉到开心是多少度。

王利刚：当情绪发生时，不会像电水壶烧水一样能够看到温度，但身体会伴随外周神经系统发生变化。比如说愤怒时，可能心跳会加速，呼吸会加快，甚至血液的流动等都可能会加快。这些都是一种生理性信号。从控制层面来说，身体的情绪产生和身体的生理性变化存在关联性。反过来说，我们学会控制呼吸可以让情绪从原先愤怒状态逐步地变成平静状态，这就是常见的放松的方式策略。

主持人：也就是说我们可以学会自己管理情绪。

王利刚：管理情绪对自己而言有很多的策略，我们去理解他人情绪，或者是影响他人情绪，也有很多策略。今天我们想跟大家去重点探讨亲子之间情绪的处理方式。作为家长，我们可以掌握一系列技巧，以便在孩子或自身情绪波动时，能够有效地化解与处理这些情绪，从而预防亲子间不必要的冲突。

主持人：其实情绪可能与生俱来。小孩子不需要学习，就会通过哭或叫等形式来表达情绪。

王利刚：情绪对较小的孩子而言，是获取需要的方式。

主持人：孩子在零到六岁及小学的阶段，需要家长们不断地规范他们的情绪表达。这样，当他们步入青春期以后，他们就能更加平稳地面对生活的起伏，人生之路也将更加顺畅。

王利刚：现在我也在提倡家长要以和平沟通的方式来处理孩子在青春期时产生的亲子冲突危机。最早的时候我一直在做青少年网络成瘾的研究。青少年网络成瘾的大部分原因是家庭冲突和亲子关系存在问题。在早期亲子关系上多投入一些精力，后续就能更加省心。反之，如果前期省心了，后期可能就需要花费更多的心思。

主持人：正如这句话"早知如此，何必当初。"

王利刚：我现在的工作重心开始向更早的年龄段迁移，去给家庭、家长做科学普及。希望他们能够在孩子幼儿期建立起一种良性的亲子互动方式来规避青春期可能存在的风险。

主持人：其实父母们也是新手上路，没有接受过特殊的教育、培训。他们理解孩子是通过自己的摸索。

王利刚：在整个早期教育领域，很多家长确实深感困惑，并不知道要面对幼儿需要做些什么。我跟家长沟通时，遇到最多的问题是孩子们有一个特别不合理的要求，作为父母应不应该满足他。比如孩子想要一个手机。孩子想要玩手机，是因为这个时候他可能养成了一个使用手机的习惯，所以这个时候家长就问我，到底是满足还是不满足。在处理这种情况时有一个"先跟后带"的基本原则。我相信很多家长都有自己的策略和方法来处理这个问题。比如有的家长会跟孩子讲道理，告诉他不能天天玩手机，对眼睛不好，这相当于直接"带"，没有"跟"，但是你会发现孩子大部分都充耳不闻。久而久之，孩子可能会觉得，家长的说教只是一种唠叨。所以这个时候并不适合直接给孩子讲道理。当然很多家长还有其他的策略，例如规则感比较强的一类家长会直接和他说"你愿意哭就哭，说不行就是不行。"这两种处理方式都存在一定问题，会导致亲子关系在早期时埋下诸多隐患。面对这种情况，我们首先要思考孩子们脑海中究竟在思考什么。对于孩子而言，理性与感性有时候是完全割裂的。当他去超市时说好不乱买东西，但是一旦看见喜欢的东西，他的理智就消失了。当孩子处于情绪状态时，讲道理就失去作用了。这个时候我们要做的是去呼应他内心的需要，一定要注意，这个呼应并不是满足，而是要把它说出来，要让孩子勇于去表达他内心的需要。例如描述性的陈述：你现在是不是特别想要这个变形金刚，或者你现在是不是特别想玩手机？其实家长很容易识别出来孩子想要什么，也懂得孩子们的心思。但是家长有一种不愿意把这个需要说出来的误区，因为害怕孩子变本加厉，家长喜欢想办法让孩子忘却这件事情。比如许多家长会转移注意力，跟孩子说"你看哪边有个什么东西，你看爷爷在干什么，看奶奶在干什么。"转移注意力的方式，其实都是利用孩子记忆力还不够好，以此让孩子忘却这件事情。这是家长对孩子需要的一种否定。实际上更正确的做法是要明确地告诉他，你懂他的需要。孩子长时间地上打滚哭闹，到最后他已经不是因为变形金刚或者想买的东西而哭泣了，而是因为我都这样了，你却不能说出我的心声。这就是矛盾的根本。因此面对一个有情绪、有需要的个体，我们去跟他沟通时，首先一定要呼应他内心的需要。所以我提了沟通的一个基本原则叫"先跟后带"，先去跟随孩子的情绪感受，呼应他，再去讲道理。讲道理实际上是在"带"，让他进入你的轨道，进入你的思维方式，按照你的感受去做事情。但你第一步需要做的是呼应他的需要，了解他的感受。当你把他的需要明确地描述出来之后，他的情绪就会平复。当你说出他的需要时，孩子会给你答复，这是沟通的基础，有了基础之后，你再和他说妥协性的方案。比如我家孩子喜欢玩手机游戏汤姆猫。我会呼应他说，你是不是特别想玩汤姆猫游戏，他说对，我想玩那个。我会寻找一个妥协方案，你点击一下，我来模仿汤姆猫。这就变成了一个亲子互动的游戏。这个时候孩子也会感到开心，它是一种转移。实际上重要的是先去呼应孩子的内心需要，这是家长最容易忽略的。所以家长询问我，我应该满足他还是不满足他。这实际上并非一件事，这个过程中有两个步骤：第一步是呼应他的需要；第二步才是按照事先建立的规则，到底是满足还是不满足。

主持人：所以"先跟后带"的顺序很多家长搞反了，家长们直接带方向，然后孩子就不按预期方向前进，家长应该先去呼应孩子的情绪，再和他讲道理。

王利刚：我跟家长说了这个原则后，他们会说我回家尝试过，但是他还是哭，这个原则没用。我之所以没有简单地把它说成是一种方法，而是一个原则，就是因为我们要把它变成一种习惯，运用在日常生活中。它不仅仅适用于幼儿期，在青春期时，我们同样需要运用这种原则去沟通，才可能建立起良好的关系，避免一些亲子冲突。

主持人：习惯可能是更底层、更日常的东西。

王利刚：如果按照这种方式，家长既能呼应孩子的内心想法，同时又能坚守所建立的规则。我们将其视为权威型教养方式中的典型类型。权威型的家长既能照顾到孩子的内心想法，也会给他制定一些基本的规则，比如边界感会非常强。通常而言，采用这种方式培养的孩子，在未来成长过程中，有可能展现出更强的心理韧性与适应力。他能够有一些基本的规则意识，学会自我管理。还有一些家长偏向于不呼应孩子的需要，直接定规则，在面对孩子哭泣时，往往会采取直接而强硬的态度，告诫孩子别哭了，男子汉应该坚强，不该轻易落泪。只是管控他的行为，而没有真正地去呼应他的情绪。长期对孩子的情绪和内心想法不做呼应的情形，我们把这种称为专制型教养方式。如果教养方式是这种类型，未来孩子可能会有两种倾向：第一种倾向是孩子可能会变成特别不守规矩。许多孩子挨打后却还是不守规矩，就是因为太专制。越打越调皮的孩子可能会变得视规则如粪土。另一种倾向是孩子会慢慢地变成墨守成规，开放性或突破常规的能力会减少或丧失。还有一种类型的家长是只去呼应孩子的需要或者一味地满足孩子需要，这种称为溺爱型教养方式。其实我们并没有给孩子建立起基本的规则和边界，会导致孩子未来认为自己就是世界的中心，他会觉得一切都应该围着他的需要转。这种孩子长大后缺少爱心与责任感，不会去关心别人，不会换位思考。最后一种家长类型就是既不呼应孩子的需要，也不管理孩子和不设定规则，我们把这种称为冷漠型教养方式。这种家庭成长的孩子未来更可能会出现行为和心理方面的一些问题，一般来说这类家长在人群中相对较少。各位家长可以对照"先跟后带"的原则判断自己属于哪种类型，看看哪方面需要改进。如果你坚持使用"先跟后带"原则，当有一天你家孩子跟你说"妈妈，小朋友不能吃巧克力，吃巧克力牙会坏。"如果孩子学会这么表达，说明他

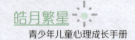

就成功了，其实他内心真实的想法是想吃，他才会跟你说小朋友不能吃巧克力，他已经开始学会用理性的方式安抚自己的情绪了。

主持人：他自己的规则与边界就建立起来了。

王利刚：而且他在试着去管理自己的情绪，这就叫"先跟后带"，我们的目标是要让孩子学会管控自己的情绪，父母作为中间的桥梁，让孩子理性的力量能够跟感性的力量互动。

这就是我想跟大家分享的第一个基本原则。还有一个问题就是父母会急于求成，他们特别想要一种方法能够立竿见影。其实教养孩子是一个慢活，所以我想跟大家分享的第二个原则就是我们在给孩子建立规则时，一定要坚持重复，这是非常重要的原则。重复的结果是让他形成一种习惯。我经常告诉家长：如果你想让孩子记住一件事，或让孩子按照某些规则来行事。你要温柔地说二十遍，不要认为呵斥一次他就能记住。实际上，用温柔的话重复二十遍，孩子才可能真正地把这件事情入心入脑。很多家长都不知道，在习惯培养过程中，孩子的头脑里面也发生了很多的变化。一个习惯的形成是大脑当中神经突触逐渐修剪形成一种新的神经回路的过程。就像学车，刚开始手忙脚乱，这时旁边有人跟你说话，你甚至想把他赶走。这个时候绝对不能说话，因为你不知道如何挂挡，你还没习惯开车。但当你习惯后，你会发现那些事不用思考，旁边人说话也不会影响你开车。习惯的形成是一个根本的生物学基础，是在头脑里构建了一个新的神经环路，这个神经环路是专门负责开车、骑自行车等。所以习惯的形成过程需要一定时间，家长教育孩子时重复很多遍，孩子却不能记住，这个时候需要家长耐心地等待。因为他大脑正在慢慢地修剪，大脑里的工作是个细活，他要慢慢地不断地建构他的神经环路，神经环路形成后，他的行为自然就形成习惯。在这个方面日本幼儿园的部分做法可以给我们一些启发。日本幼儿园小朋友的父母都会给孩子准备一个有内置小袋的手提袋。我们找东西基本上靠摸索，要找钥匙都需要花费半天时间。日本幼儿园要求孩子将每一样东西都分门别类，手绢、笔以及日常零食都要放到固定的位置，整个幼儿园期间坚持重复此事。所以日本人从小便形成分门别类以及对空间高效利用的能力。如果问全球垃圾分类哪个国家做得最好，答案是日本。因为垃圾分类不仅仅是一个规则，而是从小开始在脑海里培养的意识，一旦习惯形成，在长大后，他要是没有垃圾分类反而会难受。<u>如果我们坚持重复，也许我们能形成习惯，之后就能够顺利延续下去。</u>

主持人：说回教育，大家要有耐心。一遍不懂就重复三遍、五遍甚至十遍。

王利刚：基本的耐心，不断地重复，才是构建起良好行为模式的有效途径。

主持人：坚持重复是一条重要原则。或许大家对于原则性的理念已经有所了解，那么现在我们来探讨一些更为具体、实操性强、能够即学即用的小窍门或方法。

王利刚：在面对孩子的时候，光原则性的东西确实不够，有时我们还需要一些具体的技巧或者方法，给大家介绍一些重要方法。一个是"抓大放小"。孩子的问题之所以很多，是因为他的行为方面很繁杂琐碎，作为父母在管理孩子的行为和情绪时，一定要注意抓大放小，千万不要面面俱到，或是内心缺少基本框架，家长要抓住基本的大问题。同时我们也要去反思，比如睡觉前，可以琢磨一下孩子最近行为方面存在哪些问题，可以列表格进行分类。在分类里面，有些行为惹人生厌，但并不是重大问题。例如孩子有一些琐碎的小细节，他可能有点小磨蹭，让你感到烦躁，但并不是很重要的问题。还有一些可能是一些值得表扬的行为，他会按时睡觉并早起。还有一些比较严重的问题，比如说闹情绪，借此攻击别人。我们要先抓住大问题去跟孩子沟通，才会让教育变得更加有效。针对这三类行为问题，我和大家分享一些行为管理的技术。第一个技术是强化。强化有两种方式，一种是表扬，一旦他有好的行为时，给予他感到愉快的奖励，他这种行为就会变得频繁。另一种方式是惩罚，当孩子有一些不良行为时，给予他不愉快的刺激，如批评或者隔离反省等。然而，我向各位家长，

特别是那些正抚育婴幼儿阶段的孩子的家长们，提出一个至关重要的注意事项，当孩子有一些行为问题时，家长会去制止，但是那些让你百思不得其解的行为却反复出现，其实就是因为你对他的制止，反而强化了他，而我们要让这个行为消退。举个例子，在大家吃饭时，孩子忽然把盘子打翻了，这个时候所有的人都围着他，跟他说这个问题。对于孩子而言，看似是在和他讲道理，教育他，但实际上他很享受，因为他觉得他的动作吸引了全部人的关注，这是一种强化。他会特别渴望所有人对他形成一种关注，哪怕这种关注对他是一种惩罚，他都觉得很开心。所以当你遇到一些看来不可思议的行为时，应当反思一下，是不是一旦他出现事情之后，你们变得很紧张，然后不停地想办法应对他，这个时候反而是一种强化，因此我建议的策略是消退，不要理他，并不是说其他事不理他，而是一旦出现这个行为方面问题时，所有人都不要关注他，当作没发生。久而久之，他会觉得没意思，这个行为就会慢慢消退。一般来说，孩子在零到八岁期间，他会天然喜欢父母对他的关注，但是进入青春期后，孩子会无条件地反感父母对他的关注，这是一个基本的规律。在这我要跟大家分享的是抓大放小的技巧，我们要对孩子的问题行为进行一个分类。刚才还提到有关惩罚的问题，关于惩罚，很多家长有所顾虑。

主持人：很多家长觉得惩罚是一个充分且必要的手段，做错事情就应该惩罚，因为"棍棒之下出孝子"。所以犯错误就打骂是一个具有代表性的惩罚方式。

王利刚：我不建议打骂孩子的惩罚方式，因为这种方式并不能够产生良好的效果。惩罚在很多时候是必要的，有助于孩子的行为管理，当你对他实施惩罚时，他会更加关注这件事，不再是嘻嘻哈哈的状态，他会认真起来。这个时候你才能把规则、边界的问题真正地规划好，所以惩罚是有必要的。但目前调研发现，很多家长在惩罚孩子时不知该如何惩罚或用错方式惩罚。惩罚的目的是要让孩子停止当前错误的行为，如果只是一味地在他不知情的情况下惩罚他，他并不能认识到自己的错误。在此我要分享惩罚里面的两个技术：第一个是在惩罚之前，你要给孩子释放信号。惩罚之前释放信号是你要让他自己停下来，比如他正在做不应该做的事情，你告诉他立即停下来，要是不停下来将会受到什么样的惩罚，这个惩罚是他事先知情的，你开始倒数三个数，这三秒是让孩子有缓冲思考的过程，让他停止错误的行为。大家可以采用这种方法，让孩子自己停下来，训练他的自控力。第二个是中国的家长特别擅长于用亲子关系惩罚，之所以要惩罚他，是因为他的行为会有一个不好的后果。比如说孩子总爱玩饮水机，这个问题令所有家庭头疼，家长怕热水会烫着他，之所以家长惩罚他，是因为后面有一个严重的后果。但是我们在惩罚孩子时，告诉孩子这个不能玩或者不能动却没有说原因，只是告诉他，你不能动，如果动了就要受罚。你再这么说，妈妈不喜欢你了，你再这样做，妈妈生气了。家长可能觉得通过破坏亲子关系来惩罚孩子对一些小年龄的孩子确实有效，因为他们很在意跟妈妈之间的关系，所以能让他停下当前行为，但是实际上他还会重犯，因为他已经跳过刚才犯错的问题，直接开始思考你们之间的关系问题，这个时候他在恢复你们的关系，根本忘了他刚才犯的错误，所以负性关系惩罚对于行为的改变没有效果。你要让他去承担他的行为可能造成的后果，这样他就慢慢地长记性了。孩子也一样，我们之所以用这种方式来惩罚，是要让他去知道其中的因果，培养他负责任的意识能力，懂得为自己负责。以上是我跟大家分享的两个技术。

主持人：今天王利刚老师和大家聊的如何和情绪相处，尤其是小孩，不要一味地去压抑他们的情绪，而应该先去体会观察他们的情绪，并且认同感知他们的情绪。

王利刚：通过今天的分享，希望父母都能够用一种发展的眼光去看待孩子。我之前开讲座时，家长会一下子列很多问题，孩子这有问题那有问题。这时我会反问家长一个问题，你列了孩子好多不足，那你能说出你家孩子的五个优点吗，家长就开始数，数到三后，基本上数不出来了。这个时候提醒我们，父母的视角也很重要。我们如果过度地看到孩子身上的不足，对他身上的优点缺少关注，那孩子不好的行为就会变得越加严重。父母的期望、父母的眼光影响着孩子未来发展的方向，这个在教育学上称为皮格马利翁效应，大家可以通过百度了解这个效应，了解父母老师的期望对孩子产生的影响。你越注意孩子身上的优点，他就会朝着你关注的方向发展。总之，其实教育孩子并不是要在他头脑里面装东西，而是利用我们对他的关注，不断地把那些具有适应意义的行为固化下来，成为他未来适应社会的基础。虽然我们今天讨论了很多情绪问题，但我还是最希望父母真正能够有一双发现的眼睛，读懂孩子，发现孩子。

☞"心灵绿洲"小课堂 ☜

　　关于亲子间情绪处理技巧，王老师分享了两个原则，一是先跟后带，先去跟随孩子的情绪感受，呼应他，再去讲道理，呼应孩子内心的需要，让孩子勇于去表达出他内心的需要，帮助孩子建立边界与规则。二是坚持重复，家长们需要一定的耐心不断地重复，帮助孩子构建起良好的行为习惯。

　　同时王老师还分享了抓大放小的实用技巧，对孩子的问题行为进行分类，着重处理其中的大问题，通过表扬或惩罚进行强化，置之不理进行消退。惩罚同样需要技巧，在惩罚之前，要给孩子释放信号，让孩子明白他这个行为可能造成的后果。另外亲子关系的惩罚并不能取得良好的效果，更应该让孩子知道其中的因果，培养他负责任的意识能力，懂得为自己负责。

　　父母的期望与眼光影响着孩子未来发展的方向，希望父母能够有一双发现的眼睛，读懂孩子，发现孩子。

幼儿情绪行为的亲子沟通

> 每个人都是时间苍穹里的独特星辰，守护内心的星光，才能与他人交辉，照亮世界的深邃。
>
> ——谢书书

嘉宾简介

谢书书，华南师范大学心理学博士，集美大学师范学院副院长、教授、博士生导师。

主持人：谢老师从研究生阶段起，便深耕心理学领域，尤其专注于儿童发展心理学，不仅在大学任教，将专业知识传授给莘莘学子，最近还走进幼儿园，与众多家长面对面交流，为大家在育儿过程中遇到的难题出谋划策。

谢书书：没错，算起来已经有十几年了。我们主要通过实验，验证育儿方法和理念的有效性，针对不同年龄段孩子的特点，运用量化研究方法进行深入分析。为了获取全面的数据，我们会广泛收集案例，前往幼儿园筛选研究对象、确定样本与被试，将孩子们的行为转化为量化指标，再进行数据统计。

主持人：这真是极具价值的研究方向。难怪很多家长都渴望学习您的研究成果。想必每次您去幼儿园开展讲座，都会成为众人瞩目的焦点。

谢书书：每次讲座结束后，确实有不少家长主动加我微信，或者给我发邮件。他们会跟我讲述自家孩子的种种情况，随后，我们便通过这些沟通交流，给家长们提供针对性的教育建议。

主持人：家长们面临的问题可能具有一定共性。这也意味着，我们给出的方法，要具有广泛适用性，能够帮助到更多家庭。

谢书书：没错。家长们最关注的，主要集中在孩子的情绪问题，以及孩子不听话等方面。这些现象从侧面反映出社会对于家庭教育知识的需求极为迫切。

主持人：今天，我们讨论的话题是幼儿情绪行为的亲子沟通。就像您刚才提到的，家长们提出了各种各样的问题。不少家长都秉持这样一种直观想法：自己小时候也是这么过来的，那时没这么娇弱，而且很听话。

谢书书：这种说法很常见。家长们常常抱怨带孩子太辛苦，还喜欢拿自己小时候作对比。在我看来，这是因为家长对孩子每个成长阶段可能出现的问题，缺乏清晰认知。如果他们提前了解到孩子在三岁、四岁可能会出现哪些状况，焦虑感或许就会减轻不少。此外，时代背景发生了巨大变化，过去的生活环境、竞争环境与现在截然不同，这也是不可忽视的因素。

主持人：今天，我们将为大家带来一些全新的思考逻辑。在许多人眼中，爸爸和妈妈在带孩子方面存在显著差异。

谢书书：通常来说，孩子三岁前，母亲对其影响更大。三岁前是孩子成长的关键奠基期，安全感的建立至关重要。母亲给予孩子的爱与安全感，对孩子人格的健全发展起着重要作用。但这并不意味着爸爸的教养不重要。众多研究表明，爸爸参与教养的程度，与孩子未来的成就高度呈正相关，即爸爸参与度越高，孩子取得成就的可能性越大。简单来说，妈妈影响孩子发展的宽度，爸爸则影响孩子发展的高度，这也是目前被广泛认可的观点。

主持人：美国作家约翰·格雷在《男人来自火星，女人来自金星》一书中，揭示了男性和女性思维逻辑的差异。在这方面，心理学家有着更为深入、清晰的洞察，他们对孩子教育的理解，也因性别差异而有所不同。

谢书书：没错，爸爸和妈妈的教养方式，以及在孩子各个年龄段所发挥的作用，存在显著差异。

在孩子三岁之前，妈妈通过爱的表达、情感沟通、母乳喂养，以及亲密的身体接触，一步步构建起孩子内心的安全感，以及亲子间深厚的依恋关系。安全感，是孩子日后人格发展、人际交往不可或缺的基石。

主持人：我曾读过一篇文章，文章建议妈妈在产后全身心陪伴孩子，直至孩

子三岁再重返职场，也就是当两三年全职妈妈。

谢书书：这个建议，在现实生活中，一方面实施起来难度较大；另一方面，全职妈妈往往会面临其他方面的压力和焦虑。所以，更重要的是保证陪伴孩子的质量，而非单纯追求陪伴时间的长短。

主持人：无论如何，在孩子 0～3 岁这个阶段，为他们建立爱与安全感，是家长不容忽视的重要任务。而父亲的影响，则更多体现在决定孩子成长的"高度"上，比如对孩子能力的培养和引导。

谢书书：父亲的榜样力量不容小觑，很多时候，父亲能带给孩子的影响，是母亲无法替代的。

主持人：不少孩子都将爸爸视作自己的偶像。回到今天的话题——幼儿情绪。很多家长都有这样的感受：孩子笑起来的时候，可爱得如同天使；但哭闹起来，又让人头疼，仿佛小魔鬼。

谢书书：这种情况十分常见。我们常说的"Terrible 2 和 Horrible 3"，指的就是孩子在两岁、三岁时，容易产生各种情绪冲突。要是家长对这方面的知识了解不足，面对孩子的这些状况，很容易感到崩溃。

主持人：接下来，我们逐步为大家梳理，孩子在不同年龄段可能出现的表现，区分哪些属于正常现象，哪些需要家长引导干预。在心理学领域，对孩子成长阶段有明确划分吧？

谢书书：没错。婴幼儿期指 0 到 6 岁，少儿期则是 6 到 12 岁。通俗来讲，对应孩子入园前、幼儿园阶段以及小学阶段，各个阶段孩子所处环境不同，表现也会有所差异。

主持人：每个阶段都有其独特之处。我们先从婴儿期说起，这大概是妈妈们最享受的阶段。

谢书书：婴儿自出生起，就具备一些无条件反射行为。比如，呱呱坠地时就会啼哭，出生 1 个月左右，吃到酸的食物，会露出痛苦表情，这些都是与生俱来的本能反应。随着月龄增长，孩子在 8 个月大时，便开始能理解大人的面部表情，这比我们通常认知的时间要早。以往大家觉得孩子要到 1 岁多甚至 2 岁，才会察觉爸爸妈妈的情绪变化。但哈佛大学研究证实，7 到 9 个月大的婴儿，完全能辨别大人脸上的喜怒哀乐。这一能力无须教导，十分奇妙，属于基本情绪表达的范畴。到了入园前，也就是 2 到 3 岁，孩子开始表达更为复杂的情绪。这一阶段，孩子会结合与家长日常交流的经历。比如，家长吓唬孩子"再不听话，就把你抓走"，孩子晚上睡觉时，可能会想起这件事，对相关事物产生恐惧，进而影响情绪，甚至无端感到害怕。随着 3 岁之后，这类复杂情绪的表现会愈发明显。

主持人：说到这儿，我很好奇，3 岁前的孩子会有这些记忆吗？

谢书书：目前，尚无确凿证据表明 3 岁前的孩子拥有完整记忆，可能仅留存部分记忆碎片。遭遇应激事件时，孩子在意识层面或许不会形成清晰的完整记忆，但在无意识层面，影响不容小觑。生活中，常存在这样的误区。老人看到孩子半夜睡觉时突然手脚踢动，就认为孩子受到了惊吓。实际上，这是惊跳反射，属于无条件反射的一种，就如同孩子的抓握反射一样。当你把手放到婴儿手中，他会本能地握紧。

主持人：看来，这一阶段孩子就已经处于学习状态了？

谢书书：没错，从孩子出生起，家长的一举一动都会对其产生影响。以亲子阅读为例，高校学术研究表明，亲子阅读对孩子多个方面的发展有积极干预作用。建议在孩子 7 到 8 个月大时开始亲子阅读，这一阶段孩子具备语音意识，对语音较为敏感。每晚给孩子讲故事，无须在意孩子能理解多少，坚持去做就好。起初，孩子可能不明白故事内容，但 8 个月大的他们已能通过观察家长的表情来"察言观色"。比如，家长讲故事时开怀大笑，孩子会将此场景与快乐情绪联系起来，这属于无意识学习与记忆。当故事氛围悲伤，家长语音语调低落，孩子也能感知并学习。亲子阅读对孩子未来的情绪与语言发展大有裨益。孩子进入幼儿期，也就是上幼儿园的第一年，会迎来第一个叛逆高峰期。这一阶段，孩子情绪多变，容易冲动宣泄。每个孩子的表现不尽相同，有的孩子整天乐呵呵，有的孩子则极易受外界影响。部分孩子对家长的依恋较为明显，而有的孩子能迅速将依恋转移到老师身上。这就要求家长和幼儿园老师充分了解孩子的这些特点，以便妥善应对。

主持人：要是幼儿园老师不了解这些，采用简单粗暴的方式，比如强行掰开孩子的手，会给孩子带来不良影响吧？

谢书书：确实如此，这反映出部分老师专业性不足。因此，我们高度重视学前教育师资培养。如今，学前教育专业开设了诸多课程，如学前儿童发展心理学、特殊儿童教育、问题行为处理、幼儿行为观察等。同时，我们还会前往幼儿园进行指导，帮助老师掌握化解孩子在不同年龄段可能出现的问题行为的方法。从事这一工作，必须具备专业的背景知识。

主持人：在幼儿期，有些孩子特别喜欢展现自己，热衷于讲故事、唱歌跳舞。

谢书书：对，部分孩子表达能力出众。但也有一些孩子较为腼腆，比如有的孩子对植物、动物充满探索欲。我们要尊重每个孩子的个性，不能采用千篇一律的教育方式。

主持人：每个孩子都有自己独特的兴趣点。

谢书书：是的，家长应理解并尊重这一点，切勿强迫内向的孩子变得外向。若家长总是在偏内向的孩子面前夸赞其他孩子活泼，数落自己孩子的不是，会让孩子在成长过程中倍感压抑。

主持人：看来，幼儿期大致就是这样。

谢书书：接下来，便是少儿小学时期。这一阶段有个有趣的过渡现象。孩子在幼儿园大班时，会突然变得懂事听话，主动帮忙，还会照顾他人情绪。但进入小学后，情况又有所不同。在情绪控制方面，孩子从最初的直抒胸臆，逐渐学会控制情绪外露，不再想哭就哭、想笑就笑。有些家长甚至会发现，孩子开始有心事，表现出一种成人感，不希望家长过多干涉自己的想法，呈现出一种假装成熟的状态。同时，孩子会主动展现自我，比如主动照顾弟弟妹妹，这都是自我意识的体现。此外，孩子的自我体验也较为强烈。例如，老师表扬其他同学而未表扬自己，孩子可能会产生强烈的挫折感。自尊、自卑、挫折感等情绪，在小学阶段表现得尤为明显。

主持人：有些孩子开始懂得忍住情绪不宣泄，这是不是意味着他们在成长？

谢书书：孩子始终处于成长过程中。小学阶段，孩子开始出现文饰性，即懂得掩饰情绪，为获得大人的认可，逐渐学会控制自己的行为。自我意识涵盖认识自己、体验自己和控制自己三个方面。随着年龄增长，孩子到小学阶段真正具备了自控能力。

主持人：对于孩子一生的情绪管理而言，这个年龄段是不是最为关键？

谢书书：每个年龄段都至关重要。例如，0 到 3 岁建立的安全感，会影响孩子的一生。

主持人：说到安全感，许多孩子还会面临焦虑、恐惧、孤独等问题，这些是否与特定年龄段该获得的关爱缺失有关？

谢书书：需要明确的是，人类的恐惧感、孤独感等情绪，存在先天因素。大脑中枢设有痛苦中枢，我们天生就对陌生人感到焦虑，会产生孤独、恐惧等情绪，这或许是一种自我防卫机制。

我经常被家长们问到这样一个问题："我的孩子都三岁了，可他特别害怕比自己小的孩子。看到一两岁的小孩，就会大哭大闹，可面对比自己大的孩子，却没有这种反应。这是不是孩子心理有问题啊？"其实，这不一定意味着孩子心理存在问题。在这个年龄段，孩子的认知发展还不完善，还无法完全理解和应对各种复杂的情境。记得有一次，我的孩子碰到一个一岁大的小孩，那孩子突然大哭起来，我的孩子当场就被吓到了。从那以后，他就对比他小的孩子产生了恐惧，而且这种恐惧还泛化开来。不过，随着孩子年龄的增长和认知能力的提升，这种情况通常会逐渐改善。当孩子慢慢明白那些曾经让他害怕的事情并不可怕时，恐惧感自然就会减弱，甚至消失。所以，在孩子成长过程中，有些阶段的表现可能会让家长头疼不已，但过一段时间，这些问题往往会自行解决。比如，孩子可能在某一阶段表现得害羞、胆小，可几个月甚至一个星期后，这些情况就消失了。当然，如果孩子出现持续且严重的社交障碍，或者其他异常行为，那就需要引起家长的高度关注了。值得注意的是，孤独症很少只表现出单一症状，通常会伴随着多种症状。因此，如果家长对孩子的行为心存疑虑，最好带孩子去专业机构进行评估，千万不要自己盲目猜测。

主持人：很多小朋友在特定年龄段会出现一些问题，家长看到孩子的某些表现，就觉得天塌下来了，其实很多时候没必要这么紧张。

谢书书：当家长对儿童成长的背景知识了解不足时，很容易产生焦虑情绪，甚至采用错误的处理方式，结果把事情弄得更糟。在和家长沟通时，我一直想让他们明白一个道理：无论是和孩子沟通，还是和成年人沟通，都可能出现无效沟通的情况。什么时候会出现无效沟通呢？就是双方无法理解对方的行为，各说各话的时候。我给出的第一条建议就是，家长必须摒弃成人的思维模式。

主持人：这一点其实最难做到。毕竟成人思维是我们历经多年才形成的，现在却要先把它放下。

谢书书：为什么孩子情绪爆发时，家长采取的一些方法不仅没解决问题，反而让情况更糟呢？就是因为家长始终站在自己的角度思考问题。二三十岁成年人的思维和两三岁孩子的思维，有着天壤之别。家长总想着"我要教育你，你不能这么做，得按我说的做"。

主持人：或者是过度跟孩子讲道理。

谢书书：可以这么说，即便讲道理，很多家长的方式也是错误的。我们不妨从几个具体方面来说。比如，我经常被家长问到一个问题：为什么我的孩子总喜欢说"不"？不管是提议"我们去吃饭吧"，还是"我们去做什么吧"，孩子都一口回绝。为什么这个问题被问得这么频繁呢？我认为，这背后反映出家庭教育中的一个常见误区，很多家长觉得只有听话、接受要求的孩子才是乖孩子。想想看，为什么小学阶段发生性侵事件时，有些孩子不懂得拒绝，因害怕而选择默默承受？我们是不是应该反思，是不是因为从小就没给孩子说"不"的权利？其实，当孩子开始对家长说"不"时，这是一件好事，说明孩子的自我意识开始发展了。只有当孩子意识到自己和别人是不同的个体，拥有说"不"的权利时，才会努力尝试拒绝家长。

主持人：孩子学会了拒绝，就总想运用这个能力。

谢书书：这的确是好事。我们建议家长尊重孩子说"不"的权利，当孩子拒绝时，要对他表达拒绝的行为表示认同。家长首先要理解孩子的拒绝，并仔细分辨不同情况。很多人简单地把孩子的拒绝等同于不乖，但家长必须认识到，孩子学会拒绝，实际上是自我意识快速发展的体现。除了爱说"不"的孩子，还有很多家长对孩子的闹腾感到困惑。这里存在一个沟通误区，很多家长认为安静的孩子才是好孩子。然而，孩子所谓"不乖"的行为，很多时候只是他们游戏天性的自然流露。对大人来说，走路就是单纯从一个地方到另一个地方，但对孩子而言，走路却是一场充满乐趣的游戏。洗澡、吃饭，在孩子眼中都充满了无限乐趣，因为孩子总是把生活中的一切都当作游戏来享受。

主持人：大人可能觉得生活中的很多事都是例行公事，而孩子却能从中发现很多乐趣。

谢书书：每个孩子天生都是探险家，充满了求知欲。如果家长能保护好孩子的这份好奇心，它就可能转化为孩子终身的求知习惯。

主持人：比如看到花坛，小孩子特别喜欢沿着花坛边缘走，大人就会觉得这样很危险，赶紧制止。

谢书书：但实际上，孩子走花坛边缘，就像在走平衡木，对锻炼小脑发育很有帮助，这本身就是一个学习的过程。

主持人：吃饭时，很多孩子喜欢敲碗，家长一看到就立刻制止。

谢书书：孩子敲碗的过程，其实是在认识和记忆声音，分辨不同的声响。他们还会发现，高低不同的碗，装的东西不一样，发出的声音也不同。在家庭教育中，家长一定要保护好孩子的求知欲，不要急于把所谓"正确"的答案告诉孩子。因为对孩子来说，求知欲比答案更重要。家长可以通过提问引导孩子，比如"然后呢？""为什么呢？""你觉得呢？"这些方式都能保护孩子的求知欲。而求知

欲进一步发展，就能培养孩子的创造力。

主持人：当家长责怪孩子缺乏创造力时，不妨想想，是不是自己早早扼杀了孩子的这份天赋。

谢书书：孩子几乎把每天发生的每一件事都当作游戏。家长不妨顺应孩子的天性，用游戏的方式回应他们。不过，在游戏过程中，也要帮助孩子建立规则意识。比如，有一次我的孩子要和我玩海洋球互砸的游戏，我觉得这是一个教育契机。我就跟他说："可以互砸，但打仗得有城墙吧？你在城内，我在城外，我们先搭建城墙吧。"孩子听后，就去搬来建构材料搭建城墙。搭好后，他说："好了，我们开始砸吧。"我又说："不对，你这城墙太简陋了。城墙前面是不是得有护城河，还得有攻城设备？"于是，孩子又去找出水管玩具和雪花片。等这些准备好，一大半时间就过去了。这种教育方式，家长既不会觉得累，孩子又能充分发挥创造力。

主持人：很多妈妈觉得带孩子累，可能是方法没用对。

谢书书：这个互动过程看似自由，但家长可以借助游戏帮助孩子养成规则意识。比如，玩游戏前，和孩子一起制定规则，制定好后，严格按照规则执行。这样，孩子就会明白，做任何事情都要遵守规则。培养好规则意识，家长日后也能省心不少。

主持人：说到游戏，就不免提到奖励这个话题。

谢书书：现在很多家长喜欢用物质奖励孩子。在这里，我呼吁各位家长，多采用精神奖励。一个充满爱的抱抱，效果就很好，孩子也很喜欢。比如，有些女孩喜欢艾莎公主，家长就可以说："今天如果你做到了，那今天一整天，我都叫你艾莎公主。"

主持人：家长一味地用物质奖励孩子，容易忽略一个问题，那就是孩子对物质的需求会不断膨胀。

谢书书：长此以往，孩子很可能做任何事都先谈条件，等着物质奖励。比如"我可以做，那你能给我什么？"物质奖励很容易引发这个问题，而精神奖励不会。随着孩子年龄的增长，这些精神奖励会转化为亲密的亲子关系，成为爱的纽带。小女孩长大后，回忆起"我曾经是艾莎公主"，会觉得既有趣又充满爱。

主持人：说到游戏，就不得不提到传统意义上的手机游戏。

谢书书：这一点确实需要重点强调。很多家长可能认为，孩子通过手机、电视能学到不少知识。其实，这是一个误区。虽然这些媒介能传递大量信息，但弊端远远大于益处，而且影响深远。玩具越"主动"，孩子可能就越"被动"，也就是说，主动型玩具可能培养出被动的孩子。除了顺应孩子天性，用游戏方式和他们互动，家长还经常会遇到一个问题：孩子爱发脾气，难以自控，该怎么办？在家庭教育中，一个常见误区是禁止孩子宣泄情绪。比如，孩子一哭，家长就说"男孩子哭什么哭""我数到三，你必须停止哭泣"。家长首先要明白，有些孩子天生就容易情绪失控，这类孩子偏向负向情绪特质。特别是如果家庭中有一方情绪管理能力较差，孩子很可能会受到影响。不过，情绪管理能力是可以后天培养的。情绪管理包含五个方面：首先，孩子要能察觉自己情绪不对劲；其次，要学会表达情绪；然后，掌握调节情绪的方法；接着，理解他人的情绪；最后，综合运用这些能力与人沟通。因此，我建议家长在和孩子沟通时，鼓励孩子表达情绪。这样，孩子会感受到家长的支持。之后，家长再帮助孩子理性分析情况，梳理事情经过。如果孩子从小就能得到家长这样的引导，长大后面对挫折时，会更加理性，不容易情绪失控，从而形成健康的思维方式。

主持人：这确实给家长们提了个醒，不要粗暴地中断孩子的情绪表达，要允许孩子宣泄。仔细想想，很多时候是大人没做好，却一味地责怪孩子。

谢书书：作为一位母亲，我对此感触颇深。在教育孩子的过程中，我更愿意把它看作是一个自我教育的过程。学习心理学、儿童发展心理学和学前教育的人，常常会吟诵一首诗，叫《牵着蜗牛去散步》。诗里描绘了这样一个场景：上帝给我一个任务，让我牵着一只蜗牛去散步。一开始，我嫌蜗牛走得慢，又是催促，又是恐吓、拽拉，可蜗牛依旧气喘吁吁，艰难前行。后来我意识到，这就是它的速度，于是放手让它自由前行，我则默默跟随。在跟随的过程中，我闻到了花园的芬芳，听到了鸟儿的欢歌，感受到了微风的轻抚，看到了星斗的闪烁。那一刻我才明白，不是我在牵着蜗牛散步，而是蜗牛在带着我欣赏生活的美好。家长们常常在忙碌中，忽略了这份纯真与美好。所以，当我们意识到教育是一场自我教育时，就能真正领悟"静候花开"的含义。这意味着，我们不应阻止孩子做符合他们年龄特点的事情，而是要鼓励他们勇敢表达内心想法。

主持人：还有一种情况，大人总是用自己的逻辑去看待孩子。现在有句玩笑话叫"有一种冷，叫妈妈觉得我冷"。

谢书书：所以，还是要回到最初说的，家长要摒弃成人思维。如果在教育孩子的过程中，始终以成人思维为主导，就会很麻烦。你会发现，对孩子要求越多，孩子就越难管。

主持人：这样一来，家长反而陷入各种纠结。倒不如让孩子带着我们，像牵着蜗牛散步一样，享受亲子时光。

谢书书：在教育孩子的同时，家长自身的能力也能得到提升。很多时候，家长为孩子某个行为纠结不已，可过几个星期或几个月再看，就会发现当时纯粹是自寻烦恼，孩子的那些问题早已自行消失。而且回忆起来，这段时光并非只有烦恼，还有很多幸福的瞬间。过去的时光不会重来，家长一定要珍惜和孩子相处的每一刻，因为孩子很快就长大了，不会再有那么多时间让我们陪伴。

主持人：听你这么说，还挺伤感的。家长们确实应该从每一个瞬间入手，抓住和孩子交流的机会。

谢书书：我自己带孩子时就是这样。因为提前了解孩子下一阶段的发展特点，我会以欣赏和等待的心态，看待孩子每天的行为，感觉幸福满满，真正做到静候花开。

❀"心灵绿洲"小课堂❀

　　本次节目围绕"幼儿情绪行为的亲子沟通"这一核心主题展开，深入剖析了不同年龄段孩子的情绪特征，并针对性地提出了行之有效的教育策略。在孩子的成长历程中，父亲和母亲扮演着截然不同却又同样重要的角色：母亲通过细腻的情感关怀，为孩子营造充满爱与安全感的成长环境，奠定孩子人格发展的宽度；父亲则凭借独特的榜样力量，在能力培养与价值观念塑造方面发挥关键作用，助力孩子拓展未来发展的高度。

　　针对家长在育儿过程中频繁咨询的问题，主讲人给出了极具实操性的沟通建议：尊重并理解孩子表达拒绝的权利；敏锐捕捉孩子的好奇心，用心保护孩子的求知欲；摒弃命令式口吻，采用正向积极的沟通方式；减少物质奖励，多给予孩子充满关爱的精神鼓励；通过引导，逐步培养孩子的情绪管理能力。

　　育儿并非短跑冲刺，而是一场漫长的旅程。家长应怀揣着一颗欣赏与等待的心，去观察孩子的日常行为，尊重孩子的成长节奏，在悉心陪伴中静待孩子绽放光芒。

培养孩子内在安全感

培养孩子的内在安全感，是送给孩子一生最好的礼物。

——林紫

嘉宾简介

林紫，中国心理咨询行业先行者，林紫心理机构创始人，上海心理卫生服务行业协会副会长。曾任"全国青少年心理健康家校社联防计划"顾问专家，中国儿童少年基金会青春期教育项目专委会委员，中国心理学会科普委员会委员，中国家庭文化研究会常务理事，上海疫情防控社会心理疏导专家团队专家等。

27年专注个人及家庭心理咨询、儿童早期心理养育、组织心理培训及心理援助工作，为300余家企业及外交部、公安部、各大高校等进行心理培训近千场。先后当选《心理月刊》"更好地生活"十大人物、"影响中国心理学50人之一"，获得上海及全国"优秀心理工作者"称号，获IBM"灾难应对全球代码行动"大中华区优秀个人贡献奖。

主持人：今天我们的主题是"培养孩子内在安全感"，非常荣幸为大家邀请到中国心理学会心理科普委员会的委员，上海心理卫生服务行业协会的副会长，林紫心理机构的创始人——林紫老师来到我们的节目当中。

林紫：你好，阿杜，听众朋友好。

主持人：据我所知，您在上海创立了林紫心理服务机构已经有二十多年的时间了。

林紫：是的，二十多年前，我还在做老师的时候，就看到很多的孩子，因为家长缺乏心理学的知识和背景，而被错误地贴上标签去看待。家长认为一些心理上的情况是孩子本身的问题，甚至认为孩子是在跟他们作对，这让我觉得很心疼。恰巧我本身专业相关，就萌发了一个想法。于是我们机构最早的前身——知心姐姐工作室应运而生，就是为了帮助和陪伴更多的孩子。

主持人：那个时候关注的心理问题主要在哪些方面呢？

林紫：当时最早是希望为孩子们多做些事。但实际上学习心理学专业的朋友都知道，一个孩子所出现的问题往往折射出整个家庭系统的状况。他们的爸爸妈妈来了之后，就会说："老师，我们自己也想跟你谈一谈"。所以最早在1998年我们创立的时候，咨询中心的来访者年龄最大的七十四岁，最小的四岁。这可能出乎大家的想象，通常大家会认为"家丑不外扬"。

主持人：尤其是在二十年前的时候。

林紫：没错。我们机构的二十年实际上也是中国心理咨询行业发展的二十年。回顾过去，除了我们自己作为专业人士的努力和贡献，媒体的支持关注以外，还要感谢这些来访者，以及请我们为员工提供长期心理关怀服务的企业，他们对这个行业的信任与陪伴，推动了这一行业的发展，成就了这二十年。

主持人：中国心理行业的发展，在您看来，这二十年的变化给您带来了什么？

林紫：成长。首先是看到我们作为个人，作为机构团队，在我们自己热爱的行业里发展成长。绝大多数人还是不了解什么是心理咨询。在团队成立最早的五年里，我们把大部分的精力都放到了公益性的科普教育上，让大家了解什么是心理学。让大众走出"心理学或者心理咨询是跟精神病有关"的误区。慢慢地随着心理知识的普及，我们会发现，大家越来越能够理解和接纳。到今天，我们会看到心理咨询需求越来越旺盛。

总的来说我国心理咨询还很"年轻"。但看得到这二十年里大家的观念在变化，我们希望让更多的人了解心理学，它不仅仅是解决心理问题，它更是为了让更多的人生活得更加美好。

主持人：在这二十年当中，可能您所关注的领域和方向也在不停地转变。

林紫：是的。最早的五年我们在做科普。我们当时也在跟《解放日报》《文汇报》等媒体一起联合推动心理行业的发展，希望国家能够重视心理行业，后来在2002年到2003年，心理行业逐渐成型，开始有心理咨询师的证书考核。有了从业者之后，我们就把更多的重心转向怎样为行业培养更多的专业咨询师人才，与此同时，这些人才又怎样更好地去满足更广泛的需求，服务更多的大众。到了

2010年左右的时候，国外的媒体也越来越关注相关的内容。2010年到2013年，也会看到中国的企业和政府越来越重视心理学在组织当中的运用。我们为企事业单位和政府部门等提供了很多的心理援助和支持服务，包括我本人也是公安和司法系统的心理顾问。最近的五年，我个人和团队又在做一个新的尝试和探索。这二十年来，我们观察到许多社会问题，无论是从心理学专业的角度，还是深入这些社会问题背后来看，都源于个体内在安全感缺失，与安全感建立不够完善有关。

主持人：我们现在在搜索引擎搜索"林紫"两个字，后面蹦出来的三个字，一定是——安全感。

林紫：最近这五年，我个人把更多的精力放到去全国各个城市巡回演讲，为家长和孩子们讲，怎样从个体内在来建立更好的安全感。2018年，北京理工大学出版社出版了一本我的新书——《给孩子一生的安全感》（注：该书已由上海三联书店出版社再版）。

主持人：很漂亮的一本书。

林紫：是啊，其实听这个书名像是个伪命题。因为有的家长会很困惑，说这个世界有很多"不安全"，我怎么可能给孩子一生的安全感呢？我们透过这个话题在讲的是：如果想给孩子一生"相对"的安全，其实是需要从他的内在来培养安全感。

主持人：所以你也特别加了一个定语——"内在的"。

林紫：没错。从专业的角度来说，如果家长自己不够有安全感，他很难去培养出一个有安全感的孩子。所以透过这个话题，我们来重新检视父母自己的安全感。

主持人：那"安全感"这个词，对于心理学系统的人来说，应该是最熟悉不过的一个词了，马斯洛需求理论当中也提到了，安全感是很重要的。

林紫：因为在心理学领域，马斯洛是最为关注安全感的一位心理学家，他把安全感作为心理健康的一个重要的指标。从马斯洛对安全感的定义上来看，我们会发现它跟我们所理解的传统的安全感不太一样，传统上是要给予孩子更多的外在安全方面的保护，而他强调的是内在的。比如说我们自己本身在面对各种不确定的状况，包括恐惧或者焦虑的时候，能够有信心度过，而且相信自己能满足现在和未来可能会有的需要，这种感受就是他所说的"安全感"。

主持人：刚才林紫老师所说的——"我们"，可能是非常广泛的一个群体，其中也包括老年人，他们生活中可能也有无数的不安全感。

林紫：你说的非常对，比如说空巢老人，当孩子长大远离父母之后，家庭这个支持系统会发生变化，在退休前后，很多人会出现心理上的失衡、空虚和自我价值感的缺失。随着城市化居住生活的趋势日益显著，我在接受媒体采访的时候，常被问到诸如"北漂""上漂"等概念，不知道咱们有没有"厦漂"。有一些老人，他们为了给子女照顾孙子孙女，不得已离开自己熟悉的环境，到一个陌生的大城市。这个时候他们安全感其实是严重缺乏的，老人缺乏安全感对于我们孩子的成长影响其实非常大。

主持人：此外，中年危机、中年焦虑其实也是安全感的缺失。

林紫：没错。人生每个阶段其实都会面临这个重要的话题。而安全感的关键建立期是在 0 到 3 岁，再进一步扩展的话，0 到 6 岁是最佳的时期。

主持人：所以今天的节目就是一个打地基的工作，很多问题回到根源都应该是他的童年期有些工作没做好。

林紫：是的，给家长们讲父母开学的第一课。讲什么呢？就是讲——给孩子一生的内在安全感。我们希望爸爸妈妈能更多一点了解心理学知识，防患于未然。其实很多父母是很爱孩子的，但是如果爱得太用力或者没有合适的方法，那自己的做法可能又会跟目标背道而驰，反而伤害孩子们的安全感。

主持人：说到安全感，可能大家或多或少都从各种媒体看到、听到、了解到。那"安全感"这个词到底是怎样定义的呢？

林紫：安全感是内在的一个主观的感受，它是关于一个人处在恐惧或者焦虑之下，能够有信心度过，并且能够满足自己现在或者未来的需要。他自己的内在是安定的，是可以被满足的，是自信的，是有力量的，能很好地度过一生。我们仔细去回顾这个定义的话，你会看到谈的更多的都是内在的信心。所以它也包括内在的自我认同、自我价值感和良好的人际互动。那再往前去寻找，安全感跟早期依恋关系的建立有非常大的关联。但我也会发现，每次我在现场讲座的时候，现场经常会来一两千的爸爸妈妈，他们都会觉得这是很重要的。我就会问他们，说你们平时都做了哪些事情来帮助孩子建立安全感呢？爸爸妈妈的回答五花八门。有一个爸爸给我印象特别深。他说，老师，我有了孩子以后，我一直在拼命挣钱，我要给孩子最好的物质条件，这样我孩子就有安全感了。可是我们仔细去反思，不仅仅是这位爸爸，身边很多父母都有类似的压力和焦虑。认为我要让

孩子这一生过得更好，我自己得努力，然而你会发现，在你努力的过程中，你自己的状态越来越焦虑，就很难和孩子和平共处，一件小事就可能导致你的情绪爆发，可能你在该陪孩子的时间，却不得不身处外地。所以第一种情况是你自己内心一直有一种深深的担忧，认为孩子的幸福安全是依赖于你的拼搏，就把所有的责任都扛在肩上，我把这种情况叫作心理学上的"伪安全状态"。如果爸爸妈妈不了解的话，也会很委屈——你看我一直在努力，为什么我的孩子还是缺乏安全感呢？这有点像工作狂的伪安全类型。第二种是强势和控制型——有的爸爸妈妈会说，我为了让我的孩子安全，我就给他设定最好最正确的路线，不让他走弯路。但这样一来，孩子反而没有办法形成自我的认知、自我的判断。而且，如果妈妈是过度强势的类型的话，可能会造成孩子向两个方向发展，她的女儿有可能和她一样，也变成一个强势控制型的家长。而儿子可能会成为啃老族，因为儿子会说，好啊，妈妈你说的都是对的，那我一辈子就交给你了。另一个方向是孩子对父母完全的对抗，表现出各种各样的逆反，像是"火星撞地球"，说既然妈妈你说你都是对的，那我就用我的一辈子来证明你是错的，于是去对抗家长的强势和控制，因此我们要警惕这种情况。第三种是过度地追求完美。有一个家长说，我为了给我的孩子安全感，我家里所有的东西都是进口的，在孩子的衣食住行上都要最高的标准，这是追求完美的一种表现。但是家长自己也会反思，我越这么做越觉得不安，因为我不可能一辈子都这么做。此外，家长自己追求完美会导致家长在人际关系上也变得非常敏感，很怕自己或者孩子哪个部分做得不够好，而得到别人负面的评价。那么家长越紧张，孩子也越紧张，更为严重的是，过度追求完美的父母可能导致孩子出现强迫倾向，甚至引发神经症，所以我也把它叫作心理学定义上的"伪安全状态"。第四种是高高在上权威型，不管什么，孩子都得听家长的，把自己放得很高，跟孩子保持距离。看上去这个孩子好像在家里面是中规中矩的，但其实他内在与父母完全没有亲密的接触，他的内心长期处在不安、恐惧和孤独当中。我这二十年做咨询接待了很多有心理问题的成年人，回顾过去都跟早期的安全感缺乏有关。

　　主持人：所以上述提供安全感的方式，反而会给孩子带来很多的不安。

　　林紫：没错，所以我很希望爸爸妈妈们能够了解这些，它们也是我在书里面重点讲到的内容。如果我们能够早一点知道这些，就可以避免走这样的弯路。

　　主持人：刚才我们讲的是父母的做法问题，如果孩子被父母这么对待，孩子的安全感会变得很脆弱。那他们可能会面临哪些内心的矛盾和挣扎呢？

林紫：比如大家经常观察到，有的孩子很怕生，很害怕跟陌生人接触，在任何的环境当中都不敢融入，不敢发言，不敢表达自己。或者他一讲话就是要跟人吵架的样子，是因为他学会的是攻击，父母平时是以攻击防御的方式对话，孩子也会学到这个方式。再者，他不敢去探索新的领域，或者对人充满敌意，总是认为对方有可能会伤害他，认为世界都是坏的。更具体一点，有些年幼的孩子，由于安全感的缺乏，他会特别迷恋一样物品，比如对自己已经玩得破破烂烂的一个玩具不忍丢弃。有的妈妈或奶奶来咨询，会说我对此很生气，我明明给他买了新的，他却不要，一定要那个旧的，还为此哭闹，要是我们把旧的处理掉了，他就会跟我们反抗。有的孩子上幼儿园的时候，他会带着自己的小宝贝——从小使用的一个毛毯或者是别的东西，这些现象的背后是因为孩子缺乏安全感，需要一个熟悉的东西，上面或许还有熟悉的气味，是他自己幼年的味道或者妈妈的味道。有个孩子很清晰地跟我讲过对这个部分的需要。假如说大人不了解的话，也会觉得委屈，我都想要给你最好的，但是你却不配合，而孩子的心理还没有办法表达，但他的情绪性记忆已经深深地刻在他的记忆当中了，他所需要的温暖和熟悉的物品带来的安全感被剥夺了。所以爸爸妈妈要特别地关注这些。如果孩子在刚刚进入幼儿园或者幼升小的某个阶段里，或者家里发生一些人员的变化，比如亲人病故或保姆的离开，也就是养育人的变化，孩子都可能会出现类似情况，这表明安全感的严重缺乏。还有一种表现就是孩子怕黑，不敢一个人待着，不敢一个人睡，甚至大一点的孩子也不敢一个人在家，这些都需要我们进一步去了解。

主持人：说到怕黑这个事，可能很多成年人，尤其是一些女生，会出现这样的情况。

林紫：有一次我在讲座的时候，有个妈妈站起来说，我就是那个怕黑的人，老公一出差，全家就得灯火通明。我意识到，如果我都这么害怕，那孩子该怎么办呢？所以我就下定决心，要来学习、听课，进行调整。

主持人：小孩子的安全感缺失，或者形成伪安全感，到成年以后可能还会影响在身心上。

林紫：如果小时候的内在安全感没有养成的话，这个印记会一辈子伴随着他。这也是我这五年为什么把更多的关注重心放到这一方面的原因。心理学更提倡"预防"胜于"治疗"。二十年的咨询让我看到太多的遗憾，很痛心。我希望让更多的家庭能够在问题还没有发生的早期，爸爸妈妈学习一点点心理学知识，来更好地养育孩子。

主持人：可能还会有很多成年人，类似刚才讲到的那位妈妈出现安全感缺失。

林紫：然后更进一步会出现睡眠的问题以及因为安全感不足导致的焦虑，还有对人际关系敏感。这些成年人来咨询孩子问题时，会说我的孩子很容易退缩，碰到跟别人有争执，或者别人生气，他就很害怕。我问，那在你身上这一点表现如何？他会讲，其实我也是这样。还有一个妈妈说，我的孩子一生气就在地上打滚，然后摔东西大叫。我问她，那你的家里还有谁会这样吗？妈妈很害羞地说，是我，这些也是会出现在成年人身上。再比如说，一个成年人安全感的缺失，他的内心很渴望得到别人的信任。但是另外一方面，他又觉得世界上所有的人都是不可信的，内心充满怀疑，这种状况会让他生活得很累。如果去观察这类人在日常生活里的状态，假如想评估他们的内在安全感是否充足，可以看看：你跟他在一起时，你的感受是更放松更温暖，还是走近他就有点不自在，有点紧张。因为一个人如果他缺乏安全感，他可能把自己紧紧包裹起来，不让别人靠近。或者把自己伪装得很完美，就像神一样地存在，越是没有办法真实生活，那他的内在安全感就越需要重建。

主持人：成年人的伪装系统会更好一些，当你问他，你有安全感吗？他会说，我很好啊。有没有哪些细节的动作，在您看来是会存在一些问题的？

林紫：比如说身体的语言。有的人讲话，就双臂抱胸前。还有的人可能穿着方面有一些特征，他不是工程师，也不是导演，不是摄影师，也没有工作上的需要，但他喜欢有很多口袋的衣服。"口袋"在心理学上象征着"容器""包容"，进而联想到在妈妈的子宫里的感受。我们就会考虑在潜意识下，他的内在安全感或许缺失。也有的人个子不高，但会拎一个很大的公文包，让他自己感觉自我的呈现状态是更强大的。

主持人：他们会利用很多外在的东西来赋予自己所谓的心理能量。

林紫：刚才讲到孩子对于自己的某一样物品的依恋，在成人身上也经常会看到——不抱一样东西就睡不着，抱一个抱枕或者柔软的东西，他的睡姿也可能总是蜷缩的。以上我们讲的是普通情况下的表现，而在亲密关系里面，在和男女朋友相处时，缺乏安全感的人总是会不信任对方，想要不停打电话，问对方在哪里？对方在做什么？心里很恐慌，不能独处。再往后到了父母阶段，他们总是担心孩子出问题。给家长四个指标来检查自己是不是具有内在安全感：第一，允许孩子尝试犯错，走弯路。因为真正有安全感的父母，他们不会完全控制孩子去走一条绝对完美和标准的路，而是相信孩子自己的内在力量。在保证孩子相对安全，不伤害自己、他人，以及外部环境的情况下，允许孩子自由探索。我经常开玩笑说，犯错是天赋人权，没有一个从小到大没有犯错的人，只是我们长大以后可能忘了曾经犯过的错。如果父母一味地让孩子做正确的事情，让孩子更安全，显然是父母自己缺乏安全感了。反过来说，如果父母安全感是充足的，看到孩子走弯路的时候，心里很坦然，看到孩子在探索也很开心。第二，现在心理学普及之后，大家听到很多恋父、恋母的说法，但我常开玩笑说，也有"恋子"情结，那什么叫"恋子"呢？我的咨询室里也经常会来这样的妈妈、外婆或者奶奶，甚至一部分这样的爸爸。他们很爱孩子，所以当孩子从家里去到幼儿园，尤其是刚刚入园的时候，会不适应，不是孩子不适应，而是家长不适应。有的会躲在一边抹眼泪，还有的去上班了，但是一整天如坐针毡，心里失魂落魄。再有一些家长，在孩子长大一点出去读书或者出去工作了，会觉得自己是被抛弃的，也就是说他们把自我价值和自我认同完全建立在与孩子的关系之上。随着孩子的年龄增长，还是希望保持最早的"母婴养育"方式，这其实对孩子安全感的建立是不利的。反之，如果父母的安全感是足够的，他们可以在爱孩子的同时不失去自我，保证自己的生活质量的同时，跟孩子保持一个安全的依恋关系。孩子在不在身边，父母也可以很坦然。同样，安全感足的孩子也有安全的依恋关系，即使爸爸妈妈不在身边，他也能够很好地照顾自己。第三，有安全感的父母情绪表现通常会相对平和，他们可以做自己情绪的 CEO，更准确地说是管理情绪。他们并不否认，自己作为爸爸妈妈会有负面情绪，也有很低落、无助和生气的时候。但他们不否定、不逃避负面情绪，那么孩子也就有力量去面对负面情绪。他们并不是以发泄的方式去表现情绪，坦然地告诉孩子——爸爸妈妈对你的这个行为很生气，对你的这个错误行为说"不"，但是我们对你整个人、你的生命说"是"，我们是爱你的。这样的父母也会把处理情绪的方法教给孩子，这些只有内在安全感充足的父母才能做到。

1 + 1 = 3

这么简单为什么不会！！

缺乏安全感的父母会因为孩子在写作业过程当中的任何一个表现，比如说一个字老是写不好，或者今天的坐姿总是调整不好，突然引发一连串负面的甚至是灾难性的想法。他们可能会想到——我怎么生了一个"笨"小孩，然后联想到，我这一生真的是挺不如意，我工作也不开心，我想辞职又不敢辞，我辞了孩子将来怎么办？然后再往下想，自己的生活这么一团糟，孩子将来也好不到哪去，那么越想就越沮丧。所以当孩子再有一点点风吹草动，他们就没有办法管理好自己的情绪。反过来，如果是安全感足的父母，他会对孩子写作业的各种表现和情绪反应有着良好的观察、觉察和接纳，同时可以非常平和地去陪伴孩子。他们会说，爸爸妈妈知道这个过程会发生什么，我也有我的情绪，忙碌了一天，其间也碰到很多不开心。如果我发现写作业出现了问题，负面情绪可能会升级，那最好暂时回避一下，让自己先冷静下来，避免影响到孩子。同时，也会想一些方法，包括有创意的互动来陪伴孩子一起做作业。我跟女儿经常会用玩游戏的方法来完成作业，我们会闯关。从她放假开始，语文、数学、英语作业都是以闯关的方式来完成。我也很希望更多的爸爸妈妈找到更好的有创意的方法去陪伴孩子。不过前提

还是家长要有安全感，没有过多的担忧焦虑，并且相信写作业本身跟孩子的价值没有必然的关联，相信孩子作为一个生命个体是值得尊重和爱的。

主持人：我们已经聊了三点了，还有最后一点是什么呢？

林紫：最后一点是"儿孙自有儿孙福"。很多父母会把孩子一生过得好不好的责任全都放到自己身上，希望孩子能变成富二代。他们这么做的同时又用很多"伪安全"的方式来破坏孩子的安全感。为什么我们把相信孩子有自己的福，或者说相信孩子能够掌握好他的一生，作为安全感足的父母的一个指标呢？因为如果父母具备安全感，他们对自己是有信心的，只有能够信任自己，自我价值感足，他们才能够去相信孩子的自我价值，相信孩子可以以自己的方法和智慧去度过他的一生。在心理学上一个有趣的现象是，你越相信，它就越会发生。为什么会这样呢？因为当你相信的时候，你是在以正向的方式去看待孩子不同阶段的问题表现。所有的问题，我们把"问题"换个词，用"功课"表述，家长就没有那么抓狂了。这是家长自己以及孩子成长当中要去学习、去修炼的部分。孩子从家长的看法里，也会汲取到力量。当他再去面对人生的各种不确定的挑战的时候，他就会带着一个"我可以学到更多，我可以更好地成长"的想法。你可以想象一下，这样孩子的一生是不是会过得更好、更幸福、更平安、更如家长所愿呢？

主持人：这中间可能会有一个冲突，父母总觉得作为家长有威信，更有经验，这可能会加剧家长和孩子的对立。

林紫：这种叫权威式父母，是伪安全中的一种类型，因为家长过度强调高高在上的威严，没有办法跟孩子的内在建立真实的链接。有一个心理关键词叫"情绪性记忆"。前两年在网上流行的一个三岁小女孩背乘法口诀的视频，孩子说"太难了，我不会"，看上去好像很搞笑，但是从心理学角度来讲，我其实是很心疼的，为什么呢？因为看上去孩子是在学习知识，可是她三岁学不学乘法口诀很重要吗？这不会影响她一生的幸福，真正影响她幸福的不是知识积累了多少，而是在学习知识过程中的情绪性体验和记忆。希望更多的家长了解，情绪性记忆决定孩子一生的幸福。

主持人：对三岁的小女孩来说，这段经历可能会对她造成一些不好的影响。

林紫：是，我们会看到在录制视频时，妈妈很严厉地说孩子你怎么背这么多遍还不会，旁边的爸爸还在加强这种情绪。设想一下如果你是那个孩子，你很难过、很无助，且没有人听到，反而受到了取笑，你会觉得学习是件很痛苦的事情。

若孩子小小年龄就被剥夺了学习的好奇心和乐趣的话，她一生在面对挑战时的第一反应可能是——我是无助的，妈妈和爸爸都只会站在一旁，不会帮我。

主持人：但这时父母看到的却是——女儿好可爱，这种反差好可怕。

林紫：我们不妨从日常生活的点滴入手，细致观察与反思自己的行为表现。就像您刚刚提到的"权威型爸爸"，这类家长或许认为，凭借家长的威严，能换来孩子表面的服从，维护自己的权威形象。但实际上，这种做法给孩子内心种下的并非有助于他们成长的力量，而是恐惧的种子。长此以往，孩子长大后极有可能在人际交往中遭遇阻碍。在现场讲座时，我经常分享一个案例，每次讲述，台下绝大多数家长都会默默动容，甚至潸然泪下。究其原因，几乎每个人都有类似的经历：小时候无论自己多么努力，都难以得到家中重要长辈的认可。而当孩子长大成人，长辈们又会解释道："我从不表扬你，是为了激励你不断进步；指出你的不足，是希望你能及时改正。"这其实是一种"伪安全"式的教育理念。若家长一味采用这种方式，试图为孩子营造更好的成长环境，结果往往适得其反，不仅剥夺了孩子构建内在安全感的机会，还让他们一生都活在恐惧的阴影中，面对权威时，不是不敢开口，就是盲目对抗，却又不知缘由。

主持人：这或许是许多 70 后、80 后成长过程中的共同痛点。

林紫：没错。好在如今 90 后、00 后的家长开始觉醒，懂得反思，愿意深入思考育儿问题。但"静待花开"绝非嘴上说说那么简单。不少家长向我倾诉，明知育儿不能操之过急，可就是难以克制自己。我给出的答案是：他们内心深处并未真正信任孩子，不相信孩子能按自身节奏健康成长。

主持人：也可能是他们没有充分认识到安全感对孩子的重要性。

林紫：确实如此。很多家长虽然知道安全感对孩子的重要性，但在实际行动中，他们的做法不仅未能帮助孩子建立真正的安全感，反而在不经意间伤害了孩子。早些年，社会上曾流传一种育儿观念：孩子哭的时候不要抱，不哭了再抱，这样能让孩子长大后更坚强。但经过实践，大家逐渐发现这种观念并不正确。我们现在明白，在孩子成长的早期阶段，给予他们良好的情绪互动和及时回应，对建立安全的依恋关系至关重要。然而，如何把握其中的分寸，是个难题。而且，随着孩子逐渐长大，家长与孩子相处的方式，也需随之调整。以青春期的孩子为例，若家长过度干涉他们的生活，孩子往往会感到紧张，甚至产生逃避心理。因此，家长必须了解孩子在不同发展阶段的需求，只有这样，才能帮助孩子真正建

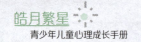

立起安全感。

主持人：请林紫老师简要概括一下要点。

林紫：在心理学领域，埃里克森的人生八阶段理论对理解孩子的成长很有帮助，我经常向家长们分享这一理论。今天，我们不详细探讨八个阶段的全部内容，我的书中有完整介绍，感兴趣的听众可以自行查阅。我们先聚焦孩子安全感建立的关键时期——零到三岁。这一阶段还可进一步细分：零岁到一岁半，孩子在生理和心理上极度渴望成人给予无条件的关注。当孩子通过哭泣表达饥饿、寒冷或其他生理需求时，家长若能及时回应，并给予身体抚触，孩子就会觉得这个世界值得信赖，自己是安全的。一岁半到三岁，尤其是三岁左右，孩子常把"不"挂在嘴边。这是因为他们开始探索自我，除了依赖外界帮助，还希望通过自主尝试，建立对自己的信任。

三到六岁的幼儿园阶段，是孩子社会化进程的起点，他们开始与外界接触。在零到三岁获得充足安全感的孩子，能够更好地与小伙伴相处，顺利进入下一阶段。有些家长可能会问：如果错过了孩子安全感培养的黄金时期，孩子一生都会痛苦吗？答案是否定的。因为意识到问题，就是改变的开始。当孩子出现异常变化时，家长不要急于指责或评判，更不要强迫孩子改变，而是要深入了解背后的原因。比如，孩子突然不想上学，若家长一味逼迫、诱惑或指责，只会让孩子更加抗拒。相反，若家长内心充满安全感，能够静下心来，站在孩子的角度思考问题，就能发现问题与安全感之间的联系。此时，家长可以运用所学方法，或寻求专业老师的帮助，与孩子共同面对困难。

主持人：孩子满三岁后，便进入第一次集体生活阶段。

林紫：对。孩子三岁入园时，往往会表现出诸多不适应。这时，家长要格外关注孩子的安全感培养。

主持人：孩子入园初期的种种挣扎和抗拒，或许表明他们在安全感方面存在问题。

林紫：大家可能听说过"分离焦虑"这个词。安全感缺失的孩子，分离焦虑会更为严重。但这并不意味着，将孩子时刻带在身边就能避免分离焦虑。过度宠溺孩子，同样会导致孩子缺乏安全感，因为他们缺乏与外界沟通的能力。较为科学的做法是，等孩子年满三岁，身体和心理都做好准备后，再送他们去幼儿园，帮助他们更好地适应新阶段的生活。

主持人：这些规划确实十分科学。

林紫：提醒大家，太早送孩子入园，不仅不利于他的身心健康，而且会破坏他们的安全感。即使是正常年龄入园的孩子，如果在入园前后的一周里出现了一些异常行为，比如以前可以分床睡了，现在突然不愿意；很久都不尿床了，现在又开始尿床；甚至有的孩子还要去找回幼年的旧东西来用。记住，我们的原则是不评判，不指责，也不去快速改变或者剥夺，而是陪伴孩子一段时间，把孩子内在的不安解读出来。与此同时，可以通过加强家校互动，跟老师多沟通，让老师了解孩子的状态，帮孩子适应角色的变化，并为日后升入小学、初中打下良好的基础。如果孩子非常强烈地抗拒去幼儿园，一方面家长要积极寻找原因，另一方面也可以尝试一些弹性的办法。有的孩子害怕去幼儿园是害怕午睡。因为在一个不熟悉的环境进入睡眠需要放松的状态，而孩子在幼儿园午睡是感到紧张的。如果只是一味指责强迫，孩子会更加紧张，我们不妨尝试跟老师沟通，如果有条件的话，午睡这个时间段可以让孩子在不影响他人的情况下用其他方式度过。这只是一个例子，总之爸爸妈妈要做的事就是面对孩子的任何问题，都把它看成是功课，是家长和孩子成长的功课。家长不要急于判断、指责，或改变，而是在这个功课里等待和学习，再向前走。

在三到六岁幼儿园阶段，父母经常问的问题是——孩子在幼儿园很容易跟别人发生冲突或者孩子遇到冲突就会退缩。这可能与之前的养育方式中存在伪安全的状况有关。孩子没有安全感，就不知道怎么跟外界更好地打交道。一方面，家长可以从外部入手，教给孩子一些跟人打交道的方法。另一方面，家长要反思自己平时是怎么应对冲突的。"冲突应对"也是我给大家的十个关键词当中的一个，这需要从家长自身的学习开始。

再往后六到十二岁进入小学的阶段。这个时候挑战就更多了，课业来了，家长的不适应也来了——好不容易适应了一个幼儿园家长的身份，突然到了小学，情况完全不一样了。面对校园的早读和各种作业，家长的焦虑情绪也在上升。这时候父母要审视自己，即使之前的安全感良好，这个时候是不是也有一些变化？

主持人：您的意思是会不停地变化，不停地产生新的需求、新的安全感。

林紫：是的，如果核心的安全感建立良好的话，未来孩子在安全感受到挑战的时候情绪就不会有太大的波动，也就是说地基要打牢。在不同的阶段有不同的应对策略。小学生家长要想到，自己作为父母这个角色也是"小学阶段"了，需要学习和适应角色的改变。接着再来观察孩子，要特别注意的是，六到十二岁小学阶段的孩子，前期更看重的是对老师权威的认同。前三年他们更听老师的话——我们老师说了什么，而家长说得不对，这时候家长可以尝试不要跟孩子去对抗，也不要觉得很失落，这其实是孩子发展的一个必然的探索阶段。到了小学后期，就是青春期前，家长更要做足了准备，因为这时孩子就进入了心理学上所说的青春期的同一与混乱阶段。这个阶段跨度挺长的，如果我们没有办法陪伴孩子更好地度过这段时间，那孩子成年之后可能会产生更多问题，处理孩子逆反情况时也会更棘手。所以这也是家长要去学习的。

主持人：这时候的逆反可能是一种结果，但很多家长会把它理解成问题的"因"。

林紫：正因如此，家长往往将全部精力都耗费在与孩子的逆反情绪对抗上，还错误地觉得孩子是在故意跟自己对着干。实际上，青春期的逆反是孩子成长过程中难以避免的阶段。若这一时期孩子的心理能得到良好发育，成年后，他们便能更加顺利地应对生活。反之，有些孩子从小到大都十分乖巧，从未经历过逆反阶段。但这些缺失的"成长功课"，日后迟早得补上。也许是在他们为人父母之时，也许是在职业发展的某个阶段，会突然出现连自己都难以理解的逆反行为。所以说，青春期逆反是孩子自我探索的正常表现。在心理学领域，青春期又被称作"同一和混乱"阶段。这是因为孩子常常陷入自我认知的困惑中，反复思索"我是谁""我应该成为谁"这类问题。今天，他们可能梦想成为演艺界明星，明天又立志要当科学家，在不断的摇摆中感到迷茫，不知道自己究竟该朝着哪个方向前行。这种内心的矛盾与不安，贯穿于他们的日常生活。

与此同时，孩子的社交需求和关注点也发生了显著变化，他们开始更加注重同伴间的认同，渴望融入同龄群体，对同伴的看法极为在意，相比之下，家长和老师的意见在他们心中的重要性则有所下降。了解孩子在青春期的这些特点后，家长就能更好地陪伴孩子度过这段迷茫无助的时期。回顾我们每个人的青春岁月，都曾经历过类似的混乱阶段，之后随着时间的推移，内心逐渐趋于稳定，最终明确了未来的发展方向。可以说，青春期是人格发展的重要阶段。

主持人：有一个关键词想请教林紫老师，就是"读取"，您刚才也提到过，家长要通过观察孩子的某些细节和行为去读取孩子的心理特征。

林紫：家长怎样通过孩子的外在行为表现来读懂孩子背后的心理需求，给大家一个关键的切入点——情绪。家长可能会说，知道情绪的重要性，但是自己往往就是在这里栽倒。那怎样跟孩子的情绪和平共处呢？首先，父母要记住，孩子所有行为背后可能对应着某一个内在需求。其次，不同的发展阶段，就像生理发展一样，也有心理发展、发育的一些特征。孩子表现出来的那些问题，我们刚才说过叫作"功课"，其实也是发展发育过程当中必须经历的。如果父母有了这个基本认知，就可以更淡定一点，不被孩子的情绪牵着走。这是我们去读取孩子行为背后的真实状况和需求的前提。下一步，我们顺藤摸瓜。我们拿冰山来打个比方，孩子的所有问题和行为就像是冰山一角，只是露在海面上的部分，孩子更多的需求主体则隐藏在水下。那家长怎么看得到水下呢？情绪是最好的信号，因为情绪都跟内在需求紧密对应。比如孩子突然因为一件很小的事情爆发了，很多父母，尤其是爸爸的情绪也会一下子起来，那就是一场恶战，家庭片也演化成灾难片了。如果这时候，家长知道这是青春期的同一和混乱出现，家长内在是很有安全感的，知道经过这个阶段孩子会成长得更好，就不会急于去平复孩子。

下面，教大家一个实用的沟通方法，它不仅能帮助孩子平复情绪，还能避免家长自身受到负面情绪的影响。具体做法是，尝试把自己当作一面会说话的镜子。那么，该说什么呢？家长可以跟孩子讲："爸爸妈妈看到你有情绪。"很多时候，家长难以准确判断孩子究竟处于何种情绪状态，担心解读错误，反而引发更多问题。其实，只需说出这句话，就能引导孩子进行自我审视。切忌对孩子说"你要好好反省一下自己"。当孩子听到"爸爸妈妈已经看到你有情绪"时，会立刻产生被关注、被理解的感觉，并且不会感到被强迫改变。这时，孩子便会开始自我反思，思考是否需要做出改变，以及如何面对问题。如此一来，原本紧张的家庭氛围，就能从"灾难片"逐步转变为舒缓的"文艺片"。

值得一提的是，这个方法不仅适用于亲子沟通，在夫妻关系中同样有效。毕竟，和谐的夫妻关系对孩子安全感的建立至关重要。此外，它在工作场合也能发挥积极作用。当孩子情绪初步平复，家长也能保持理智时，便可找一个双方都心平气和的时机，进一步与孩子交流："爸爸妈妈看到你有这样的情绪，也很关心你。"

接下来，再给大家分享非常重要的第二句话："我们能为你做点什么吗？"或许有人会觉得这句话没什么用，孩子大概率不会回应。实际上，青春期的孩子不愿表达很正常，我们的目的并非让孩子给出具体答复。青春期的孩子与小时候不同，小时候孩子的一切都尽在家长掌握，想法一目了然。但如今，孩子正逐渐走向独立。家长说出这句话，是为了让孩子知道，无论他们正在经历什么，爸爸妈妈始终陪伴在侧。这是亲子沟通中极为重要的一环，家长无须急于宣称自己理解孩子，而是要让孩子感受到，即便家长不清楚发生了什么，依然选择相信和支持他们。无论孩子有何需求，家长都会全力以赴，与他们共同面对。<u>当孩子感受到被接纳，没有被评判，也没有被要求迅速改变时，往往会在自我梳理的过程中，主动与家长分享内心想法，寻求解决问题的办法。</u>许多孩子反馈，有时到最后连自己都忘了究竟发生了什么事，只是当时情绪突然爆发。

接下来，咱们进一步探究孩子后续的需求。我常向家长们强调一条重要原则：先安抚情绪，再解决问题。需要特别注意的是，处理情绪绝非意味着急于改变或评判孩子。此外，还有一个关键原则：我们可以对孩子不当的行为明确说"不"，但对于孩子本身，对于他们独一无二的生命，永远要给予肯定。要让孩子知道，无论发生什么，爸爸妈妈对他们的爱始终不变。

今天和阿杜深入交流了许多，这源于我自身的双重身份。一方面，我是一位母亲；另一方面，过去二十年，我既从事心理咨询工作，也投身于心理教育领域。基于这样的经历，我非常希望以这种综合性的视角，与更多家长分享我的观点。在我看来，<u>培养孩子的内在安全感是送给孩子一生最好的礼物</u>，尤其在孩子成长的早期阶段，这一点尤为关键。我还有一个深刻的感悟：<u>不是因为世界安全了，我们才变得更安全，而是因为我们先有了内在真实的安全感，世界才会更加的安宁和安全。</u>

由于时间有限，很多内容无法在此一一展开。如果大家对这个话题感兴趣，推荐关注我的新书《给孩子一生的安全感》（上海三联书店 2023 年 1 月新版）。希望这本书能陪伴每一位家长，无论你的孩子处于哪个年龄段。其实，我们每个人内心都住着一个小孩，希望家长们借助这本书，帮助自己内心的"小孩"重新建立安全感。这本书里谈到与安全感、人的一生相关的十个关键词，助力大家实现自我成长，让孩子们能自信展现自我，尽情享受美好的人生。

○"心灵绿洲"小课堂 ✑

心理学家把安全感称为人的心理免疫系统，良好的安全感是发展完整人格的基础。生活压力、童年经历或社会环境导致个体内在安全感薄弱，进而对外界刺激产生过度反应，引发焦虑或防御行为。成年人的安全感缺失不仅影响个人生活质量，也会影响与伴侣及孩子的相处和互动。通过自我觉察和心理干预可以识别内心的不安情绪。心理咨询、冥想和情绪管理训练等方式，以培养内心的平衡与稳定，减少对他人，尤其是对孩子的无意识投射。

在亲子关系中，缺乏安全感的父母往往通过过度保护和控制孩子来缓解自己的焦虑，这种做法可能限制孩子成长所需的自由和自主性，进而影响他们的自信心和情绪管理能力。因此父母应该处理自己的不安全感，利用自我觉察和专业帮助，减少对孩子的过度干预，给予他们更多的信任和空间。

提高社会对情绪觉察的重视，普及心理健康知识，加强心理干预，能有效帮助家庭成员理解并应对情感波动，同时助力成年人识别和调节情绪，能够更好减轻对孩子的负面影响。此外，提供丰富的心理咨询资源，营造安全、开放的家庭氛围，这将有助于培养孩子健康的情绪管理能力，使他们在未来的挑战中更加自信与从容。

怎样成为男子汉

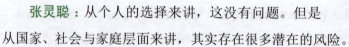

提倡男女兼具性不能抹杀性别差异性。

——张灵聪

嘉宾简介

张灵聪，闽南师范大学退休教授、中国心理学会注册督导师，曾任闽南师范大学教育学院第一任院长。根据中国人的特点，提出了平衡需求、幽默层次理论，组块阅读的假设，获得发明专利两个，实用新型专利五个。

主持人：说到性别，无非就是男人和女人两种。有一段时间，受到韩流的影响，很多女孩都会比较喜欢飘逸的男性形象。

张灵聪：从个人的选择来讲，这没有问题。但是从国家、社会与家庭层面来讲，其实存在很多潜在的风险。

主持人：今天我们要和大家来聊一聊，怎么样让男人更加男人，尤其是，我们要从小朋友开始抓起。

张灵聪：这里有一个很关键的涉及角色社会认同的问题。

主持人：说到按性别，有很多妈妈可能就喜欢小姑娘，所以一些男孩生出来就会按照女孩的样子来打扮。反之也有一些家长很喜欢男孩，生了个女孩就按照男孩的方式来着装打扮。

张灵聪：这就是早期没有很好地按照他的性别来教育，后续可能产生性别错位。性别错位以后，孩子自己痛苦，家里也很痛苦。

主持人：男孩虎头虎脑，女孩乖巧可爱，这样男女性别的区分还是比较清楚的。

随着年龄的增长，可能男孩他有一段时间是不爱和女生玩的，男孩一起玩，女孩一起玩。

张灵聪：这里面就涉及性别的问题，叫性意识觉醒，一般是在小学高年级和初中的时候，孩子就开始意识到两性有差异，怕别人议论就故意分得很开。青春期以前，两小无猜，一起去上课，而性意识的觉醒就是异性疏远的开始，当然也是受到社会文化的影响。一些人觉得像非洲的一些原始部落就不存在这个问题，因为他们的文化的差异。为什么男孩子过于女性化会存在？有人说现在从心理角度来讲，认为男女兼具性更合理，因为男女兼具性的人既有男性特点，又有女性特点：独立、勇敢，同时又温柔体贴。这样的人的人际关系也会更好，并且也更有创造性。过于典型的男子汉，或者过于典型的女性化，会制约人的潜能的开发。

主持人：这好像要求挺高的。

张灵聪：但男女兼具性不能抹杀男孩子与女孩子本身固有的特点，因为一旦抹杀了以后，是没有性别差异的。从国家层面讲，大部分的国家还是派男性上战场，虽然也有女兵。

中国的文化传统强调男孩子应该要有雄心壮志，要顶天立地，果断勇敢，当然现在也提倡要温柔体贴了。从家庭或个人角度来讲，女孩子还是要有女孩子的特点，男孩子还是要有男孩子的特点，否则就容易产生性别角色的混乱或性取向混乱等问题。自己很痛苦，别人也会受到很大的牵连。

主持人：周围的人也会觉得痛苦或者不自在。

张灵聪：实际上，就是男孩子从小到大，是在女性的教育环境当中长大的。

小的时候妈妈带，爸爸大部分都是忙着外面的工作、应酬、出差。

主持人：孩子可能和妈妈关系好一点，亲近一点。

张灵聪：然后，幼儿园都是阿姨，很少有男老师。现在国家也意识到了这个问题，提倡要培养男老师，学校从 2014 年开始招男师范生到小学去。再加上现在的教育制度是比较标准化的考试形式。相对来讲，女孩子语言发展会比较早比较好，成绩也会更好。教育没有按照男性的特点来要求学生，老师总是说"你要认真，你要安静，不能活蹦乱跳。"

主持人：那是不是以前男女分校的，比如女生读女校，男生读男校，这样是否更好？

张灵聪：应该说最好不要分校。如果要的话，分班可能是一种途径，尤其是体育类课程。

我经常做咨询，男孩子来的时候，我都会叫他来做个体能测试。其实，体育运动第一能提高身体素质，使人不容易生病。第二可以调节情绪。当我们情绪不好的时候，可以通过运动来调节。第三，提高自信。有肌肉以后，你就有自信了。第四是培养毅力。毅力其实非常重要，如果你有毅力，就容易走向成功。

主持人：很多男生也因此去健身房中做一些力量性的锻炼，如举哑铃让胸肌、人鱼线或者马甲线更好看一些。这可能也是一种风潮了。

张灵聪：一般来讲，男孩子都比较羡慕像施瓦辛格那样的肌肉，看起来比较威猛，有力气、有朝气，并且别人一般不敢欺负他。

在育儿的漫漫长路上，不少家长都深感迷茫，尤其当父亲在孩子成长过程中缺位时，这种困惑愈发明显。即便父亲积极参与育儿，许多家长仍未能清晰认识到男孩与女孩在培养方式上的显著差异，更不知道该如何培养出有担当的男子汉。

究竟什么是男子汉？在我看来，真正的男子汉首先应胸怀宽广、视野开阔，树立远大的抱负。唯有拥有雄心壮志，才能激发内心的勇气，主动拼搏，成长为顶天立地的人。其次，行事果断勇敢，面对挑战不退缩。再次，具备解决复杂矛盾的智慧，能在困境中从容应对。那么，具体该如何培养男孩子呢？可以从以下六个维度展开：

第一，**培养家国视野**：当孩子懂事之后，家长不妨多与孩子探讨国家大事、国际形势。让孩子从小接触宏观层面的信息，帮助他们拓宽视野，树立远大志向，避免陷入琐事的困扰，养成豁达的人生态度。

第二，坚持运动锻炼：运动对于男孩的成长起着不可或缺的作用。无论是跑步、打球，还是攀岩等运动项目，都能锻炼孩子的体魄，磨砺其意志，塑造坚韧不拔的性格。

第三，开展棋类博弈：下棋是一项兼具趣味性与益智性的活动。一方面，棋局中的你来我往，能培养孩子斗智斗勇的能力，让他们学会审时度势，懂得"丢卒保车"、集中优势兵力解决问题。另一方面，教会孩子接受输赢，养成"愿赌服输"、永不言败的良好心态。

第四，规划旅行实践：旅行是孩子认识世界的一扇窗口。在旅行过程中，孩子既能领略祖国的大好河山，感受自然的壮美与人文的魅力，还能在应对各种突发状况中学会克服困难。建议家长在孩子小学高年级阶段，让孩子主导家庭旅行计划。家长提供资金支持，而旅行目的地、出行方式、游玩时长及住宿安排等，都由孩子负责。借此机会，充分锻炼孩子的独立性与自主性。

第五，培养阅读习惯：书籍是人类智慧的结晶，通过阅读，孩子可以汲取前人的思想精华，学习优秀榜样的精神品质。我在初中时期阅读的《牛虻》《钢铁是怎样炼成的》，对我产生了深远的影响，为我的人生奠定了奋斗的基调。可见，引导孩子在阅读中找到精神榜样，获得激励，对他们的成长有着不可估量的价值。

第六，参与家务劳动：鼓励孩子参与家务，不仅能培养他们的勤劳品质和劳动技能，还能增强其责任感，让孩子懂得感恩父母的付出。

值得关注的是，前不久有一位女生前来咨询。她留着男生发型，对另一名女同学产生了爱慕之情。起初，她以为对方欣赏自己的果断，便是喜欢自己，便贸然表达了情感，结果遭到拒绝，两人因此陷入了矛盾，她也痛苦万分。这一案例警示我们，如果在孩子幼年时，未能依据其性别特点进行科学引导与教育，等孩子长大成人，可能会面临诸多困扰，甚至留下难以挽回的遗憾。因此，家长们一定要重视孩子的性别教育，助力孩子健康成长。

主持人：但是很多家长可能就会犯难了，到底应该怎么做？比如说这个小男孩走着走着跌倒了，这时候家长照着老师的说法，应该说："站起来不要哭，你是男子汉。"

张灵聪：这其实是误解。当一个孩子哭，你如果说"不哭，你是男子汉"，是在压抑他的情感表达，忽略他的感受，他以后就不爱表达了。正确的说法是："摔破皮了，你肯定很痛，但没关系，我们站起来看看问题在哪里，以后要注意……"作为父母，应该要先理解到底是什么原因导致他哭。在教育过程当中，不要按照我们的理解去矫正孩子，尽量地顺着孩子的自然天性来做。首先要接受孩子的情感，再去引导他怎么做更合理，而不是忽略他的情感，更不能压制他。

主持人：在家长看来，过一段时间可能孩子就乖了，但可能还是存在很大的问题。现在有很多家庭是二孩的，有什么需要注意的？

张灵聪：在孩子发生冲突时，很多家长都认为大的要让小的，就会让人非常不服气，凭什么要让？其实，正确的做法是，父母要继续关爱大的，大家再一起来关爱小的，这样他才平衡。教育孩子有很多方法，教育是一个非常细致的、很有耐心的工作。不知道什么时候，你就可能伤到别人。在教育的过程当中，要有情感，而不是讲道理，不是一定仅仅在智商方面培养人。

主持人：有没有哪些苗头，是在张老师看来一定要给家长提个醒或注意的？

张灵聪：比如男孩过分依赖他人，不够独立；或过于恐慌，看到个蟑螂就会大喊大叫；或过于焦虑，遇到事情往往犹豫不决，举棋不定……这些问题如果出现，家长就要反思了。你的教育是不是妨碍了孩子的健康成长？这些问题要怎么改变？比如看到蟑螂的恐慌可能很大程度上是由于母亲，孩子看到妈妈那样叫，便以为蟑螂很可怕。那要怎么办呢？心理学有一个专业术语叫系统脱敏，就是心理脱敏。通过训练放松，慢慢去接近引起恐慌的事物。先看蟑螂图片，再看死蟑螂，最后看活蟑螂，甚至自己打死蟑螂，那他就不会恐慌了。这些问题是有方法

帮助解决的。

主持人：尤其是在小时候，这个补救的空间会比较大。

张灵聪：应该说越早发现问题，越及时改正，改变就越容易，越迟就越难，花的代价就越高。初中出现了叛逆，很多家长感到很头疼，孩子之所以叛逆，是因为他是在做自己。他如果不叛逆，就有问题了。反过来，如果他跟你一点感情都没有，那就要考虑你的教育问题了。家庭关系优于家庭教育，没有好的关系，很难做好教育。一定要创造一个好的氛围，让他觉得你是可以信任的，是可靠的，他才愿意跟你交流。初中叛逆阶段其实是弥补早期教育不足的最佳机会。

主持人：所以大家还是要利用这个难得的叛逆期来做一个最后的修正。

张灵聪：早期教育非常重要。有一种观点甚至认为，我们的人生剧本在六岁以前就写完了，那六岁以后只是在重演而已。小学阶段的习惯培养也很重要，初中阶段是最后的补救机会。

主持人：玩伴，是不是也是成长中一个很重要的环节？

张灵聪：玩伴主要以同性同伴为主，特别是在童年阶段，同性同伴是非常重要的。如果都是在异性同伴中长大的话，孩子就很难有一个同性的榜样学习，这种本性的内在的特点就很难形成。

主持人：跟玩伴们在一起，难免会有一些争执或纠纷，如孩子所谓的被欺负了，这个时候，你要怎样处理？

张灵聪：男孩子一定要学会不惹事，不怕事。不要主动欺负人家，不要主动去挑事。当别人欺负你的时候，我们要搞清楚，他真的欺负你吗？是无意地碰到你，还是跟你开玩笑？如果说，他打了你，或者是他跟你开玩笑，你觉得不舒服，你可以跟他讲："我不希望你这样做。"告诉对方你不喜欢。他可能会想，你怎么这么小家子气，你可以说："我就小家子气，我不喜欢你。"如果再来，那就要跟他讲："你让我不舒服，我警告你。"让他知道你的底线。特别是当他打到你的时候，我们要确认，是真的打还是开玩笑的？如果开玩笑，就告诉他，我不喜欢这种玩笑。如果真的要打，那就不允许，不然就让他再试试看。当然讲这种话的时候，要有底气。你要打回去，当然如果对方比你壮很多，那就不要硬碰硬，你就要想一些办法，如可以跟老师讲。当然最终如果你被欺负了，那回来要锻炼身体，让自己更强壮，或者结交一些好朋友，让别人来帮你制止这种欺负行为。

主持人：责任感是不是也要从这个时候开始培养？

张灵聪：基本上是小时候养成的。我们从小就要让孩子学会分享，学会承担家务，学会去为自己的错误承担一定的后果，而不是一味地迁就或溺爱。一定要让七八岁以前的孩子知道，不行就不行，你再怎么闹都不行，不是因为你闹我就让步，你闹我就同意。这个时候他最多是撒泼打滚，哭一哭闹一闹。但是如果到了小学高年级或中学，他就有可能离家出走，有可能做其他不好的事情等。管教一定要在趁孩子特别小的时候，制定规则，让他承担一定的责任。

主持人：那按照您这个培养方法，会不会又走到一个另外的极端？你要负责，要做男子汉，要去锻炼身体，会不会把男孩就培养成我们现在讲的有点儿大男子主义，什么都得听我的那种？

张灵聪：这里面涉及要学会勇敢、顽强、独立，同时要学会讲道理沟通，不是一定我说了算。如果遇到一些困难或矛盾，要知道怎么跟人家沟通。这些都会防止他过于自我，过于自以为是。

主持人：自以为是很多时候就会向大男子主义发展。我就听我的，别人的话就听不进去。

张灵聪：应该学会换位思考，站在别人的角度来考虑问题，学会跟人合作与协商，这样就可以比较好地避免这种过于自以为是。教育孩子是很烦琐也很细心的系统工程。

"心灵绿洲" 小课堂

1. 性别教育：早期应按性别教育孩子，避免性别错位。性意识觉醒一般在小学高年级和初中，受社会文化影响，不同文化下表现有差异。男女兼具性虽有优势，但不能抹杀男女固有特点，否则易导致性别角色或性取向混乱。

2. 培养途径：培养男子汉要从多方面入手。一是探讨国家和国际大事，培养宽广视野和雄心壮志；二是运动，提升身体素质、调节情绪、增强自信、培养毅力；三是下棋，斗智斗勇并学会愿赌服输；四是旅游，领略美好，克服困难，培养独立性；五是看书，汲取前人智慧；六是做家务，培养勤劳精神、劳动技能、责任心和感恩之心。

3. 教育方法：孩子摔倒时，应先理解感受，再引导处理问题，而非压抑情感。二孩家庭中，父母要先关爱大孩子，再一起关爱小孩子。孩子出现过分依赖、恐慌、焦虑等问题，家长要反思教育方式，可通过系统脱敏等方法帮助孩子改变。早期教育和小学阶段习惯培养很重要，初中叛逆期是弥补早期教育不足的机会。童年阶段玩伴应以同性为主。孩子被欺负时，要明确对方意图，表明底线，若对方强壮可求助老师，事后增强自身实力。培养责任感要从小让孩子学会分享、承担家务和为错误负责，同时教导孩子沟通、换位思考、合作与协商，避免走向大男子主义。

与孩子一起规划未来

嘉宾简介

林永和，北京工商大学教授，全国首批心理卫生先进工作者、高校首批全国优秀教师、最早开展大学生就业指导和生涯规划教育的专家。他在三十多年前提出的制定职业生涯规划的四项原则："择世所需、择我所爱、择己所长、择家所利"至今仍是全国大中小学开展职业生涯规划教育的名言。

主持人：本期节目，我们有幸邀请到北京工商大学教授、全国知名就业指导与心理素质教育专家林永和老师。林老师拥有三十多年从业经验，今天来到了我们节目现场，掌声有请林老师！

林永和：大家好！

主持人：上期节目，我们主要探讨了大学生在职业生涯规划中可能面临的问题，并进行了个案分析。林老师，您认为职业生涯规划何时开展比较合适呢？

林永和：职业规划或生涯规划应尽早进行，最好将起始时间提前，甚至延伸至小学、幼儿园阶段。

主持人：从心理学角度看，这一观点有依据吗？

林永和：心理学研究显示，人在3岁左右开始产生自主意识，比如自主控制排便；6岁时，参与活动开始有明确目的，像缠着长辈讲故事、出去玩；十二三岁时，大脑神经系统发育接近成熟；18岁时则完全成熟，心理特征与成年人基本一致。

主持人：也就是说，3 岁、6 岁、12 岁、18 岁是几个关键节点。

林永和：没错，这是美国心理学家埃里克森的研究成果。不仅如此，后续阶段还可延伸为 18 岁到 25 岁、25 岁到 45 岁、45 岁到退休（65 岁）。随着年龄跨度增长，说明心理发展早期极为重要，后续发展受前期惯性影响。每个阶段人们都会潜意识思考"我是谁？我在哪？要去哪？怎么去？"

主持人：这确实是很多人会深入思考的终极问题。

林永和：所以，学生的职业生涯发展规划需从小培养意识，即生涯意识觉醒。不同年龄阶段，当人们思考上述问题时，生涯意识便在觉醒，也会采取相应行动。此时，他们迫切需要生涯发展指导。党的十八大后，教育改革持续推进，新高考改革全面实施。

新高考改革主要体现在两方面：一是打破"一考定终身"，不再单纯依据分数录取，而是综合考量学生素质，部分课程实行一年多考、一门多考，日常成绩积累愈发关键；二是取消文理科划分，语文、数学、外语由国家统一考试，另外六门课程（文科的历史、地理、政治，理科的物理、化学、生物），高中毕业生从中选三门计入总分，采用综合评价考核。这一改革要求学生自主选择学习内容与应对未来的方式。从心理学角度讲，任何改革都既是机遇也是挑战，我们要积极接纳、应对，实现心理、学业与生涯的成长。

主持人：新高考模式就像去餐厅选餐，套餐已设定，学生要做的是自主搭配。

林永和：没错，教育只有将选择与未来发展、职业、事业相联系，才具价值，利于个人生涯成长与心理发展。

主持人：在中小学阶段让学生自主选择，还能提升他们的自主学习积极性。

林永和：如今，不少小学和幼儿园都提出，要引导学生掌握生活技能，学会自主选择、自主学习以及个性化发展，这极具价值，堪称深刻的教育改革。当下的高考改革，就是为了让学生发展更具个性，学习更加自主，让社会教育能多元地扶持每一个有个性、天赋与优势特长的学生，不再单纯以分数论英雄。

主持人：职业生涯规划不断向低龄化推进，可能会出现一个棘手问题：中小学阶段的学生，面对"生涯"往往一片迷茫，这时该由谁主导他们的生涯规划呢？可能是像您这样去学校开讲座的专家，可能是社会机构的评判，也可能是科任老师、辅导员、家长或者学生自己。

林永和：在生涯规划和对未来的设想中，起决定作用的还是内因。专家教育、机构培育、老师学科渗透、家长期盼等外力，主要是营造氛围。真正的内力源于学生自身，学生从小就要有生涯发展意识，清楚不同年龄段该做、能做、做好什么事。这包含几个层面：想干事、能干事、干好事、干长事，达成这些需要学习知识、品德与生涯技能，这便是生涯教育和规划的出发点。

主持人：外因众多，但必须通过内因起作用，内因就是个人自身的意识形态。

林永和：学生在不同阶段都有自我觉醒意识，总会思考"我是谁？我在哪？要到哪里去？怎么去？"从社会认知角度看，多数人要接受学校培养（当然也有个别"虎妈狼爸"选择在家教育孩子）。小学、初中阶段，学生通过学校教育实现知识积累、技能学习与品德修养，这就要求他们在生涯发展中强化自我管理、选择和决策能力，并对决策负责。具体来说，一方面要全面、科学地认知自我，包括家庭与社会资源，以及自身生理、心理状况，可借助心理测试、他人评价等方式，了解自身优势、兴趣与个性；另一方面要探索社会、认知环境、了解职业。综合这两方面，明确"我是谁、我在哪"，进而确定"我到哪里去、做什么、怎么做"。比如，学生初步设想当军人、科学家、老师、医生等，这些初步定位就是生涯目标和自我管理的基础。

主持人：对自我和社会的认知，就像卫星定位找坐标，找到坐标才能明确前行方向。

林永和：儿时对未来的憧憬、幻想虽不成熟甚至不科学，但能起到激励作用。比如，孩子想当警察、军人，可能蕴含着遵守纪律、锻炼身体、保家卫国的意识。

主持人：有心理学家说过，不怕有想法，就怕没目标盲目前进。

林永和：儿时不怕想法不对、不怕改变想法、不怕否定想法。比如，有学生想当医生，去医院体验后发现，大学毕业后当住院医师不能回家，要经临床实践和住院检验，多年后才能升为副主任医师、主任医师，于是打了退堂鼓。这种因困难退缩、纠结的现象，其实是生涯觉醒与思考。生涯目标本就需不断修正，孩子可能一会儿想当歌星，觉得唱歌能养家出名，可了解到背后的艰苦后又放弃。这种否定之否定，是生涯认知的发展。有些生涯专家认为孩子否定目标是对生涯教育的否定，我却认为这是进步。否定一种职业，往往会催生新的发展方向，任何目标都能为生涯发展提供激励和动力。

生涯教育关键不在于"教"，而在于体验、参与和感悟。孩子在不断体验感悟中，心理得以成长，生涯意识逐步提升，行为也更自觉。

主持人：探索需要不断修正，有没有年龄限制呢？工作后还频繁修正，可能就不太妙了。

林永和：有些人频繁换工作，这山望着那山高，陷入"围城心理"。若长时间无法确定目标，会折损个人价值。同样是大学毕业生，有人七年都未定位，而有人已成为精英骨干，如工程师，甚至在竞聘高级工程师。这就是将生涯探索提前至中小学的意义，给孩子探索的时间资本，促进其心理成长。

主持人：小学、中学阶段的孩子对社会懵懂迷茫，需要家长等身边资源引导。

林永和：家长是孩子的首位职业生涯导师，孩子对家长从事的职业最先形成认知，对社会的概念也较为模糊片面。家长在关注孩子学习之余，更要留意孩子想做什么、对哪些职业感兴趣好奇。

主持人：家长往往也会从小观察孩子，发现其天分天赋。

林永和：家长最了解孩子，清楚孩子的喜好、性格，是爱学习还是爱动手，喜欢体育还是表演，是内向羞怯还是活泼外向。据此培养孩子特长，比如孩子爱唱歌，就为其找音乐老师；喜欢体育，就让其参加锻炼，使其在某方面技能超越同龄人，兴趣便会逐渐转化为特长、志向，即"志趣"。志趣是优势特长的根基，也是事业发展的能力源泉。

主持人：有些家长急于求成，觉得有付出就有收获，便强迫孩子进行大量重复练习。

林永和：确实存在这样的家长，孩子没有音乐天赋，却非要将其培养成钢琴家；孩子体质不适合，偏要把他打造成体育明星。每个人都有遗传基因，这就是所谓的天赋。像刘国梁、邓亚萍能成为世界冠军，一方面是先天遗传赋予的身体灵活性，一方面是后天艰苦训练，再加上自身神经系统所蕴含的智慧，也就是大家常说的智商、财商、情商、逆商、球商等。

主持人：是不是该把培养方向的选择权交给孩子呢？

林永和：选择应是多元的。如果孩子对乒乓球、钢琴等有浓厚兴趣，顺着兴趣培养，过程中若发现瓶颈，比如视力不佳、手指不够灵活等，难以达到行业顶尖，就不必强求。天赋是心理学研究中客观存在的先天遗传因素，正所谓"一克的遗传比上吨的培养更重要"。孩子未来特长与事业发展，既靠天赋，也需后天培养。在培养过程中，孩子不断成长变化，总能找到适合自己的方向。即便成不了钢琴家，当个钢琴伴奏员也不错；成不了世界冠军，做体育爱好者、乒乓球教练或业余运动员，对孩子生涯技能发展同样意义重大。

主持人：即便成不了钢琴家，生活中也会有音乐相伴。

林永和："读史使人明智，读诗使人灵秀，数学使人周密，科学使人深刻，伦理学使人庄重，逻辑修辞之学使人善辩；凡有所学，皆成性格。"所学不一定要成为某种职业，众多学科与能力虽无法融合为一，但在成长中会内化为生涯技能与人格特征，也就是阶层性格。

主持人：孩子在不同成长阶段，心理意识会逐步觉醒。这一过程需要家长、老师、学校、专家及社会机构等多方资源助力，尤其在天分判断上，家长常感纠结，不清楚孩子有无天分、程度如何，只能让孩子多方尝试，结果孩子压力倍增。

林永和：这种尝试是必要的。小学生应培养多种兴趣，这些兴趣会逐渐聚焦到孩子特别喜欢且擅长的领域，进而产生志向，形成独特优势特长。这一过程就是"凡有所学，皆成性格"的体现，所学内化为生涯能力。同时，读书是学习，生涯教育则是实践、探索、体验与感悟。将读诗的灵秀、学科学的深刻等融入社会实践，在职业生活中体验，看哪些能提升职业能力。只有持续实践、探索、体验、感悟，生涯才能不断成长，可总结为"凡有所学，皆成性格，凡有所为，皆为积累"。

主持人："凡有所为，皆为积累"，意味着当下所做之事日后都会成为资本与资源。

林永和：没错，这些经历会迁移到终身发展中。比如沟通、选择、决策等技能的学习与运用，日积月累就成为生涯技能。无论是直接的职业体验，还是间接的业余生活、人际交往，都能塑造个人特质与个性。

主持人：所以不要抱怨当下所做之事，说不定哪天会发现，现在熟练掌握的技能，正是未来做事的基本功。

林永和：技能具有迁移性，人的个性化发展是循序渐进的。过去教育在一定程度上趋于同质化，如今则向立交桥式的多元化转变，选拔个性化人才。世界上没有完全相同的树叶、指纹，也没有完全相同的个性，人才选拔走向多元、多角度。

主持人：未来人才培养模式会融入更多个性化理念。

林永和：心理学研究个性，个性包含个性倾向（内倾与外倾，以及价值观、兴趣爱好、理想、志向等）。不同学生价值观各异，有的只想养家糊口，有的将兴趣发展为职业技能，有的志在为人民服务。仅有志向还不够，还需与之匹配的心理能力，也就是个性能力特征，包括先天遗传与后天习得的部分。若强行推行同质化教育，会压制个性发展。当下教育改革就是要从"一考定终身""同质化教育"转变为个性化教育，实现多元化人才培养。

主持人：在人的成长中，有个性因素，也有共性因素。高考改革虽有多种分数评价机制，但分数仍是重要标准，这是否会让家长陷入"追求高分、培养学霸"的传统认知漩涡？

林永和：这种惯性确实存在。恢复高考后，人们形成"知识改变命运""万般皆下品，惟有读书高"的观念，认为学历越高，社会适应力与发展力越强。但实际上，人是多元化的，有人善动手，有人善研究，有人善与人打交道。用单一学分评价，认为学习好就是"成龙成凤"，这种认知已过时。只要孩子有兴趣，有与之匹配的能力特长，能在事业中找到乐趣，即便过程艰难，也应鼓励。

主持人：所以要"望子成人"，而非"望子成学霸"。

林永和：生涯教育要点在于让孩子尽早觉醒生涯意识，采取生涯行动，锻炼生涯技能，如沟通、选择、生存、学习、与人相处等技能，从而在社会立足、独立发展。心理学研究表明，亲子间要学会分离，孩子到一定阶段要独立生活、思考、学习。这与世界科教文组织"学会做人、做事、与人相处、终身学习"的目标一致，也是教育立德树人的目标，即"我的未来我做主，我的学习我自觉"。

主持人：家长扶孩子一程，最终还是要让孩子自己前行。

林永和：如今是多元化教育，家长应陪孩子认知社会需求与所需的职业技能，让孩子自觉立足社会。当家长离开世界时，能因培养出合格的社会化人才，孩子能为社会贡献价值而感到欣慰。

主持人：很多家长焦虑的是，万一自己突然离世，孩子该如何生活？

林永和：这正是生涯教育的关键。从小要培养孩子独立生活能力，避免心理年龄与生理年龄错位，即大学的心理年龄发展往往滞后于生理年龄发展。调查显示，二者相差 21～25 个月。所以要尽早培养孩子独立生存能力。

主持人：心理学界强调亲子学会分离，很多家长不舍得与孩子分开，这需要更新家庭理念。

林永和：独生子女与家长住得近甚至同住很常见，但孩子在不同阶段要学会独立生存，培养较强发展意识与成熟心理特征。小学阶段，应广泛培养孩子兴趣，根据先天遗传提供资源，让孩子掌握兴趣技能。到初中，要启蒙生涯发展意识，将兴趣与未来职业、事业挂钩，同时保证学业全面发展，在优秀成绩基础上聚焦兴趣，在实践中检验，增强自信，将兴趣转化为优势特长。

　　到高中，有三件事要明确：一是基于优势特长明确选择，如数理化好可选择专业领域，善于社交可选择管理等工作；二是高二明确目标，如学医要确定学校层次；三是学会报专业，初步选择未来。高三时，学生应积极、自主、快乐学习，为未来职业发展奠基，提升生涯能力，优化人格。如此，家庭教育理念从陪读转变为培养孩子成长与心理成熟。到大学，孩子自然能自主选择职业、面对未来。

　　主持人：每个阶段做好该做的事，家长要更新理念，适时让孩子独立面对世界，家长自身也是孩子的榜样。

　　林永和：家长要成为孩子的首位人生与生涯导师，是孩子生涯发展的重要他人，对孩子生涯发展责无旁贷。不仅要关注学习，更要关注孩子是否有生涯觉醒意识、明确目标与独特技能，放心让孩子自主学习、成长、规划未来。

　　主持人：我们常强调付出与努力，让孩子觉得弹琴、踢球、学习都很痛苦，难以从中获得幸福感与满足感。

　　林永和：从心理分析，少年儿童的幸福感多来自他人鼓励，如老师的奖励、长辈的赞赏。但到青年、成人阶段，尤其是初中向高中过渡时，幸福感源于目标实现。考上心仪学校，自我满足感带来幸福感。之后，事业、家庭等目标的达成，都能带来获得感与幸福感，职业发展对幸福指数提升作用显著。不同年龄、不同人满足感不同，小孩活动多由他人设计，成年人通过规划未来实现自我满足，老年则需调整满足感，做到"老有所为，老有所乐"，让孩子自主发展，家长帮忙不添乱。

　　主持人：每个年龄段都有其任务，家长要培养孩子规划未来的能力。

　　林永和：需特别指出，20 世纪 70 年代的高考改变社会风貌，倡导尊重知识、人才；如今教育改革旨在尊重个性、促进孩子自主发展，推动孩子进步与心理成长，让社会充满多元个性，人人都能快乐寻得幸福。希望家长早日提高认识，介入孩子生涯规划，助力孩子心理成长，跟上时代与改革步伐，愉快接纳改革，收获人生成功。

青少年儿童心理成长手册

○"心灵绿洲"小课堂

本次节目聚焦孩子的生涯规划，深入探讨了生涯意识觉醒与生涯能力培养的重要性。鉴于现代大学生普遍对未来感到迷茫、在职业生涯规划上存在困惑，孩子的生涯规划理应尽早启动，从早期生涯教育的源头解决这一问题。

林老师依据心理学研究成果，结合自身专业知识，详细剖析了不同年龄阶段孩子的特点，并明确指出在每个阶段，家长都肩负着相应任务，助力孩子培养生涯能力、促进生涯意识觉醒。在讨论过程中，特别介绍了高考改革对生涯规划的影响。他进一步阐述，生涯规划的主导因素包含内因与外因，涵盖自我认知、教育方式、家长作用、天赋培养、个性发展等多个层面。同时，节目还涉及不同阶段生涯规划的重点，以及幸福感与生涯规划的关联。

家长作为孩子生涯规划的第一任导师，应与孩子共同规划未来，推动孩子进步成长，使其与时代社会发展同步，最终收获人生发展的成功。

提升家庭关系
改善亲子冲突

> 每个家庭面对挫折和压力时都是有复原力的，家庭治疗就是要为处于困难时期的家庭寻找资源，注入希望！
>
> ——吕娜

嘉宾简介

吕娜，副主任医师，国家心理咨询师二级，临床心理学硕士；厦门市仙岳医院心理咨询与治疗中心主任，厦门市心理学会副理事长兼秘书长，中国心理协会心理治疗与咨询专委会委员，福建医科大学、厦门医学院副教授，2013—2015年参加中德高级家庭治疗培训（取得高级家庭治疗师资格认证），曾赴美国进修深造。主要从事心理治疗工作，擅长各种心理疾病的诊断及治疗、亲子关系辅导等，尤其擅长家庭及婚姻治疗。

主持人： 今天，我们要聊的是社会的基本单元——家庭。家庭在社会中扮演着举足轻重的角色。

吕娜： 家庭是社会构成的基石，和每个人都紧密相连，每个人都有家庭，也都来自家庭，所以大家都想了解家庭的方方面面。

主持人： 我们经历了一个极为特殊的阶段——新冠疫情。这种全新的状态给很多人带来了新的冲击和思考。

吕娜： 这次新冠疫情确实史无前例，是大家共同面临的新挑战，尤其是家庭。几乎每个家庭都足不出户，家庭成员长时间密集相处，从最初应对疫情，到后期的日常生活，都在家庭这个小空间里完成。这也导致许多家庭出现了一些有趣但又让人困扰的现象。

主持人：这些困扰或大或小，或多或少地出现在每个家庭中。

吕娜：这不能怪任何人，毕竟这种模式大家都不熟悉，谁都没有经历过。就像玩团队游戏，一家人第一次在这么密集的时间里共同生活。这段时期出现了很多热门话题。比如，很多有孩子的家庭，天天讨论"孩子不写作业、玩手机"；年纪稍大些的孩子，有自己的微信和朋友圈，也常在转发诸如"爸爸妈妈为什么这么唠叨""玩游戏怎么不让爸妈发现"之类的内容。大家都在家庭这个空间里探讨这些问题。但实际上，这些烦恼背后考验的都是家庭关系。

主持人："关系"这个词听起来很抽象，看不见也摸不着。

吕娜：就像主持人说的，提到家，有人先想到房子、客厅布置，却很少有人想到关系。可事实上，家庭关系才是家庭的核心。疫情影响了生活的方方面面，现在正是考验家庭关系的时候。

主持人：很多家庭在疫情前，日常生活状态比较疏离。父母上班很晚才回家，孩子白天在学校读书，回来吃个饭算是共处时间，之后就各自回房写作业了。

吕娜：大家各有各的生活和节奏。疫情突然打破了其他社交圈子，只剩下家庭圈。原本节奏不同的一家人，被迫融合在一起，这样就很可能出现一些状况。

主持人：我把这两个阶段，一个叫过分疏离，一个叫过分亲密，这样两个阶段可能都各有各的一些成因和结果。

吕娜: 过分疏离相对来讲每个个体之间的空间比较大，不会有那么多的摩擦。如果是过分亲密，因为空间的缩小比较容易产生一些摩擦。现在很多的家长和孩子都是处于这个状态，包括很多的夫妻也是。

主持人: 现在可能是一个过分亲密的状态。可能大家又得慢慢地去习惯一个新常态，大家会重新来思考，在新冠当中我们发生了什么，经历了什么。

吕娜: 新冠大家在很多层面都有思考，无论对生命，对自身，还是对家庭。因为在新冠中能看到家庭对每个人的重要性。大家可能会思考，到底应该留多少时间给家人，留多少时间给工作，留多少时间给自己，怎么去分配。还有一个很重要的家庭关系。这次新冠之后，可以好好看看原来的家庭关系如何，是不是所期待的那样。如果不是，我们要花精力来重新梳理一下。这个梳理不是一个人完成的，最好是大家一起，因为关系是互动出来的。

主持人: 要一个人来做改变，不太现实，也不太可能。

吕娜: 一个人去做调整是可以影响到别人的，但是大家一起来行动可能会更好更快。

主持人: 在新冠当中，可能很多的人都会在比较差的互动中去找到一个所谓的"敌人"。比如大家会觉得孩子在那闹，孩子是所谓的"敌人"，如果孩子乖了，我们的关系就不会那么糟了。

吕娜: 这像是一个标志物。其实引起这种反映的是特殊场景，就是家庭冲突场景。矛盾是永远都会存在的，好的家庭关系就是用来化解危机和矛盾的。这就是一个家庭关系开始发挥作用的时候。比如妈妈看到孩子没有写作业，让他赶快写作业，却遭到了孩子积极的反抗。这个是母子的互动。父亲在这个冲突里可以去安抚妻子，或者可以去化解冲突。爸爸要做稳定的后援，做好妻子情绪的梳理，等到她情绪好了，她在一线管孩子的时候就不会那么烦躁了，从而孩子的情绪慢慢也会平静下来，这是一个闭环。

主持人: 很多父母觉得家庭要提倡红白脸，比如妈妈去当白脸，去责骂，那爸爸可能会给爱的抱抱，或者是两个人在统一战线上去指责孩子。这可能都是不可取的办法。

吕娜: 这些在某种程度上也可以用。现在出现一个很矛盾的问题，好多父母来自不同的家庭文化背景，他们对待孩子的教育很难统一。大家可以尝试，如果谁这段时间更有时间、精力管孩子，那我们就把主导权交给谁。那另一个人做什么？就是做后方支持，去支持你的妻子或者丈夫。怎么支持？不是说你打得好，或你支持谁。而是说，老婆今天不开心，来送一束花，或者去听听不开心的原因。本质上就是加强夫妻关系，让妻子觉得虽然刚才跟孩子生了一会儿气，但是回头想想这老公还是不错的，还有爱，她心里的烦躁就会慢慢化解。如果孩子不省心，又觉得老公不好，那她就会越来越烦躁。三个人的家庭，如果有一个人的情绪经常很烦躁的话，他的情绪必定还是要爆发在家里面。而引爆的通常是孩子，小孩他不清楚为什么自己随意的一个行为，父母就爆炸了。

主持人：在新冠阶段，很多朋友可能会面临一些家庭中的亲子问题，要加强亲子沟通，多听听孩子的心声。

吕娜：好的沟通技巧是很重要的。但是最关键的，<u>所有的沟通技巧背后都是在考验你们的关系到底怎么样</u>。平时关系很好的一个人，我们跟他说话随便说也没事儿。强调沟通不只是有言语的，还有非言语的。非言语沟通就是你在家怎么过日子的或怎么做事情的，其实这些都是在互动。很多人可能忽略了这一点，认为坐下来谈才叫沟通。不是的，<u>其实家庭的非言语沟通的渗透及影响无处不在</u>。如果说你想在有事情的时候能好好谈，平时一定要有好的关系做基础，才能去谈。如果只有冲突时才想起来沟通，小孩肯定是"我不想谈，我不想听"的态度。因此大家不只要学沟通的技巧，更要注重的还是亲子关系的质量。要注意，每段关系都有边界。

主持人：现在的家庭越来越提倡所谓的边界感。孩子有自己的小房间，写自己的日记，妈妈不能看。这样的一些边界会不会形成一道隔阂？

吕娜：孩子在自我成长中，需要树立自我的边界，这是一个小孩发展过程中必然经历的。一个独立的孩子到了四五年级，可能更早三四年级就开始树立他的人际边界了。比如小孩说今天我就要穿这个薄衣服，妈妈说不行，开始来回争。其实孩子争的不是衣服，争的是主导权——这个事情我说了算。随着孩子年龄增长，要注意放一部分权利给他。有的家长说不行，孩子都不会。其实家长一定要给孩子这样的一个试验期，不然他永远都不会。这也是学习的过程。就像我们以前讲的小马过河，一定要让他自己蹚过河。还有一个问题就是很多家长在跟孩子相处的时候，尤其在学习上，激发出很多内在的焦虑。很多家长一想到孩子没写作业，就联想到成绩不会好，成绩不好就考不了好高中，考不了好高中就考不了好大学，考不了好大学就没有好工作，没有好工作以后……，这就是滋生出的对孩子未来的焦虑。还有一个就是家长自身的焦虑。在与孩子互动学习的过程中，许多家长会回想起自己童年时的情景，对自己的人生定位产生反思。他们可能会觉得自己一生中有所遗憾，希望孩子不要重蹈覆辙。这种心态往往导致家长在孩子未按预期行动的时候，产生强烈的焦虑情绪。低龄的孩子承受不住这么大的焦虑。他不明白为什么家长会因为作业发这么大的火，解释也是徒劳，因为他的认知尚未发展到能够理解这一点的阶段，所以他感到困惑不解。这个时候我们一定要注意，焦虑夹在沟通里就会影响沟通的质量。

主持人：很多时候我们与长辈的冲突会被上升到所谓的道德层面。其实他们自己也知道如何跟孩子沟通，却可能会放不下架子。

吕娜：有一代家长动不动就说你这个人不孝顺，或者说好像是没有什么前途。但现在的家长，更多的抱怨是孩子怎么这么不自律，好像没有控制能力。孩子承受的是另一种压力，自己控制不了自己，这是对一个人很大的否定。我记得有一次门诊，有个家长过来抱怨孩子自控能力非常差，怎么教都教不会，玩具也不收。我问孩子多大了呀？她说2岁了。我听到后有点哭笑不得，但也能理解这个家长是太希望孩子赶快长大，有很多焦虑。我告诉她，要去了解大部分的2岁孩子是在做什么，不要跟极特别的比较，每个阶段有各自的特点，这个家长听完就回去了。其实好多家长在向孩子发出一些任务指令的时候，经常忽略了孩子的年龄。有的时候我们需要去等待一下，让孩子再长大一点，低龄的孩子还谈不上自我。

主持人：很多家长可能会在自己的朋友圈见到，比如说那个小丽她女儿拿到了什么奖状，就会向孩子提出同样的要求。

吕娜：这种比较是我们中国家长最常用的，好的一点就是能激发竞争性，不好的一点，似乎总是有"别人家的孩子"作为标杆，显得更加优秀。这是否让孩子感到自己永远无法企及？在这种情况下，对孩子的潜在伤害可能是最严重的。我们期望孩子是完美无缺的，但在孩子成长的现实过程中，我们实际上在做什么呢？我们正在逐步学会接受孩子作为一个真实个体的存在，他有自身的局限性。这些局限性，我们需要逐渐学会接受。这并不意味着我们放弃改变。在某些方面，我们确实可以努力改善，但在其他方面，我们需要学会接纳。

跟孩子去体验、去感受，而不是站在旁边去观察他。这个时候我们很容易走到孩子的对立面，跟孩子的距离会越来越远。

主持人：在出现一些家庭矛盾或者家庭困扰的时候，我们一定要多和孩子进行良性的沟通。这时候要知道孩子到底在想什么，想怎么做。其实还有一层很重要的关系可能这时候也要重新来审视，那就是夫妻间的关系。

吕娜：很多人以为亲子沟通就只是我和孩子之间的沟通，其实家庭中爸爸妈妈的关系也决定了亲子关系。这种关系可能也是很多朋友所忽略的，这是一个小三角关系。大家只看到两边是母子、父子关系，但是忽略了三角形底边还有个父母的关系。那些夫妻关系较为和谐的家庭，通常具有良好的界限感。父母不会过度介入孩子的事务，而是给予孩子一定的个人空间。父母不会将孩子的事务视为生活的全部，夫妻双方也需要投入大量精力去维护和培养彼此的关系。夫妻关系始终处于变化之中，需要双方共同经营。

主持人：有些夫妻可能会觉得说没有孩子时夫妻感情挺好的，有娃以后就纷争不断。

吕娜：这一点我们也经常听到，尤其是女性的来访者说自从有了孩子以后，我和老公就变了。这个时候我们引入一个理论，叫"家庭生命周期的理论"。为什么你要了解这个理论？就像打游戏一样，你前一关和第二关，任务是不一样的，BOSS变了，所需要的技能，包括精力投放就变了。当有了孩子之后，你的家庭从一个新婚家庭的阶段过渡到了一个有幼儿的家庭阶段。新婚阶段，我们有很好的夫妻关系，到了第二个阶段，由于要抚育一个孩子，可能会从夫妻关系的相处时间中抽出一部分放在孩子身上。那这个时候可能有的女性比较敏感，就觉得丈夫好像不太关心我，就只关心孩子了。有的丈夫也会抱怨，妻子自从有了孩子之后眼里只有娃，根本就没有我。这个阶段其实是正常的，是可以接受的。但是我们强调这不能一直持续到孩子长大。小孩到了学龄期，还有一个机会要重塑夫妻关系。小孩到了学龄阶段，自主性会增强。有好的夫妻关系之后，妈妈会慢慢地撤回到自己做妻子的角色，爸爸也撤回到丈夫的角色。夫妻关系融洽，反而把对孩子的焦点腾出来了，就不会过度地关注孩子。拉开这个距离之后，给孩子成长也留出了空间。夫妻关系得到加强，个人也会得到比较好的情感支撑，这些都有利于再去重塑亲子关系。这是一个紧密的三角形，是互相可以去影响的。

主持人：这个就是所谓的生命周期理论。每个人都有生老病死的阶段，家庭中也会有这样的一个必然的经历。

吕娜：其实每个家庭都有一个周期，不是一成不变的，就像四季变化一样，不同的周期有不同的任务。了解这个家庭生命周期理论的目的，就是要知道在这个周期的主要任务。这就像打怪一样，要把这个周期打好了，才能过渡到下一个周期。那有的人问，是不是打不完就不能过渡了呢？不是的，也能过渡到下一周期，但是下一个周期的任务会被叠加，你就会变得越来越累，压力更大了，很多矛盾都积压在一起，到某一个点突然间都爆发出来。尤其到孩子的青春期，所有的问题要放在一个"暴风骤雨期"来解决。很多家庭会在这个周期出现震荡。很多人一想到青春期就头疼，也是这个原因。

主持人：那家庭的生命周期大概会从怎样的一个阶段开始？

吕娜：要从新婚期开始，也叫磨合期，就是两个独立的人刚组建了一个新的家庭，一般会维持两年左右。接下来就是抚育婴幼儿的一个周期，然后第三个周期就是到了3到6岁幼童期。再接下来就是有学龄的孩子（小学阶段），再往下走，就进入家有青少年这样的一个周期。接下来进入空巢期，空巢期里边有两个非常重要的人，就是夫妻双方。空巢期后边还有个老年期。

主持人：这就是一个大概完整的生命周期的历程。可能某些时候会有重启，比如说所谓的空巢期，那其实就是孩子去念大学，离开家或者是结婚了，那老两口就变成一个空巢状态。新的家庭由此进入了一个新的循环。

吕娜：是的，如果孩子顺利地离开家，成为一个独立的个体之后就要寻找自己的伴侣，要形成一个新的周期。但是也存在叠加的情况。在新的周期里孩子建立了家庭，一旦有了下一代，往往是需要老人进入到他的这个家庭周期里。这就是两个系统在叠加，因为不同周期的任务问题，会有一些摩擦出现。

主持人：最初就结成夫妻时双方的磨合是不是也特别重要？原来可能是二十几岁的两个，自己有自己的原生家庭系统，你有你的习惯，我有我的习惯。

吕娜：是的。磨合期至少应该花两年的时间，这是婚姻的基石。如果前边还没有来得及磨合好，孩子就出生了，很多的摩擦就会出现，因为夫妻之间的关系还没有形成特别紧密的或者互相信任的关系。

主持人：家中有了新的生命，家庭就到了一个新的阶段，有一个新的关系出现，或者说游戏规则都变了。

吕娜：不再是两个人的规则，因为不只是孩子来了，爷爷奶奶、外公外婆这些人都要进入到你的家庭系统里。这个时候就不是两个人的战队了，而是一群人的一个大家庭。大家的角色都在变化，整个系统都发生了改变，你的能力，对自己的定位都会发生一些变化。

主持人：刚才吕老师提到，3到6岁是非常关键的时期。中国有句古话叫"三岁看大，七岁看老"。

吕娜：确实有这种说法。0到3岁，主要考验的是母子关系。孩子刚出生时，母亲对其影响更大，这是进化的结果。那父亲此时该做什么呢？要支持妻子，让她保持良好心态和身体健康，共同抚养孩子。

3到6岁时，情况发生变化。3岁时，孩子要完成与母亲的分离，也就是脱离共生状态。共生就是孩子和母亲像一体，觉得"妈妈就是我，我就是妈妈"。如果前期母子关系良好，孩子对世界和他人就会有安全感，不容易紧张、焦虑。这是3岁前要完成的依恋关系建立。

3岁之后，父亲的作用凸显。父亲要拉开孩子与母亲的距离，让孩子知道自己不再是小宝宝，要下地成为独立个体，去探索世界，这是帮助孩子完成社会化的第一步。孩子成长离不开父母双方，但进一步发展，需要有人推动，这个推力更多来源于父亲，要促使孩子向前，而不是一直停留在情感港湾。

如果父亲迟迟不参与，可能导致孩子长大后都无法与母亲分离，容易哭闹、抗挫能力差。3岁的孩子仍需要母亲，但母亲不能完全占据孩子的生活，不应总处于最前线，父亲必须融入这个家庭系统。

主持人：进入学习阶段后，学习任务是不是就成了重中之重？

吕娜：没错。孩子到了学龄前，其思维发展和认知状况，成为家庭关注的核心。如果前期亲子关系、依恋感建立良好，孩子抗挫能力也不错，那学习就会顺利很多。即便前期没做好，学龄期还有补救的机会。

前面提到过，要注意与孩子互动的边界，逐步培养孩子成为独立个体，让他们学会对自己负责，毕竟学习是孩子自己的事。刚开始，孩子无法独立完成，需要大人协助，我们起到监督和引导作用，逐步培养孩子的责任意识，这在学龄期至关重要。要让孩子切实明白，读书是为自己，不是空喊口号。家长要让孩子适当体验不做事的后果。

培养孩子是一个逐渐放手的过程，从时刻呵护，到默默关注，这都是爱，适当让孩子经历挫折，这就是挫折教育。注意挫折教育不是刻意制造挫折，孩子成长中本就会遇到。只要家长不事事代劳，孩子就有机会接受挫折教育。现在有些孩子缺少挫折教育，就是因为亲友团把困难都挡在孩子前面。

学龄期不仅关乎孩子学习，也是修复夫妻关系的好时机。孩子有了一定自主性，家长不用时刻紧盯。很多夫妻觉得婚姻到了"七年之痒"或更久，其实关系是可以经营的。每个阶段都有独特之处，感情虽不像新婚时热烈，但细水长流、历久弥坚也别有一番滋味。夫妻间要让对方感受到彼此的情感和关系依然能相互支持。

主持人：所以大家一定要充分利用好这个关键窗口期，就像发射火箭，找准时机才能成功。

吕娜：孩子到了学龄期，家长有精力了，可别只盯着孩子学习。要是家长觉得孩子学习占了太多精力，这其实是个信号，意味着得适当往后退，把部分自主权还给孩子，同时把节省的精力投入到改善夫妻关系上。夫妻关系可不是妈妈一个人就能修复的，爸爸必须参与进来，夫妻本就是相互依存的关系。

主持人：要是这段时间经营好了，后面孩子的青春期，那个所谓的"暴风骤雨期"就会好应对很多。

吕娜：没错，夫妻关系好，就能携手帮孩子把青春期的"暴风骤雨"化为"和风细雨"。

主持人：这也是一段难忘的经历。之后，就面临和孩子的分离，结束这段特别紧密的亲子关系。

吕娜：对，孩子真正离家是每个家长都要面对，也期待看到的，成长意味着孩子要去更广阔的世界闯荡。孩子离家后，就进入"空巢期"。虽说"空巢"听着孤单，但要是夫妻关系好，这反而是一段宝贵时光。这时夫妻经济更宽裕，人生阅历也更丰富，能一起回忆过去，真正为自己而活。不用整天围着孩子转，可以一起旅行、登山，做喜欢的事，之前没时间实现的爱好也能去尝试。所以，空巢期并不空虚，而是能充实生活，不过这得建立在顺利度过之前各个阶段的基础上。空巢期之后就是60岁以上的老年期，多数夫妻还会相伴生活。回顾家庭生命周期，陪伴自己最久的其实是配偶。所以希望大家回去用心经营夫妻关系，得像经营公司一样，持之以恒，用心经营。夫妻关系好了，很多亲子问题也会随之解决，可谓一举多得。

主持人：这就需要我们静下心，和家人梳理关系，看看哪些地方可能会出状况。

吕娜：我们要对关系更敏感，养成环形思维。看到孩子，就反思和配偶的相处。要是有了这种意识，那今天这堂课你就没白听。

主持人：今天，吕老师将带领大家以全新视角看待家庭矛盾与冲突。常言"当局者迷，旁观者清"，深陷家庭事务中的人，往往难以看清全貌。

吕娜：确实，我们作为旁观者，有时更能洞察家庭状况。今天重点探讨家庭关系中的亲子关系与夫妻关系，这两者相互影响、紧密相连。良好的夫妻关系，有助于建立优质的亲子关系。

主持人：当和孩子沟通陷入僵局、毫无成效时，不妨转换思路，关注一下其他关系。

吕娜：没错，这时就得反思，是不是关系本质出了问题，而不单纯是沟通技巧的事，甚至可以留意夫妻关系是否存在隐患。

⌒"心灵绿洲"小课堂⌒

新冠肺炎隔离迫使家庭成员长时间密集相处，这种前所未有的生活模式引发了诸多家庭问题，尤其是亲子冲突加剧。

要改善亲子冲突，首先需要认识到沟通技巧的重要性，但更关键的是平时亲子关系的维护。家庭成员间应建立良好的沟通氛围，不仅是言语上的交流，更包括日常生活中的非言语互动。设立边界感对于孩子的成长至关重要，家长应尊重孩子的独立性和选择权，同时关注自身的情绪管理，避免将焦虑传递给孩子。

此外，夫妻关系对亲子关系有着深远影响，良好的夫妻关系是家庭稳定的基石。通过家庭生命周期理论，可以解释夫妻关系在不同家庭阶段的变化及其对亲子关系的影响，夫妻应共同努力经营婚姻关系，为孩子创造和谐的家庭环境。

真的有又快又好的
记忆策略吗？

🎧 嘉宾简介

张锦坤，教授，福建师范大学心理学院副院长。

主持人：真的存在又快又好的记忆策略吗？今天，我们邀请到是张锦坤博士，一起聊聊大家极为关心的记忆话题。记忆在心理学领域是不是备受关注呢？

张锦坤：没错，从心理学实验研究说起，一提到记忆，就不得不提艾宾浩斯。他是德国著名的记忆研究心理学家，从他开始，人类开启了对高级心理过程的研究。大家都知道他绘制的遗忘曲线。

主持人：是条抛物线吧？

张锦坤：艾宾浩斯遗忘曲线并非抛物线，而是呈现指数衰减规律。从 1895 年艾宾浩斯画出这条曲线至今，人类对记忆的科学研究已有一百多年。这一百多年里，记忆研究是心理学领域最热门、成果最丰富的，从大科学范畴来看，它也至关重要。比如 Science 在创刊 125 周年，也就是 2005 年时，邀请全球顶尖科学家列举 21 世纪取得重大突破或最重要的科学问题。

主持人：是一些概念或关键字吗？

张锦坤：对，共总结出 125 条，其中很多与心理学相关。在前 25 条被当今科学家认为是 21 世纪最重要或亟待解决的问题里，有 3 条与心理学紧密相连，比如人类意识如何形成排第 2 位，人类记忆如何存储和提取排第 15 位。

主持人：记忆一直存在，尤其对拥有五千年历史的中国来说，很多文化靠口传心授流传，在科学研究记忆之前，人们就对它十分关注了。

张锦坤：我之前提到艾宾浩斯开创了科学记忆研究，但在此之前，人类就很关注记忆。比如"学而时习之，不亦乐乎"，就体现了对记忆的重视。

主持人：记忆与日常生活、学生学习都息息相关，像记住爱人名字、背诵古诗和公式定理等。张老师，您是如何与记忆研究结缘的，研究多久了？

张锦坤：我与记忆的缘分始于 2005 年读博期间，当时导师主持科委重大攻关项目"高效率学习的心理学机制研究"，我有幸参与其中一部分工作。学习与记忆紧密相关，我的研究切入点主要是记忆策略，更广泛来说是学习策略。从 2005 年到 2008 年读博期间，我专注于此。博士毕业后，我前往美国华盛顿大学，那里有专门的记忆实验室，负责人 Henry L. Roediger III 教授在记忆研究领域声誉颇高。在他的实验室工作后，我更加坚定了对这个领域研究意义的认识。所以到现在乃至未来，我的研究都会聚焦于记忆与学习策略。

主持人：俗话说"外行看热闹，内行看门道"，今天请张老师从记忆大框架，讲讲它的原理、策略等。从中文看，"记"和"忆"似乎有所不同。

张锦坤：你把"记"和"忆"分开看很对。平常说记忆力不好，感觉记忆是一个概念，其实二者有别。比如背单词、古诗是"记"的过程；第二天老师考查背诵，这是"忆"的过程。

主持人：这听起来像电脑的输入（input）和输出（output），"记"是输入，"忆"是输出展示。

张锦坤：你的理解很形象。回想下我前面提到的 *Science* 的 125 个重要研究问题，排第 15 位的是研究记忆如何存储和提取，存储就是"记"，即输入；提取就是"忆"，也就是把东西取出来。

主持人：大家对记忆最直观的想法就是希望记忆力好，最好过目不忘。

张锦坤：学生时代的我们也希望看一眼就能掌握，甚至有人开玩笑说把字煮了吃下去就记住了。但真有过目不忘的人吗？

主持人：我觉得不太可能。

张锦坤：还真有。从前苏联曾有一名记忆超常者，他能近乎完美地复现复杂画面，但这类能力常伴随其他认知缺陷，导致生活困扰。曾有人做实验，给他看一幅画，画面复杂，有树、各种鸟和其他动物，只看一眼就盖上。绝大多数正常人做不到，但他能几乎丝毫不差地还原所见，就像在脑海拍了张照片，还能轻松数出鸟的数量。很多人羡慕他，可他是个患者。

主持人：过目不忘反而是一种病？

张锦坤：某种程度上，他处于非正常状态。我们向往的能力，对他却是折磨。其实，我们讨厌的遗忘是进化的本领。

主持人：遗忘竟是进化结果？

张锦坤：是的，我们会忘掉一些东西，是因为认为有些东西更重要，需要记住关键的，主动放弃相对细枝末节的，有选择性地记忆。

主持人：就像电脑硬盘，那人的大脑不断存入高像素信息，很快就存满了，确实痛苦。

张锦坤：所以选择性能力是进化而来的。比如我能和你愉快聊天，是因为能把主要精力集中在对话上，虽能看到、听到很多其他东西，但能选择性关注你。在远古时代，类人猿若没有这种选择性注意能力，可能就无法进化。

主持人：类人猿先记住保命的信息，活下来后再慢慢进化知识，让自己活得更好。

张锦坤：所以遗忘并非完全是讨厌的，从某种程度有积极意义。

主持人：现在我们把"记"和"忆"当作一个词，记忆和遗忘好像水火不容。

张锦坤：从日常生活学习来讲，我们当然不希望遗忘频繁发生，比如刚认识你叫阿杜，下次见面又问你名字就很尴尬；小学生刚背完诗第二天就忘，也不是我们想看到的。我们希望记住该记的，不遗忘重要的。

主持人：张老师研究记忆十几年了，能从科学逻辑和原理方面讲讲记忆到底是怎么回事吗？

张锦坤：当今科学界较为公认的人类记忆模型，和你提到的输入输出有关。信息加工心理学认为，人类记忆机制和计算机相似。计算机有输入设备，输入信息经 CPU 处理实现输入输出转换。人脑也类似，每天接收环境刺激，比如交流时听到声音、感受握手、闻到香水味等，这些感官体验捕捉刺激，是记忆第一步。记忆单词、握手等都是刺激，被感官捕捉后经历"编码"，就像看到杯子能认出，是因为感官捕捉并编码了。这是第一步，初次看到物体在大脑留下的记忆叫感觉记忆，也叫瞬时记忆，保存时间短暂，只有被进一步加工的信息，也就是我们选择性注意到的内容，才能进入下一阶段——短时记忆阶段，也叫工作记忆阶段。学生上课时理解老师话语，要在这一阶段大量加工信息。<u>短时记忆是记忆瓶颈，容量有限，保持时间也有限，大约是"七加减二个组块"。</u>比如记 11 位无规律手机号码，不重复就容易忘，因为超出容量；若号码是 188 后面 8 个 8，就容易记住，因为把 8 个 8 组成了一个组块。小学老师授课放慢语速，就是为给学生足够时间加工信息。短时记忆的保持时间因感官通道而异，听觉信息约为 15～20 秒，视觉信息稍长，但通常不超过 1 分钟。但很关键，我们能愉快聊天就靠它不断加工信息。小朋友短时记忆未发育成熟，所以和他们聊复杂话题可能进行不下去。短时记忆不断将环境刺激与大脑中原有的长时记忆匹配交互、加工处理，如果充分加工信息，就能存储到长时记忆，也就是"记住了"。现在很多记忆策略研究都基于这个模型，尤其关注短时记忆阶段，因为这一阶段若不能充分加工理解信息，就很难存入长时记忆。

主持人：这个过程确实很重要。

张锦坤：对，非常关键。比如将圆周率编成诗就好记，通过音律等方式在短时记忆阶段固化信息，找到与长时记忆中可理解内容的联系。很多冬令营、夏令营老师的技巧就基于短时记忆阶段，因为它是瓶颈，记忆技巧重点在于突破这个瓶颈，让知识更好保存在长时记忆里。

主持人：很多人即便知道过目不忘不好，还是希望记忆力更好，能记住更多东西。

张锦坤：这是大家共同愿望，还希望记忆力从小到老都保持良好状态。

主持人：一般认为小孩记忆力最好，所以那时应多学知识。

张锦坤：有人这么看，但小孩记忆力好并非因为大脑内存空。人类大脑容量很大，从容量角度无须考虑。小孩容易记住东西，一种说法是他们比较单纯，受干扰少。很多人三十来岁觉得记忆力变差，比如进房间忘了要拿什么，就认为自己记忆力不行。其实，除了少数人因神经系统病变导致记忆功能性衰退，大部分人正常记忆衰退至少要到45岁以后。此前很多人觉得记忆力衰退，多与干扰有关。成人要上班、约会、社交、处理生活琐事，事情多干扰项也多，比如叫不上熟悉朋友的名字，这不能说明记忆力糟糕。

主持人：这里面应该也有自我强化和自我定义的情况。

张锦坤：没错，有些人一旦认定自己记忆力不行，不如别人，记忆东西时就先给自己打折扣，记忆效果受影响。从术语讲，就是自我效能感降低影响了记忆。

主持人：前面说记忆是"记"和"忆"的过程，"记"是短时记忆存储，存到大脑库后，提取也是关键，想不出来是不是提取过程出问题了？

张锦坤：提取过程有很多学问。*Science* 上有篇研究，标题是 The critical importance of retrieval learning，意思是提取对学习非常关键。

主持人：对学生来说，学习的提取不就是考试吗？

张锦坤：你说到点子上了。讲这个前，先回顾下冬令营、夏令营介绍的很多方法，有些确实有效，能帮助突破短时记忆瓶颈。

主持人：比如把转化率从 10% 提高到 50%，记忆力就提升了。

张锦坤：可以这么理解。像机构教孩子用谐音记单词，比如 kangaroo 记成"扛块肉"，就好记多了。还有用"飞雪连天射白鹿，笑书神侠倚碧鸳"串起金庸小说名字——飞是《飞狐外传》，雪是《雪山飞狐》等，考试时就能轻松回忆。这些方法很有效果，家长若觉得孩子记忆策略技巧不足，让孩子参加这类活动对学习有帮助。近十年来记忆研究有个重要发现，与我访学实验室的导师有关。他2008、2011、2012 年在 Science 发表记忆研究文章，2008 年那篇尤为重要，从学术角度颠覆了传统学习记忆看法，核心观点是"提取"在学习过程的关键作用。研究者让大学生用四种方式学习 36 对词语配对：STSTSTST 组，先学习后测试，循环四次；SNT 组，先学习后测试，针对未掌握的学习再测试全部；STN 组，先学习后测试，再学习全部，只测试未掌握的；SNTN 组，先学习后测试，针对未掌握的学习再测试未掌握的。阿杜，你猜猜哪种学习效果最好？

主持人：第四种。

张锦坤：确定不再考虑一下？研究结果可能出乎你意料。你或许觉得已掌握的不用再花时间，像国外学生用卡片记单词，知道意思就放一边不再复习，看似效率高。但实验室研究表明，一周后的测试中，SNTN 组表现最差。第一种 ST 组不断强化记忆；第二种 SNT 组针对未掌握学习但测试全部；第三种 STN 组学习全部但只测试未掌握的。研究结果说明，学习效果与学习次数（S）关系不大，学习是基础，更重要的是测试（T）的次数，学完后回忆和掌握程度与测试次数成比例，即便掌握了知识点，通过不断测试回忆也能巩固加深记忆。

主持人：也就是说张老师在为小测、考试正名。

张锦坤：从某种程度反映了社会对应试教育的看法。在倡导素质教育的当下，我们要尊重科学研究结论。考试是教学手段，学生对考试的焦虑厌恶多源于排名等附加因素。从研究看，考试是重要教学事件，有助于巩固知识，尤其想让知识长期留存时，考试很关键。我访学实验室的导师 Henry L. Roediger III 2010 年基于研究向美国教育部提交报告，他不是提倡应试教育，而是强调巩固知识点、让知识长时间留存，需要多次重复学习并伴随提取练习，这对提高记忆效果很有帮助。

主持人：回到生活，大家会经常看美剧、听英文原版新闻，觉得是一种时尚。上班族也开始学英语，学英语要先背单词，很多人 A 开头的单词背得熟，后面就没信心了。

张锦坤：这和记忆密切相关。研究发现，很多人背不好单词是方法不当。调查大学生背单词日常，不少人抱着单词本，前面又黄又脏又厚，"f"以后却崭新如初。访谈学生得知，他们花一上午背单词，当时觉得记住了，第二天却忘得一干二净，只能反复背前面的，内心再强大也会崩溃，还会给自己下背单词不行的定义，之后就不想背了。这里存在错误判断，一是对自己记忆能力判断错误，二是背单词时觉得记住了，只是停留在了瞬间记忆或短暂记忆上，实际可能只是熟悉，熟悉和真正记住相差甚远。比如选择题靠排除法熟悉选项就能选对，但简答题、名词解释题要回忆写出内容，仅熟悉就不行。我们背单词时很难意识到这点，当下判断的记住可能只是当天熟悉，过几天就忘了，我们常高估自己或判断错误。

主持人： 有什么解决办法吗？

张锦坤： 有简单高效的办法，就是我前面说的 test（测试）。测试能反馈学习者对知识的掌握程度。

主持人： 测试过程可能有两种，写单词和看到实物联想单词。

张锦坤： 测试能诊断掌握程度，这是大家早就发现的间接功能。更重要的是它的直接功能，能改变记忆结构。测试过程中，所学知识会发生微妙变化。

主持人： 相当于重新排列组合？

张锦坤： 可以这么理解，它能促进知识间联系，帮助知识迁移等，有很多理论解释。要明确的是，无数研究发现，它确实会改变记忆结构。

主持人： 只有答题瞬间才知道是否记住。

张锦坤： 研究表明，测试会实质性改变记忆结构。因此，不应简单将频繁测试等同于应试教育，而应将其视为强化知识留存的有效手段。

主持人：希望大家转变对记忆的印象，说到这，我想到"死记硬背"这个贬义词。

张锦坤："测试效应"（Testing Effect）刚一被提出时，遭到很多人的反对。西方重视创新和学生自主性培养，觉得测试与之相悖，很多教育专家和一线老师难以接受。但这一概念的提出者通过大量研究为自己辩护，他承认不断测试知识可能让人厌烦，但要巩固知识，测试必不可少，不测试学习效果会大打折扣。而且测试不仅能巩固知识，还能帮助举一反三，因为测试改变记忆结构中知识的性质，让知识更灵活易用，提升学习能力和思维灵活性。

主持人：Test 只是学习必然过程，不用太在乎结果，其中还有很多方法技巧，尤其对处在大量知识灌输阶段的小朋友、小学生，希望以后有时间再向张老师请教。

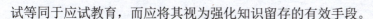

"心灵绿洲"小课堂

人类对记忆的研究已有一百多年，是心理学领域中备受关注且成果丰硕的热门方向。记忆包含输入与输出两个关键环节。记忆分为感觉记忆、短时记忆和长时记忆。其中，感觉记忆，也被称作瞬时记忆，是我们通过感官捕捉环境刺激后形成的初步记忆，不过其保存时间极为短暂。而短时记忆，即工作记忆阶段，是我们选择性注意并加工处理后的记忆状态，然而它的记忆容量和保持时间都受到限制，这一阶段是记忆的瓶颈所在。尽管应试教育常常受到批评，但考试本身实际上是一个至关重要的教学手段，对巩固知识有着显著的作用。研究结果表明，多次重复学习并不断进行提取练习，对于知识的巩固效果十分显著。

测试不仅能够帮助我们判断对知识的掌握程度，更为关键的是，它还能够改变我们的记忆结构，促进知识之间的相互联系与迁移。虽然"测试效应"这一概念起初遭到了诸多反对，但后续的研究充分证实了测试在巩固知识以及提高学习效率方面的重要价值。因此，我们应当正确、全面地认识测试的重要性，摒弃将其简单等同于应试教育手段的片面认知。

一起了解儿童多动症

分心好动不是我的错。

——李韵

嘉宾简介

李韵，厦门市仙岳医院儿童青少年心理门诊主任，硕士生导师，副主任医师，厦门大学、厦门医学院兼职副教授，中华医学会精神科分会儿童学组委员，中国心理协会儿童心理卫生专委会委员，中国药物滥用防治协会行为成瘾分会常务委员，福建省医学会行为医学分会委员，厦门市医师协会儿童保健医师分会委员，厦门市心理学会常务理事，厦门市中小学首批家庭教育讲师团成员。目前从事儿童青少年精神疾病及心理问题的诊治及心理咨询与治疗工作，擅长儿童多动症、孤独症、精神发育迟滞及儿童情绪障碍的诊治。主持厦门市科技局科研课题 3 项，国内外期刊上发表学术论文 20 余篇。

主持人：今天，我们十分荣幸地邀请到了厦门市仙岳医院儿童青少年心理门诊的副主任医师李韵老师。感谢李老师在百忙之中抽出时间参与我们的节目，今天我们将与您探讨多个有关孩子心理困扰的话题。

李韵：我很高兴能有这样的机会，和听众朋友以及家长们一起探讨这个重要的话题。

主持人：听说您所在的科室工作量特别大，是这样吗？

李韵：没错，现在家长和老师对儿童心理健康愈发重视，我们门诊的需求量很大，基本上都得提前预约才能就诊，当天来看门诊，几乎是不可能的。

主持人：大概需要提前多久预约呢？

李韵：一般要提前五到七天。

主持人：预约之后，看诊流程是怎样的呢？

李韵：要有医保卡和我们医院的诊疗卡，得先到挂号窗口注册，接着到导诊台确认到达，之后就等待医生叫号，叫到号后就能进去看诊了。儿童门诊常常收到家长投诉，说医生看诊速度慢。这是因为每个孩子都需要较多时间，我们得和孩子、家长沟通，进行分析评估，还要观察孩子的行为表现。快速看诊大概需要二十分钟，要是更细致些，可能需要一个小时，这也是儿童心理门诊预约难的原因，看诊时间长，每天看诊数量就有限。

主持人：看来确实需要向家长和病患解释清楚，我们并非故意拖延，而是真的需要这么多时间。

李韵：确实如此，只有花足够时间，才能搞清楚孩子心理问题的成因，以及是否存在其他生物学因素，这些都是门诊过程中必须考虑的，所以比较耗时。

主持人：儿童心理科在仙岳医院应该是个很重要的科室吧？

李韵：仙岳医院给人的第一印象可能是治疗精神病的地方，所以大家多少有些忌讳。实际上，我们医院除了常规精神科，还有心理科门诊、老年门诊、司法鉴定，以及儿童心理科。我们儿童心理科是厦门市重点科室，主要负责厦门市及周边地区十八岁以下儿童的心理和相关精神问题诊治。我们团队实力很强，医生几乎都是硕士毕业，且各有专长，有的擅长心理问题，有的擅长精神问题，有的擅长药物调理。科室科研工作也多，能把临床上常见问题用客观数据告知家长，比如家长关心孩子学习成绩差、睡眠不好、不想上学是否和手机有关，我们正在研究手机使用与孩子心理健康和问题行为的关系。

主持人：然后会把这些研究成果应用到临床中吧？

李韵：没错，这是我们科室的一大优势。

主持人：随着社会对医院的理解和关注，很多家长会带孩子来医院，老师也会给出建议。

李韵：现在家长对这类疾病的接受度越来越高。以前儿童门诊半天都没几个病人，现在病人很多，大家都意识到孩子的问题得及时解决，不能等长大了再说。

主持人：确实有这种观念转变了。

李韵：对，大家越来越重视孩子心理健康。今年10月10日精神卫生日的主题就是关注儿童青少年心理健康，我们开展了很多相关宣传活动，不少家长开始重视这个问题，不再觉得是奇怪或不好的事。很多孩子自己上网查询，要是觉得自己有问题，还会主动让父母带自己来看医生。学校现在也有心理老师，要是发现孩子问题超出普通心理咨询范畴，就会转介到医院确诊并制定下一步计划。我们也常走访社区，作为儿童精神科医生，我们很乐意做这些。因为来医院的孩子，要么鼓足了很大勇气，要么病情比较严重，我们更希望做好预防工作，比如一级预防，在问题出现前，给父母或社区工作人员传授一些基本专业知识，还会去社区或学校进行心理访谈，普及心理知识。去年我做了很多关于不同年龄段幼儿园孩子心理发育特点的系列讲座，科室医生也会探讨青春期孩子心理健康过渡、亲子教育和沟通等话题，在社区很受欢迎，每场都座无虚席。

主持人：科室工作这么繁忙，医生坐诊时通常会碰到哪些问题呢？

李韵：我们门诊主要面对各类儿童常见问题，像儿童多动症。现在媒体宣传多，家长对孤独症认识增多，来看孤独症的孩子也变多了。由于学习压力大，很多孩子出现抑郁、焦虑情绪。我们遇到过一个小学一年级孩子不愿上学，怀疑他患有童年情绪障碍，存在焦虑和抑郁情绪。一般家长带孩子来看病，问题往往比较严重，比如孩子出现自伤行为，或是手机成瘾、网络成瘾等问题。还有重型精神疾病的早发性症状，比如精神分裂症早期症状的患儿也会来就诊。可以说，儿童门诊涉及的疾病种类比成人门诊更多，除了成人常见疾病，还涵盖许多成人不常见的以及早期疾病。

主持人：看来不管家长是否了解孩子的状况，都能在你们这里找到答案。那在工作中，有没有对这些症状或疾病按就诊情况排个序呢？

李韵：您说的是就诊情况统计吧。我们有个大致估算，就诊率最高的是儿童多动症，其次是焦虑、抑郁、强迫等情绪问题，再之后是一些常见心理问题，然后是孤独症、抽动症、强迫症等，重症精神疾病的早发期患者也不少。

主持人：您刚刚提到，就诊儿童里患多动症的占比最高。

李韵：确实如此。平均每天看诊 40 个孩子，其中大概就有七八个是多动症患者。考虑到儿童疾病种类繁多，这个数量占比是相当高的。

主持人：其他病症我们之后再探讨，今天着重聊聊多动症。从更大范围来看，发病率是怎样的呢？

李韵：我们开展过全国性的发病率调查，最新数据显示，多动症发病率在 5% ～ 13%。也就是说，平均每 100 个孩子里，就有 5 到 13 个有多动症。以一个

50 人的班级为例，可能就有 2～6 个孩子患病，这个概率不容小觑。对比来看，精神分裂症在人群中的发病率约为 1%，多动症的发病率是它的 13 倍，远高于前者。

主持人：那一年当中，看诊量有淡旺季之分吗？

李韵：目前没有科研数据明确淡旺季情况。但就工作经验而言，刚开学时多动症患儿特别多。老师一旦察觉孩子表现异常，就会建议家长带孩子就医，家长辅导孩子学习时也会发现困难，所以开学一个月左右是高峰期。另一个高峰是放假后，家长有时间，想趁着假期排查孩子之前遗留的问题，所以这两个时段门诊格外忙碌。

主持人：看来这两个时段门诊会特别忙碌。那在孩子的成长阶段中，有没有某个年龄段，多动症会特别集中地爆发呢？

李韵：主要集中在小学和幼儿园时期。幼儿园阶段孩子大多以玩耍为主，学习任务少，所以前来就诊的孩子相对较少。等到了学龄期，也就是 6 到 12 岁，刚上一年级时，父母和老师往往会把孩子的一些表现归结为适应期问题，不太会联想到多动症，对孩子的情况还能接受。但到了三年级，由于中国教育体制的特点，一二年级课程简单，三年级难度陡然提升，许多孩子出现成绩下滑、注意力不集中的情况，这让家长和老师十分着急，所以三四年级来看诊的孩子数量较多。现在，不少家长通过媒体或老师举办的讲座获取知识，能更早发现孩子的问题并带来就诊，使得 ADHD（多动症）就诊年龄越来越低，6 岁左右来看诊的孩子也越来越常见了。

主持人：ADHD（多动症）发病率比例挺高的，这一概念提出都百来年了吧？

李韵：没错，这个病症被发现很久了。最初，人们注意到一些孩子格外好动，在任何地方都安静不下来，上蹿下跳的，成绩也差，就像不知疲倦的小马达。一开始，它被定义为注意缺陷多动障碍，最早还被叫轻度脑损伤。当时认为这些孩子是脑部受损或发育不完善，才控制不了自己的行为，这诊断听起来很严重，家长很难接受。后来，才慢慢改成了更温和、易接受的注意缺陷多动障碍。

主持人：那这个病在人群中的发病率，算高吗？

李韵：相当高。大概5到10年前，发病率在3%～5%，男孩明显多于女孩。但最新研究数据显示，发病率已经在5%～13%，这个比例相当可观。

主持人：很多家长带孩子时发现多动症，就很疑惑，自己当年上学时没听说谁有多动症，现在发病率怎么这么高。

李韵：这是家长们普遍的疑问。过去家长对多动症了解少，孩子成绩不好、不想读书，可能就直接去打工了。而且现在孩子面临的学习压力、课程压力都和过去不同，所以多动症表现得更明显。以前压力小、作业少，即便孩子有多动倾向也不易察觉。还有家长疑惑，自己小时候也有类似情况，现在不也过得挺好。其实，如果把现在的孩子放在过去那种没什么竞争压力的环境，可能也没问题。但如今大家都在进步，自家孩子停滞不前，家长就会担心孩子将来丧失就业机会。所以，一旦发现孩子有多动症迹象，我们都建议家长尽早干预治疗。

主持人：李老师您作为专业人士，对多动症理解更深刻。希望借节目，让大家了解多动症的判断标准。

李韵：这也是家长们常有的困惑，为什么孩子一到医院就被诊断为多动症呢？毕竟多动症不像感冒发烧，有明显症状指标。诊断多动症，主要依据几个标准：家长提供孩子在家和学校的病史情况；医生对孩子的观察和诊室里的表现；和孩子的互动交流；还有相关辅助检查，评估孩子的注意力和控制能力。比如，很多孩子因注意力不集中、好动来就诊，我们会问孩子在家写作业是否磨蹭、边写边玩、发呆走神，在学校上课是否发呆、需老师频繁提醒，是否常弄丢学习用品，愿不愿意玩象棋、跳棋这类动脑筋的游戏，还有自我管理能力如何，像整理房间、书包，担任班干部的情况等。关于多动，我们会询问孩子兴趣爱好是否持久，写作业、玩玩具会不会很快厌倦，排队时是否常掉队、无法等候，在公共场所的表现等。只有在两个及以上场合都有类似表现，才会考虑多动症。比如有的孩子在家写作业好动、磨蹭，但在学校表现正常，这种就不考虑是多动症。判断好动和多动，关键看对孩子社会功能的影响。如果注意力问题导致学业成绩波动大，就可能是多动症，影响较大，需要治疗。要是孩子只是好动，成绩稳定，对社会功能影响小，就不是多动症。好动的孩子知道在不同场合该做什么，像下课玩闹能控制力度，上课也能安静听讲；而多动症孩子上课就玩笔、戳橡皮，手停不下来。家长和老师判断不准时，建议带孩子就诊。来医院就诊的家长都很担心孩子被诊断为多动症，我们会认真沟通、询问病史、查看报告，给出最合适的治疗方案，不是所有孩子都会被诊断为多动症，也有家长过度担忧的情况。

主持人：您刚说多动症高发期在小学一年级和三年级课业压力增大后，如果不干预，问题会持续多久？

李韵：这就是多动症的预后问题，家长都很关心孩子会不会一直这样。多动症一部分孩子会自愈，一部分会持续存在。它最早叫轻度脑损伤，但孩子大脑在成长，青春期前都在发育，25 岁才进入发育平台期。大脑成熟快，相关脑区功能就能恢复，控制好动和专注力问题；恢复慢就难控制。大概 40% 的孩子不治疗也能自愈，60% 的孩子必须干预，否则症状可能持续到青春期，甚至成年。现在很多研究聚焦青少年多动症，最近成人多动症也备受关注。

主持人：我在准备节目资料时看到"成人多动症"这个词，得先和大家澄清一下，它不是指成年后才出现多动症状。

李韵：没错。成人多动症患者小时候可能就有类似表现，成年后仍残留一些症状。之前有个超过 18 岁的患者，因为成人门诊看不了，就来到我们儿童门诊。

主持人：那这种情况能看诊吗？

李韵：可以的。我们会从患者小时候的情况开始询问。我记得有个姑娘，她特别苦恼。老板布置的工作任务，她想按时完成，却因注意力分散做不下去，还老是丢东西。国外对成人多动症研究较多，厦门作为国际开放城市，集美大学、厦门大学的外教，还有外企人员，有的被当地医生诊断为此病，需要终身服药，会定期来我们门诊取药。还有个律师说，开庭当天要是不吃药，就没法为辩护人辩护，这就是成人多动症的表现。

主持人：李老师您刚提到，大概四成多动症患者能自愈。家长们肯定会想，自己孩子会不会就在这四成里，或者想知道有什么办法能帮孩子自愈。

李韵：家长问这个问题时我也很为难。我们确实不完全清楚孩子大脑发育规律，无法判断孩子是在自愈的四成里，还是需干预的六成里。多动症影响孩子发育，一旦发现症状，及时干预至关重要。很多家长问饮食和运动能不能帮到孩子。美国专业数据显示，多动症或注意力缺陷的孩子对 DHA（二十二碳六烯酸，俗称脑黄金，很多奶粉有添加）的需求量，比普通孩子大 6～7 倍。一般孩子每天摄入约 100mg，相当于 20 只虾或一个鸡蛋，这类孩子可能需要 6 盘虾或 6 个鸡蛋的量。还有些民间说法，比如少吃甜食、含色素食物、水杨酸食物和酸性水果，可能有帮助，也有人说多吃马铃薯，特别是炸薯条，不过这些都没科学依据，家长想尝试的话可以适当调整饮食。

主持人：很多家长一听到"多动障碍"，就顾名思义觉得多动是主要症状，特别关注"多动"这俩字。

李韵：确实，很多家长得知孩子可能患多动症时，第一反应是否认，怀疑医生诊断。其实多动症有三种类型：以注意力缺陷为主；以多动冲动为主；混合型，即注意力不集中且好动。第一种"安静的多动症"不易被家长察觉，孩子看似安静，脑子却很活跃。第二、三种很容易识别，孩子动个不停，做作业也不认真。最常见的是混合型，占 60%～70%；其次是以注意缺陷为主的类型，占 20%～30%；纯多动冲动型孩子约占 10%。

主持人：也就是说，脑子里天马行空那种类型的孩子占比更高，却不容易被发现。

李韵：对。临床上多动症患儿中男生多于女生。小男孩好动，老师容易建议家长带孩子就医；小女孩安静，不太惹麻烦，家长可能就很少带去看医生。

注意力缺陷型　　　多动冲动型　　　混合型

主持人：那在混合型多动症里，过度冲动和注意力缺陷的比例有更具体划分吗？

李韵：这三种类型主要用于科研，临床诊断一般不会细分。从多动症孩子的发展来看，幼儿园时老师多投诉孩子好动、坐不住；到小学，注意力不集中症状显现。随着年龄增长，多动冲动症状可能消退，注意力问题却逐渐突出。孩子看似不好动了，不代表病好了，只是表现变了，早期是冲动多动，后期可能是内心不安，更难察觉。很多家长觉得孩子不动了、老师不投诉就没事，可要是对成绩有要求，就会发现成绩不稳定，这时才开始重视。

主持人：前面提到小学一年级和三年级是多动症集中爆发期，这其实是长期积累的结果吧？

李韵：没错。多动症从小就有迹象，只是常被忽视。家长可能觉得孩子活泼好动、拆玩具很正常。其实有不少预警信号，像询问家族病史，若祖辈有类似情况，就要考虑遗传因素。母亲孕期情绪波动、酗酒、抽烟或保胎，都可能导致孩子患多动症。出生时，剖宫产孩子患多动症概率相对顺产孩子稍高。孩子出生后，没经历"七坐八爬"直接走路，可能是感统发育失调；睡眠不好、睡眠时间短、易醒且好动，好奇心重但兴趣持续时间短，这些都可能暗示孩子有问题，家长应及时带孩子就医，进行感统训练或智能水平发育评估。

主持人：您刚刚特别提到了感统失调，它和多动症之间存在关联吗？

李韵：很多家长带孩子来医院时，会提及外面机构说孩子感统失调、注意力不集中，需要训练。实际上，6岁前孩子发育本就不平衡，部分能力发展快，部分慢，我们通常在孩子6岁后才考虑感统失调问题。来就诊的孩子大多已超过6岁，像8岁、10岁的。这时若仍存在感统问题，就需进一步观察。感统失调并非疾病名称，而是一种临床表现，它可能出现在多动症孩子身上，也可能出现在孤独症、精神发育迟滞或抽动症的孩子身上。所以，感统失调较为普遍，不能简单地认为感统失调就一定是多动症，二者不能画等号。临床上，有些孩子因感统问题就诊，最终却被确诊为多动症，这可能会让家长有些不高兴。

主持人：您之前提到孩子七八个月大时的活动能力，甚至睡眠中的翻动都可能是提示。若孩子有这些表现，疑似多动症，家长该怎么做？及早干预效果会更好吗？

李韵：对于6岁前的孩子，建议不采用药物干预，而是进行行为干预训练。

比如孩子小时候没学会爬,可通过攀岩等运动训练爬行和平衡感。若孩子只有3岁,还没上幼儿园,此时注意力问题可能不明显,更多表现为好动,可进行行为训练,如让孩子从能安静1分钟开始,逐渐延长安静时间。对年龄小的孩子,行为干预是主要方式。若孩子年龄稍大,症状严重,建议药物治疗结合行为训练是最佳方法。

主持人:行为治疗看似简单,家长在家也能随时帮孩子做。那这种治疗方法有什么适用范围吗?

李韵:是的,行为治疗并非对所有孩子都是首选。多动症的首选治疗方案是药物治疗,但单纯药物治疗效果可能不如药物与行为治疗结合。所以,最佳方案是药物治疗加行为训练。同时,我们也需要对家长进行教育,让他们正确认识和接受这种疾病。在行为训练方面,我们会根据孩子社会功能受影响的程度,将多动症分为轻度、中度、重度和极重度四个等级。对于受影响严重的孩子,不会仅建议行为训练或药物治疗;对于症状轻微或诊断尚不明确的孩子,可能更多采用行为训练,包括注意力训练,并会依据报告结果给出更具体的方案。在运动方面,推荐游泳或单排轮滑等,帮助孩子调整。

主持人:说到运动,家长可能会想,孩子多动是不是因为体内多余能量无处释放,让孩子每天在操场跑几圈,消耗能量后就能变安静?

李韵:家长有这样的想法是好的。但我们更建议选择能帮助孩子提升调整和控制能力的运动。比如游泳,需要全身肌肉协调配合;单排轮滑也要求全身肌肉协调和运动能力;还有走马路牙子、平衡木等简单运动,能增强孩子的平衡感和控制能力。

主持人:也就是说,要让孩子在运动中保持专注。

李韵:可以这么理解,需要选择能让孩子在专注力和控制能力上达到均衡的运动。

主持人:说到专注,有的家长说孩子看动画片或玩手机时特别专注。

李韵:这确实是家长的一个困惑。孩子看手机、打游戏时专注,涉及注意力的分类,即主动注意和被动注意。孩子做感兴趣的事时,用的是被动注意;做不喜欢的事,如写作业、听课,需要主动注意。多动症孩子的主要问题是主动注意能力不足,所以做感兴趣的事没问题,但做需要动脑筋、不喜欢的事时,就容易注意力分散。

主持人:会不会有孩子上语文课时表现好,上数学课时,一遇到计算就不行?

李韵：这种情况是有的，这可能与注意力关系不大，更多和兴趣爱好、情绪有关。很多孩子不喜欢数学，可能是因为不喜欢数学老师或数学题；而喜欢英语，可能是因为英语老师的提问他都能回答。

主持人：我看到资料说，多动症孩子都是天才，智商很高，这有依据吗？

李韵：多动症孩子的智商通常不低，智商平均分是 100 分，很多多动症孩子的智商也在 100 左右，智力没有问题，但成绩可能不稳定。我们向家长解释，学习不仅需要学习能力，还需要效率。多动症孩子有学习能力，但效率可能欠佳。效率与专注力、记忆力、兴趣爱好和情绪相关，若这四个方面能协调好，效率就能提高。多动症孩子其实很聪明，关键是要把效率发挥出来。我们会告诉家长，不治疗的话，孩子虽有能力，但可能只能考上普通院校；治疗后，就有可能考上更好的学校。因此，很多家长都愿意帮助孩子提高学习效率。

主持人：您刚刚提到了药物治疗，很多家长对药物含有的化学成分很担心、疑惑。

李韵：我们理解家长的担忧，比如担心孩子服药后变傻，影响身高、体重，或有成瘾性。但这些担忧大多是不必要的。这些药物没有成瘾性，可随时使用和停用，而且对大脑皮层发育有益。多动症孩子的大脑皮层成熟较晚，药物治疗能促进大脑皮层增厚，帮助大脑修复。最常见的副作用是影响食欲，可能导致体重下降约 3kg。关于身高，虽有研究表明药物可能有影响，但差异极小，通常在 1 ~ 2cm 以内。有趣的是，有些研究显示女孩服药后身高比未服药的女孩高 2cm。所以，家长在药物使用上可以放心，我们作为医生，不会给孩子用不安全的药物。

主持人：李老师，您刚才回答的这些问题，应该是你们日常工作中常遇到的吧？

李韵：没错，家长们经常会问这些问题。此外，家长还关心现代科技，比如经颅磁刺激仪器对孩子有多大帮助，针灸是否有效。这些都属于辅助治疗手段。我们的最佳治疗方案依旧是药物治疗结合行为治疗。如果家长经济条件允许，可以尝试经颅磁刺激治疗，但目前其效果还缺乏科学数据支持，仍处于研究阶段。临床上发现，部分孩子有效，部分孩子则无效，效果因人而异。

主持人：所以也提醒家长们，发现或疑似孩子有相关问题时，尽早到专业的儿童心理门诊咨询。

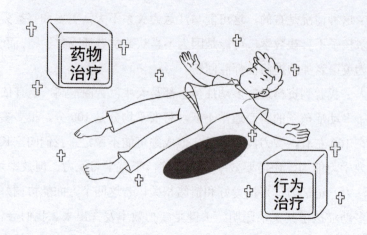

“心灵绿洲”小课堂

　　儿童多动症，也称为注意力缺陷多动障碍（ADHD），是一种常见的儿童行为发育障碍。这种障碍主要表现为孩子过度活跃、注意力难以集中，以及行为冲动。多动症的孩子在家庭、学校和社交场合中往往会面临诸多挑战。

　　多动症的症状通常在孩子六岁前出现，男孩的发病率通常高于女孩。这些孩子可能会在课堂上无法安静地坐着，经常打断别人，难以等候，或者在需要集中注意力的任务上表现不佳。值得注意的是，多动症孩子在感兴趣的事情上，如电子游戏或观看喜爱的电视节目时，往往能够保持专注。

　　多动症的原因尚不完全清楚，但研究表明，遗传、大脑结构差异和环境因素可能都有所贡献。药物治疗和行为疗法是目前的主要治疗手段。药物治疗可以帮助调节大脑化学物质，改善注意力和控制冲动，而行为疗法则通过训练孩子的行为和情绪管理技能来提高其社交能力。六岁前的孩子不建议使用药物治疗，行为干预训练是更好的选择。

　　家长和老师需要正确认识多动症这个疾病。通过提供一个结构化和积极的环境，以及耐心和一致性的指导，帮助多动症儿童发挥他们的潜力。最重要的是，多动症并不是孩子任性、不听话所致，而是一种需要大家理解与给予适当支持的医学病症。

用爱守护来自星星的孩子

让星星在不同的方向发光。

——李韵

 嘉宾简介

李韵，厦门市仙岳医院儿童青少年心理门诊主任，硕士生导师，副主任医师，厦门大学、厦门医学院兼职副教授，中华医学会精神科分会儿童学组委员，中国心理协会儿童心理卫生专委会委员，中国药物滥用防治协会行为成瘾分会常务委员，福建省医学会行为医学分会委员，厦门市医师协会儿童保健医师分会委员，厦门市心理学会常务理事，厦门市中小学首批家庭教育讲师团成员。目前从事儿童青少年精神疾病及心理问题的诊治及心理咨询与治疗工作，擅长儿童多动症、孤独症、精神发育迟滞及儿童情绪障碍的诊治。主持厦门市科技局科研课题 3 项，国内外期刊上发表学术论文 20 余篇。

李韵：孤独症，也就是许多家长所知的自闭症。

主持人：在各种疾病的就诊排行中，孤独症的就诊量应该是比较靠前的。那么，它所占的比例大概是多少呢？

李韵：由于近年来对孤独症的宣传增多，家长对这个疾病的认识可能会有所提高。因此，来医院就诊的患者也显著增加。

主持人：在提到多动症时，李韵老师提到与孩子或家庭沟通可能需要花更多时间。那今天讨论的孤独症也是如此吗？

李韵：确实如此。无论是诊断多动症还是孤独症，首先都需要收集一些基本资料，再与家长进行访谈。接下来医生还会和孩子进行互动，观察他们的互动情况。很多时候，家长提供的情况可能是在家庭这一较为熟悉的环境下发生的，而医院则是一个相对陌生的环境，可以让我们看到孩子的互动情况究竟如何，与家中有哪些不同。

主持人：您刚才分享的是在就诊过程中的亲身经历和经验。那么，孤独症在整个人群中的比例大概是多少呢？

李韵：从整个人群来看，中国到现在关于孤独症的具体数据也并不充分。美国最新数据显示，孤独症的患病率约为1/58，换算成百分比就是1.7%，这个比例其实已经相当高了。我们医院专注于精神分裂症的治疗，这种疾病在人群中的患病率大约是1%。也就是说，孤独症的患病率实际上高于精神分裂症。

主持人：在什么情况下，家长可能觉得孩子存在问题，需要寻求专业帮助呢？

李韵：家长最明显的诉求是，孩子都已经2岁多了，却仍然不会讲话，是不是患有孤独症。还有一些家长反映，孩子在家里对家长的呼唤充耳不闻，这也是他们前来咨询的主要原因。在评估孩子语言发展时，我们需要将其置于一个成长和发展的过程中来考虑，因为有些孩子可能只是语言发展比正常发育更晚些。

主持人：确实有些孩子学会说话的时间会相对较晚。

李韵：不会讲话只是孤独症的一个可能症状，我们称之为交流障碍。实际上，还有很多其他症状需要我们进一步观察和询问家长。比如我们经常会问家长：你在叫孩子时要叫多少次孩子会有反应？他对名字敏不敏感？是不是会马上回头看你一眼，还是可能叫了很多声都没有反应？这也是一种表现。如果只是不会说话，并不能完全诊断为孤独症。

主持人：也就是说，诊断孤独症需要一个综合的考量。

李韵：孤独症的诊断通常基于三个主要标准。除了家长最关心的交流障碍以外，还包括情感交流障碍，也就是社交障碍。这表现为孩子可能不愿意或不会与其他小朋友一起玩耍。我们会询问家长关于孩子在小区或公园里与其他小朋友的互动情况。比如他们是否会一起玩耍，是如何一起玩耍的，是否会交换玩具，或共同参与搭建等游戏。

这是在社交方面的一种障碍。另一个比较明显的特征就是刻板行为，我们可能会问孩子有没有特别喜欢的玩具、动作，或是喜欢去的地方，通常很多反馈是他们特别喜欢小汽车。他们喜欢玩小汽车是正常的，关键是要看怎么玩。很多孩子对那种有动力性和助力的汽车特别感兴趣，可能他往后一拉一松手，车就跑了，他喜欢这么玩汽车。但对于孤独症的孩子，我们会看到他们的玩法和别人有些不同，他们可能会把汽车排成一队，非常整齐，或把汽车翻过来转轮子，用手去拨弄那个轮子。这两个是我们经常看到的刻板行为。而且这种行为不是他拨动两下就停止了，或排一两排汽车就停止了。他会特别热衷于这件事，专注其中。比如家长在做饭或没空理他时，他在那边排汽车，排成一队，打散后会再排一队。有些功能比较好的孩子，会把颜色分出来，红色汽车排一队，蓝色汽车排一队。如果排得不整齐，他会调整齐。如果这时家长在拖地板，不小心打散了，他就会不高兴，甚至哭闹。如果是再大点的孩子，他就会再继续还原，单这样的动作可以做一二个小时。而别的孩子，他的专注力可能就只有 10 到 15 分钟，他在玩这个游戏的时候，可能玩一会儿就觉得没意思了，就会去玩别的玩具。而还有一些孩子比较特殊，他并不是很热衷于大部分正常小朋友喜欢的玩具，他更热衷于玩厨房的一些锅碗瓢盆，拿筷子或勺子敲碗。

主持人：是因为喜欢这种声音吗？

李韵：是的，就像很多孩子可能会撕纸之类的东西。还有的小孩喜欢玩矿泉水瓶，父母就会反馈孩子玩的东西不是正常小朋友喜欢玩的玩具，那我们就会带他去超市买玩具，问他："要不要这个？"小孩没有反应，他不要这些玩具，他喜欢玩一些"非主流"的玩具，有这个特点的话，我们就可以推测这个孩子存在孤独症的可能性。

主持人：您说的这些好像都是一些典型的情况。但很多时候，家长是因为孩子有比较奇怪或非典型的一些症状来请教你们，那可能是因为家长并不知道这是孤独症的问题？

李韵：是的。有的时候会出现一个比较奇怪的现象——因为孤独症共病的情况还是特别常见的，例如最常见的就是多动症。很多父母来看医生是因为认为孩子太好动，最后却被诊断成了孤独症。父母有点接受不了这个结果，认为孩子只是很好动而已。他的主要症状是在幼儿园里不听老师的指令，在学校里面有些孩子会反映他只喜欢玩某个玩具，而且别人不能去抢他的东西，否则他就会很生气。有的时候，这种症状跟多动症会比较相似。多动症的症状，大家是可以看到的，孩子坐不住，会跑来跑去。我们在问诊过程当中有学校里的老师会反映说很明显，但其中更多的原因可能是孤独症引起的。

主持人：有没有家长是带着孩子过来询问，"孩子学东西总是学不会，智商可能有问题"？

李韵：这种情况也是有的，就是爸爸妈妈觉得孩子不爱学习，想教孩子唐诗，但他不愿意跟着学。

主持人：现在的家长们很重视早教，孩子小小年纪就要学英语、学唐诗。

李韵：特别是孩子被送到早教机构之后，早教老师也会和家长反馈孩子的学习积极性问题。我会建议他们过来做一些智力筛查。但有一些孩子如果配合不太好的话，智力水平其实是测不出来的，因为他不大配合，不做答卷。为什么会叫来自星星的孩子？可能他们的学习方式遵循另外一个规则、另外一套认知模式，跟我们的认知模式不太一样，用人类的这些测验方法并不能很好地投射出孩子真正的智力水平。也许换了另外一个星球的交流模式或另外一个星球的判断标准，他可能就是没有问题的。

主持人：有些孩子可能说话会比较迟缓或是学东西比较慢，这可能是在不同的阶段会出现的一些状况。那有没有一些时间节点是家长们尤其应当关注的？

李韵：如果是早期发现的话，可能小孩4月大的时候就会有一些苗头。比如，妈妈在给孩子喂奶的时候，有的孩子会看着妈妈，会跟妈妈有眼神的互动，妈妈逗他，他也会跟妈妈笑，妈妈有的时候可能会揉他屁股，他也会咯咯笑，也会咬妈妈的奶头，都是会有这些反应的。而孤独症孩子如果有早期表现的话，可能是妈妈怎么逗他都没有表情。我们称这个是"没有情感的交流"。那再往后发展就是说话方面。通常，正常孩子们开始发出爆破音的时间相对较早，在六七个月的时候就有发音，他们会发出一些无意识的"爸妈"等声音。而当他们开始有意识地发音，通常是在 10～12 个月大的时候，孩子们会开始有意识地叫"爸爸妈妈"。进一步地,能够说出比较完整的句子,并能较完整地表达主谓宾结构的语句,就可能要到 2 岁左右。我们接触到的大部分患儿都在这个年龄段,但可以发现他们中有许多还不会讲话。

主持人:这是不是一个相对集中的年龄段?

李韵:是的,因为父母们通常会对孩子不会讲话感到焦虑。但在这个时候发现孩子讲话晚也不必过于担心,因为有些孩子确实会比较晚开始讲话,尤其是那些有家族遗传史的孩子。因此,需要综合考虑,除了不会讲话之外,是否还有其他症状。另一个显著特征是,这些孩子不会用单指指物品,我们会用食指去指认物品。例如,他在街上看到他特别喜欢的卡通形象,然后对妈妈说:"妈妈看!"他会用手去指它;或者当妈妈指出他喜欢的玩具时说:"宝贝,你看那边有小汽车!"他会顺着妈妈的手指看过去。然而很多孤独症孩子在早期症状中会用整个手掌指向物品:"妈妈看!"

主持人:他没有拿食指去指东西的概念。

李韵:这个我们称为"单手指物",这是正常儿童发展过程中必须出现的能力,但他一直没有发展出来。还有一种情况是,当我们再给他指示说:"宝贝,你看那边有汽车。"很多孩子的眼睛是不会顺着我们的手指去看的。

主持人:那他会看哪里?

李韵:他的眼神可能会乱瞟。这时我们也会给父母做一个测试,看孩子是否会跟随手指指示。还有，当小孩子会爬会走路的时候，我们会观察他是否会经常寻求与父母互动。例如，小孩在搭积木时觉得没意思了，就会叫爸爸或妈妈一起玩，拽着他们说："妈妈来！"或是会爬的时候，可能就会爬到妈妈旁边拍她，让她来跟他一起玩玩具。我们会问："小孩小时候好带吗？"妈妈可能会说："太好带了，很安静，从来不找我们，我们想干什么都可以。"有时听到这样的回答其实有点让人悲伤，因为这表示孩子并没有与你建立亲密关系，而是有些疏离。如果孩子不主动找你，我们也会比较担忧这个问题。

在孩子小时候，他们的能力是有限的，很多时候需要寻求父母的帮助。孩子最信赖的人也是父母。当孩子愿意去找父母帮忙时，这是一件好事。但如果他从不找你，你就需要警惕，这可能意味着孩子过于自我，不愿意与你互动。因为很多时候，孩子会要求和妈妈一起玩捉迷藏的游戏。孩子大概1岁时就会开始表现出寻求父母帮助的特点。如果这些能力一直没有发展出来，就需要稍微警惕一下。来看病的最小孩子是1岁半，这时他的语言还没有发育得很完善。但很多关于我刚才讲的这些能力，孩子都没有发展出来。

主持人：那么，对于有这些问题的孩子，医院是否有一些特殊的交流方法？

李韵：在诊室中，我们主要通过父母来了解孩子的情况。我们会问："平时你们叫孩子他会有反应吗？"爸爸可能会说有反应。那我们可能还会问孩子平时是否会和别的小朋友玩，回答是"会"。再问孩子平时是否会找父母帮忙，回答又是肯定的，就是说什么都会。

主持人：听起来都很正常。

李韵：但是我们跟孩子互动的时候就会发现很多问题。比如诊室用专业的摇铃摇晃吸引孩子的注意力，边晃边说："宝贝，宝贝！"我们使劲晃铃铛，但孩子还是不理你，继续坐着，要不就喝奶，要不就玩诊室其他的玩具。他对这个声音一点儿都不敏感，然后我过去跟他说："宝贝，阿姨抱抱你。"有的孩子让抱但他不会回抱你，这也是一个特点。

主持人：如果是正常的孩子，可能会把手环住对方的脖子。

李韵：通常情况下，正常孩子被抱起来之后，会本能地去搂着你的脖子。但有些孩子我们去抱他的时候，他的身体会不自觉地往后倾，不会贴近我们。

主持人：这反映了一种情感上的疏离。

李韵：没错。如果这种情感还是不能很好地建立，我们就会让他的母亲试着

抱他看会有什么反应，然后再进行观察。但有的孩子也还是不接受被抱，妈妈抱的时候他的身体依然是直的，不会靠近母亲，手上拿着玩具继续玩，这也是我们观察到的一个特点。

我们还会在诊室里面准备很多玩具，然后和孩子说："宝贝你再找找看，我们房间有一个布娃娃在哪里？你指给阿姨看看？"来测试孩子指认的能力。

主持人：就像您刚才描述的，伸出手掌指向目标那样。

李韵：正是如此。有些孩子并不会按照指示去指认，他们甚至不会去寻找。而有些孩子虽然会去寻找玩具，找到后却选择直接拿起，而不是用手指向它。这个时候我们会认为这个孩子是可以理解我说的意思的。

接下来，我们将进行另外一个测试。假设我们在房间有部电话，我们会问孩子："宝贝，你想不想给妈妈打个电话？"然后观察孩子是否能用手指去按键盘。有的孩子可能只是拿起听筒说"喂喂"，而不会用手去按键盘。这让我们想进一步了解在家中孩子是否会使用电话，但家长可能回答说家里没有座机，所以不确定孩子会不会打电话。我接着会问："那你们家有遥控器吗？孩子会不会使用？"家长可能会说他们没有注意到这一点。这些都是诊室中观察到的，而在家庭环境中未被察觉的情况。

我们还会让孩子们执行一些命令性的任务，比如对于一个 2 岁的孩子，我们会让他把布娃娃拿过来之后，拿一个水杯给他，说："你要不要给你的布娃娃喝点水呀？"通过这种方式，我们可以观察孩子是否能按照指示行动。有的小孩如果理解比较好，他就能够去完成任务，而那些不理解或不愿意配合的孩子则不会去做。因此，我们需要评估孩子对指令的服从能力和理解程度，这也是在诊室中观察的一部分。

很多孩子来的时候会带着自己的玩具，而且这些玩具对他们来说非常重要，无论去哪里都会带着。与他们交换玩具时，他们会拒绝，甚至当我们试图拿走他们的玩具并给他们新的玩具时，他们会哭泣，如果不把原来的玩具还给他们，他们就会一直哭个不停。这种情况被称为刻板行为，孩子会认定这个玩具就是他的，当玩具被还给他们时，他们会立刻安静下来。有些母亲会告诉我们，孩子有时会对某个玩具产生强烈的依恋，比如一个布娃娃，无论走到哪里都要带着它，甚至睡觉也要抱着，有时候脏了需要清洗，洗干净后孩子会觉得这不是原来那个玩具而哭泣，这让父母感到非常困扰和无助。

主持人：就像是变了味道的配方一样。

李韵：这种孩子的刻板行为也是我们在诊室中要测试的。这时我们会询问父母家中的孩子是否有过度依赖特定玩具的情况，父母也会意识到有时候确实存在这样的特点，这就是我们在诊室中需要观察的孩子行为之一。三大主征都是需要观察，还有一个比较明显的特点是当你叫孩子的名字时，他可能没有任何反应，对名字不敏感。通常我们和人说话时会有眼神交流，但这些孩子可能长时间不理你，眼神游离不定。在这种情况下，父母可能会解释说孩子在忙于自己的事情，不想理你。

主持人：确实，父母往往会为孩子的行为找到一些合理的解释。

李韵：他们会尝试合理化孩子的行为。于是，我会进一步尝试，把小孩的头轻轻扭过来，对他说："来，你看着阿姨，我想知道你几岁了？"即便我把他的脸强制转过来了，但他的眼睛依然看着他的玩具，不会看向我。

主持人：他还是会把目光移回到他原本关注的事物上。

李韵：正是这样，如果他的头原本朝左边，即使我把他的头转过来，他的眼睛依然是往左看，就是不看我。有些孩子会一直盯着你看，但当你观察他们的眼睛时，里面没有任何内容，是空洞的，他们只是呆滞地盯着你，没有任何表情，这也是眼神交流障碍的一种表现。此外，我们还会测试孩子与母亲或家庭成员之间的亲疏关系。我们会对孩子说："宝贝，现在阿姨和你玩一会儿，妈妈需要出去给你买棒棒糖。"然后让妈妈离开诊室，大多数情况下，孤独症孩子对母亲的离开没有反应。通常来说，当一个熟悉的人离开了，尤其是在陌生环境中，孩子会感到焦虑和紧张。但是孤独症的孩子可能不会有这种焦虑感。妈妈走了，他们只是看一眼，然后继续做自己的事。

在反映情况时，爸爸、妈妈、爷爷、奶奶各自的观察可能有所不一样。因为与妈妈感情好，妈妈可能会发现一些爸爸没有注意到的情况。而爸爸可能会说，带孩子出去玩时，孩子似乎不太理他，只顾自己玩，也不和其他小朋友玩。妈妈说好像不会，我在都有反应，我带他去坐摇摇车，他也会很开心。妈妈则可能认为孩子很正常，这时，我们需要综合听取几位家长的意见。

主持人：看来孩子在父母眼中的表现可能会有所不同，有时在妈妈的世界里表现得相对好一些。

李韵：是的，妈妈有时候反馈的情况会比爸爸乐观。这个时候需要父母双方

去做一个量表，医生也会进一步观察孩子的情况，医生和孩子接触的时间太短，通常门诊时间最多半小时，不足以全面了解孩子。

主持人：面对生人，孩子们通常会这样表现。

李韵：没错。还有另外一个测试是要和孩子单独进行的，可能需要一到两个小时。这样就有充分的时间来观察孩子的情况，以便更准确地做出诊断。我们的诊断是很谨慎的，通过谨慎的测试、临床观察或互动来评估孩子的表现。

主持人：接下来，能不能请李老师解释一下什么是孤独症？

李韵：从官方定义上来讲，全称是孤独症谱系障碍。根据旧的美国诊断标准DSM-Ⅳ，孤独症分为五个类型——第一个就是大家最熟悉的典型孤独症障碍；第二个类型较少见，是瑞特综合征，这在女孩子里比较常见。这个类型除了常见的三大主征之外，还有一些比较特殊的动作，比如绞手征，就是不停地玩弄手指，甚至在不适的情况下也不停止。

第三个类型是童年瓦解综合征，这类孩子令父母疑惑的是他们有一段时间是正常的发育期，一两岁之前可能还是发育正常的，能与他互动、玩、笑、指认都没有问题。但可能到了某个节点，孩子开始出现逐渐地衰退，能力退化。用妈妈的话来说，就是这孩子学的东西怎么现在都不会了，就像我们说的学完东西都退还给老师是一样的，慢慢地说话也不会了，互动也不会了，自我生活能力等各种能力衰退。

第四个类型是阿斯伯格综合征。这类孩子在日常交流中似乎没有问题，比如你问他："哎，你今天吃了吗？今天心情好吗？"他们能正常回答。但如果深入交谈，就会发现这个孩子在语用方面或兴趣爱好上比较狭窄。在语用方面可能存在问题，他们对玩笑或日常理解不到位，比如和他开个玩笑说："你可真笨。"他可能会认为你是在骂我，甚至会因此打架，我们称之为人际关系的紧张。

第五个类型不能完全归入其他几个类型，称之为不典型孤独症。讲了那么多关于孤独症的表现，诊断标准当中最主要的三大核心症状是：一是社交交流障碍，二是语言障碍，三是刻板行为和兴趣狭窄。最新的诊断标准，修订为两大核心症状，即社交交流障碍和刻板行为。我们目前的研究正在不断拓展，其范围可能会触及到孩子感觉异常的领域。这些孩子的感觉系统似乎处于一种过敏状态，如我此刻的讲话声对您来说或许并不刺耳，但对于孤独症儿童而言，却可能难以忍受，觉得它过于吵闹、难以入耳。同样地，阳光对我们来说是温暖而美好的，但他们可能会感到刺眼，因此选择避免外出。这一研究领域正逐步扩大。

主持人：听了李韵老师的讲解，家长们可能需要引起高度重视。包括在医院中，相关的评判或诊断标准也都是在不断更新。

李韵：没错，因为刚才我们提到诊断标准是美国诊断标准的第四版 DSM-Ⅳ，但现在使用广泛的是第五版。在第五版中，不再详细区分五个类型，而是根据严重程度分为四个等级：轻度、中度、重度和极重。诊断标准从三大主征变成两大主征，即社交障碍和刻板行为。语言发育已经从诊断标准当中剔除，因为孩子迟早会讲话，不会讲话不再被视为主要问题。现在加入了更多关于感觉的标准，包括听觉异常、视觉异常、触觉异常或平衡感异常。比如有的孩子对某些材质的衣服是不能接触的，只能穿棉的，不能穿涤纶、化纤或丝绸的。严重程度更多的是看症状对孩子的生活和学习能力的影响，以此区分出中度、重度等级别。但这个新的诊断标准出来后有一个不足的地方就是如果没有分类的话，有些孩子的父母就会觉得我家孩子是阿斯伯格综合征，不是典型的孤独症，你怎么也给我诊断成孤独症呢？

主持人：这是因为以前的分类方式更为细致。

李韵：现在这个新的分类就是把所有东西都融在一起了，它没有区分得很具体。例如，典型的孤独症可能表现出不理人、不说话以及眼神交流少的特点；而阿斯伯格类型的孩子在交流上可能没有问题，语言发展也正常，但深入交谈后才能发现异常。因此，这部分孩子的父母是不接受这样的诊断结果的。临床学者或研究者认为，这种新的区分程度可能还不如旧版标准那样有效，而且新版的诊断标准出台后，他们担心会有更多的人被误诊或被错误地纳入到我们的诊断系统中。

主持人：我记得李老师也提到过，这些孩子在某些感觉、感受和觉知方面与其他孩子不太一样。比如，他们对阳光的反应可能会觉得很刺眼，或者将我们的谈话视为噪声。

李韵：是的，这是属于一个单纯的、机械的表现。还有一些孩子他的感觉呈现在特殊的兴趣爱好方面。比如有些孩子可能对天气预报、广告或新闻联播的开头曲特别敏感，只要听见声音就会跑出来站在电视机前听。

还有一些孩子记忆能力很强，这是会让父母很自豪的地方。然后就给我举例子，孩子记天气预报的城市顺序特别厉害，经常是播音员还没有说下一个城市是

什么，他就会把那个城市的名称说出来。父母会觉得我们家孩子记性挺好，没有问题。这个时候我们会觉得这个孩子有特殊的机械记忆能力。

还有另外一种孩子，他对数字有特别的敏感度，几乎能脱口而出过去的春节日期和星期几。只是某些能力不太好，比如语言语用障碍、人际交往障碍等。但如果孩子们能把这些特殊能力运用和发展的话，是能够帮助以后工作和学习的。

主持人：那是不是意味着这些孩子的智力水平其实是正常的，甚至可能是偏上的智力水平？

李韵：有时候我们无法准确测量孩子的智力水平，但可以看到他们在某些方面有特殊的才能。有一个著名的美国画家，他能够坐直升机在纽约上空盘旋一圈后，把纽约市全景完全画出来，包括窗户上的窗花纹路。这种特殊才能被称为过度博学障碍，他成为了一名非常著名的画家。

主持人：家长可能会发现孤独症儿童有一些异于同龄人的天分。

李韵：是的，家长应该去发现孩子的特殊才能。也许孩子在音乐，记车标记、路牌等方面有特别的兴趣爱好，可以重点培养或提供环境让他们发展这些才能。这样，孩子将来可能会成为交警、路况播音员或者汽车设计人员等。上帝给你关上一扇门，就会为你打开一扇窗。

主持人：这些天分可能是一方面，但更多的会在生活的其他方面体现出来，比如生活的不适应，可能会影响生活。这其实也是一个需要关注、调整、改变的事情。

李韵：没错。毕竟这个现象在医学上被诊断为疾病，孤独症谱系障碍。既然是疾病的话就需要治疗。我们现在治疗的方案，不像多动症有药物可以吃，他的训练方案更多的是要去做行为干预。目前全世界用得比较广泛的训练方法——一个是针对小年龄段的孩子，可能就是三岁以前的孩子，用的是丹佛早期干预模式来训练孩子；另一个是针对大龄孩子，更多的是两个方法：ABA 的行为分析疗法、TEACCH 结构化教学法，这两个方法是对孩子帮助比较大的。我们一般会建议孩子一个早上排两到三个训练项目，下午再排两到三个训练项目，或是只训练半天，大概三四个项目。下午可以让孩子去接触一些正常的孩子，去上幼儿园或带孩子去公园、社区里玩，保证他能够和正常孩子有接触，这个训练方案我们是比较提倡的。

我们提倡要及早干预，建议最好3岁以前。特别是如果孩子在早期训练中已经展现出一定的语言发展，那么他们的训练效果通常会相对更佳。

主持人：因为语言是所有训练的基础。

李韵：语言的开发包括接收很多信息，他要跟人交流。前段时间我们康复中心里的一个孩子经过一个月的艰苦训练，终于能够说出"姨妈开门"这四个字，这对于之前无法说话的他来说，无疑是一个巨大的进步。他的妈妈为此感到非常开心。

主持人：越早越好，就是对有疑似语言发展问题的孩子，应尽早进行诊断和筛查，以便及时进行干预和治疗。

李韵：是的，就是要先诊断疾病。诊断完了以后，我们就开始进行干预。这个干预我们建议和上幼儿园一样，就是每天都要去训练，这个量还挺大的，而且每天都要坚持。作为父母就会比较辛苦，因为还要上班、养家，很多父母都是请爷爷奶奶过来帮孩子们训练。

建议一定要坚持每天训练，一般是训练三个月为一个观察期。如果是孩子年龄比较小的话，比如3岁以前的孩子，建议训练3～6个月再次评估孩子的能力有没有变化，在能力结构上是否有所不同。如果大于3岁的孩子，建议半年再重新评估孩子的恢复程度，我们会根据再次评估的结果来调整方案。

在训练时长方面，我们建议一直训练到他上小学之前。如果孩子2岁就被诊断是孤独症，那他可能就要训练4～5年的时间。

训练效果是父母比较关心的问题。孩子开始得越早，如果3岁以前开始，之后语言发育又开始慢慢跟上，那这时候他的训练效果都还是不错的，坚持训练3～5年后去上正常小学都是没有问题的。

有孩子在机构里面训练，在他入小学之前，老师要求孩子重新做个评估，包括智商、情商、人际交往等，看看孩子能不能去上学。我们就会看到这个孩子改变得非常明显，跟他3年前在病历上记录的那些表现，差别很大，这是属于训练比较好的孩子。但可能这时他的智力水平发育和正常的小朋友比还是有点不太一样，他毕竟在接收方面还会存在一定的差异，这时父母对孩子的要求就不能高，不然孩子可能会有学习压力，可能产生厌学问题。

还有一些父母就会觉得孩子都训练三个月，甚至半年了，都没有看到一点进步，为什么没有效果呢？父母很着急，钱也花了，时间也花了，可能工作也辞掉了，专门陪着孩子训练，但也没看到效果，就很害怕、着急。这时如果父母放弃孩子的训练，孩子可能会越来越糟糕，所以我们还是建议要坚持去训练。有时可能因为经济原因或地域问题，父母没有办法长期租房子或是到这个城市工作来维持一家人的生活，有很多父母短时间看不到效果后，可能就会选择放弃训练，那就会比较可惜。

主持人：也就是说，这个训练或干预都是要持续进行才能够看到效果。

李韵：这和上幼儿园一样，是一定要持续进行的。刚才我们讲到孩子小学阶段是6岁，继续长大后父母就开始操心他能不能继续完成九年义务教育？能不能上高中？能不能上大学？以后能不能结婚生子？

临床上有些孩子到10～12岁开始进入青春期时，有一些性发育。这时孩子可能会出现一些怪异的情况，比如跟着女生进女厕所或是去摸女生这种看似轻浮的行为，但孩子不知道这些行为是不被允许的或是他有发展需求但不知道该怎么办，这时可能就会被父母认为品质不好。

这种情况下可能需要我们去做一些药物干预，让他去减少这些性幻想或冲动行为。还有一些孩子到了青春期后可能会出现冲动行为，比如打人或打自己，特别是在他的表达可能会存在一定的问题的时候。

主持人：他会觉得世界都不理解我。

李韵：是的。这时候他也不分对象，可能自己人也打，外人也打，我们称它为冲动行为。对于冲动行为也是要干预治疗的，通过药物去控制孩子的冲动。这时候父母一般就会很着急，说孩子才10岁或12岁就开始冲动行为，那到什么时候可以不吃药？一般按照我们的经验，可能要到整个青春期过完，即到18岁以后，慢慢地自己的情绪平静下来后就可以考虑停药了。

那再往后怎么办？高中能不能上？大学能不能上？这个就要看孩子的疾病严重程度了。对于症状较轻的孩子，也就是我们刚才提到的那些社会影响较小的轻型阿斯伯格综合征患者，他们完全有能力上大学。有一些孩子会有特殊的兴趣爱好。比如有个孩子喜欢汽车，对汽车维修了如指掌。他每天都会看汽车评论，他说以后要去做新浪的汽车评论员。我提醒他这个可能需要撰写能力、采访能力。他说："这些我都没有问题，我对这个都这么熟悉了。我现在需要做的是能考上

大学就可以了。"

这部分孩子的能力受损并不是很厉害，他们完全可以从事相关工作。还有很多孩子喜欢小宠物。有个小孩的父亲说他特别喜欢养小狗，这时我们会建议父母让他从小开始养兔子或小金鱼，积累经验。长大后，他可能会开宠物店，或在宠物店工作，甚至在农场或饲养场工作都没问题。此外，我们还经常告诉父母要有信心，因为伟大的科学家爱因斯坦也曾被诊断为阿斯伯格综合征。

主持人：但这不影响他成为一个伟大的天才。

李韵：这个疾病的预后其实有很多变数，我们会建议这些孩子，如果他们的主要症状是在人际交往方面存在困难，就尽量从事不去和人打交道的工作，比如销售员或者需要公开宣讲的工作就不太适合他们。类似地，智商较高的孩子可以选择从事研发、科学实验、研究或设计等工作，这些都是可以帮助他们的。或是我比较喜欢的一个职业是图书管理员，因为有些孩子的记忆力很好，他们知道每本书的位置。因此，这部分孩子从事图书管理员、档案员或程序员等职业都是可行的，对他们来说都是挺有帮助的。

主持人：随着宣传的普及，这些年在媒体中经常出现"来自星星的孩子"，这也是社会重点关注这类群体的表现。

李韵：因为他们不是不聪明，也不是不和人交流，只是有一套特殊的交流方式、系统、学习方式、认知方式，就好像来自另外一个星球，所以称他们是"来自星星的孩子"。用人类的思维来理解他们可能会比较困难。

世界孤独症日是每年的 4 月 2 日，希望社会关注、关心这群孩子，而不是歧视或排斥。

主持人：现在科技在进步，可能也会有更多的方法来改善这样的情况。

李韵：每年的孤独症日都会举行很多的活动和学术交流，也会有很多知识或新办法来帮助这些孩子。

现在我们引进的一个比较有效果的训练方法是海豚屋的治疗。它主要考虑到为什么孩子在学习上面会接受得比较慢或不愿意去学习，考虑到有一些大脑细胞是睡着的，即休眠细胞，所以我们可以通过海豚音的刺激把这些休眠细胞唤醒。

主持人：相当于是我们正常音谱以外的一个听觉系统。

李韵：是的，海豚音的频率是2万～20万赫兹之间，用这个频率去唤醒休眠细胞。一般疗程是15天，15天之内让音频从2万逐渐增加到20万，用这样的频率刺激孩子休眠细胞的成长。让孩子在一个特殊的环境当中去感受到这个声音的存在就可以，他可以玩玩具或看动画片，只要在这个环境里感受45分钟的音频刺激就行。

刚开始做这个刺激的时候，有的家长可能会反映孩子出现厌食或哭闹的情况，但基本上大部分孩子都是正常的。15天是一个疗程，一般做完2～3个疗程之后，有些父母就会反映孩子好像开口了，脾气没有以前那么暴躁了，因为原来孩子有刻板行为，不满足的时候就会哭闹很久，父母说这时候孩子哭闹的时间会缩短，讲话的频率会增加。海豚屋治疗法现在也是我们医院开展的一个新的项目。

主持人：这效果听起来很好。

李韵：大部分的父母反馈还是不错的，但要连续地做，比如做2～3个疗程，时间就挺久的。15天是一个疗程，中间休息2个月，让大脑休息一下，然后再做15天，再休息2个月，再做15天。这样算下来的话，可能就有5～6个月的时间去做这件事情。

主持人：对于有孤独症的孩子们，海豚屋的方法听起来还不错。相信随着科学的发展，医学问题还有新的方式来应对、改善。

李韵：科技在逐渐发展，科学家也在做一些新研究，我们希望以后有更多的人能够关注到这部分人群，而不是歧视他们。同时我们也希望能够开发出更多的训练方法，来帮助孩子们开发出他们的天分，做到更好地完善和恢复。

○"心灵绿洲" 小课堂

　　孤独症是一种复杂的神经发育障碍，其症状不仅限于交流障碍，还包括社交障碍和刻板行为等。孤独症的诊断通常基于这些核心症状，并可能涉及感觉异常等更广泛的标准。根据目前广泛使用的美国诊断标准 DSM-V，已将其简化为根据严重程度划分的四个等级。在 DSM-V 中，语言发育不再被视为主要诊断标准，而是更多地关注社交障碍和刻板行为。

　　孤独症的早期症状可能在孩子四个月大时就会出现，如缺乏情感交流等。家长应密切关注孩子的行为变化，并在发现异常时及时寻求专业帮助。及早干预对孤独症儿童的治疗至关重要，特别是在三岁以前开始干预可能会取得更好的效果。目前的干预措施主要包括语言训练、社交技能训练和刻板行为管理等。虽然孤独症孩子的未来存在很多变数，但对于症状较轻的孩子，他们完全有能力上大学、工作等。"来自星星的孩子"并不是不聪明或不与人交流，只是他们拥有特殊的交流方式、学习方式和认知方式。

让心理学浸润营地教育

在无尽时空探寻疗育之无限。

——朱松

🧑‍💼 嘉宾简介

朱松，2000 年开始心理治疗和咨询执业，北京大学心理学硕士，曾任职中国青少年研究中心研究少年问题。2014 年发起并执业荒原疗育，2015 年创办风之原教育，2024 年发起荒原"疗育风格计划"支持广义的疗育师形成个人风格。中国社会心理学会生态与环境心理学专业委员会委员，中国心理学会注册心理师，中国林学会森林疗养师培训师，中登协营地教育指导师培训师，中国抗癌协会会员。曾出版《心理诊所》《来自中国孩子的 1001 问》《抑郁，你好》《焦虑，拜拜》《少年儿童偶像崇拜与榜样教育研究》《灵魂的密码》等书。

主持人：在今天的节目中，我们非常荣幸地邀请到了风之原教育的创始人朱松先生，他在营地教育方面有丰富的经验与独到的见解。今天，我们想和您请教一下心理学在营地教育方面的应用。据我了解，您最初并非心理学专业出身。

朱松：对，我的第一学历是医学，毕业于第三军医大学的军医系。

主持人：从医学到心理学，虽然都属于健康领域，但二者还是有一定区别。

朱松：是的，我大学毕业后的第一年主要从事的是临床医学工作。那一年，我们提出了全概念的健康观念，包括生理健康、心理健康和社会健康。当时我的工作是为军队的高级军官提供保健服务，这不仅仅是看病那么简单，这个新概念对我的工作至关重要。我需要学习更多的知识。在这样的背景下，我开始研究和学习心理学，并将其应用到工作中，我是在工作的同时进行学习的。

主持人：这标志着您踏上了新的学习之旅。

朱松：没错，这确实是机缘巧合。当时我在部队，部队非常重视心理健康。解放军总医院还专门成立了心理科。解放军总医院和北京大学专门为军队的医生开设了研究生课程。我就是抓住了这个机会，前往北大学习，进入了心理领域殿堂。和我后来许多同学不同的是，我有两个导师，一个是解放军总医院的王择青教授，一个是北京大学的钱铭怡教授——双导师制。所学的方向也很特别，应该是首次非常清晰地专注于心理治疗和咨询方向的研究生课程。我进入这个领域后，就一直朝这个方向发展。

主持人：在后来的时间里，您可能也投入了大量的精力在咨询工作上。一方面是为了积累经验，另一方面也意识到这在医学领域确实是一个重点。

朱松：是的，因为我们在门诊会接触到很多病人，无论是年轻人还是老年人，身体疾病背后往往有很多心理元素。有的是身体问题造成的心理问题，有的则是心理问题导致的身体问题。这对我的医学工作有很大的帮助，包括我的许多同事，在遇到这样的病人时，我们会一起探讨，他们也觉得这确实对他们帮助很大。

作为一个心理学的新人，我需要通过处理很多个案来积累经验。年轻的心理研究生需要在高校间穿梭，到各个学校的学生咨询中心提供咨询服务，以此来积累宝贵的经验。在此，我想借这个节目感谢这十多年来每一个我接触过的来访者。虽然他们可能觉得是我们在帮助他们，但实际上，他们也在帮助我们成长。

主持人：您在做咨询工作时，一定非常关注咨询效果，包括在学习阶段，您也特别关注心理咨询这一领域。您觉得实际效果是否符合您的预期？

朱松：这个话题说起来充满了挑战与艰辛。最初从事心理咨询工作时，脱落率（心理学脱落率是一个衡量心理咨询效果的重要指标，它指的是在心理咨询过程中，来访者因为各种原因未能完成全部咨询疗程的比例）很高。这不仅是我个人的经历，也是大多数心理咨询从业者的共同体验。脱落让我们非常痛苦，我们会不断反思，是不是哪里没有做对，是不是哪一句话说错了。这个是我们必须经历的艰难阶段。基本上，如果你在第三年或第五年还面临脱落，这实际上是一个正常现象。只有随着时间推移，当你变得更加成熟，这种情况才会逐渐稳定。但脱落并不代表你做得不好，可能只做了三次咨询就脱落的来访者，也许三年或五年后，你会发现他们过得很好，而你确实给了他们需要的帮助。这是最初让我感

到职业满足感的经历,因为无论是脱落的还是稳定的来访者,我们都能实实在在地看到我们对他们的帮助。但随着职业的发展,来访者的问题变得更复杂,涉及更深层次的问题。因此,我会从最初的以问题为取向的咨询方式,逐渐转变为更深入的反思、顿悟和更深层次的整理。在这种过程中,我遵循了老师和整个学派的理论、系统的方法。例如,后来我们发现,有些来访者在经历了长时间的咨询后,我们一起对他的所有所谓的冲突、内心经历和成长过程进行了很好的梳理,他们也清晰地看到了是什么影响到他们的情绪、行为和职业,给他们带来了苦恼。但这并没有带来我们期待的心理学上的奇迹,就是弗洛伊德所谓的,当他让人们意识到自己潜意识里的东西后,病症就会突然消失。在我的经历中,并没有发现这样的事情。这给了我一个重要的反思,让我思考西方心理学是否真的适合中国人,正是这样的思考,激发了我去探索其他可能性,寻找更适合中国人、更适合东方人的咨询方式。

主持人:您在探索中都有哪些尝试呢?

朱松:起初,我感到迷茫。在反思之后,我开始觉得在咨询室里的对话变得乏味,我渴望打破这种模式,于是我尝试了绘画、艺术、舞蹈等多种方式,最终,我选择了将大家带到自然环境去,远离城市的喧嚣。最初,我尝试将团体辅导的方式应用到户外,比如在雪山上点起篝火,坐在石头上聊天。

主持人:无论是团辅还是一对一咨询,您都将他们带到了野外。

朱松:没错,我们白天徒步,晚上进行团体辅导,也会在行程中进行一对一的交流。这种形式的效果其实不错,参与者都感到收获颇丰。

主持人:您还记得您第一次带队去了哪里吗?

朱松:我们的第一站是四姑娘山,第一趟就攀登到了五千米的高度。虽然反馈非常好,但作为心理从业者,我开始反思,我发现我的方法并没有改变,只是环境变了。从第二次开始,我决定放弃我所熟悉的心理学方法,我相信只有放下,才能找到新的方向。第二次行程是去哈巴雪山,我们在四千多米的高山草甸上进行了为期七天的徒步。这次,我没有引导话题,而是让队员们自由交流,结果,他们自然而然地谈到了那些通常在咨询室中很久才会触及的话题,比如性、死亡。这些话题在野外环境中自然浮现了,让我非常惊讶。我记得第一次这样做时,队员们在第一天晚上就直接谈到了死亡。这是非常难的,因为在咨询室里死亡通常是需要深入探讨的话题。我并没有立即接过这个话题,而是让它悬而未决。火堆旁，我们只是闲聊、唱歌。现在回想起来，我的沉默成为了我后续探索的一个关键转折点。尽管我离开了工作室，置身于自然界，但队员们仍然期待我这位专业人士来解决他们的问题。他们的目光都集中在我身上，刚才我的不回应让他们发现这条路并不通。这让他们感到不适，迫使他们自己去面对和处理，他们开始将注意力转移到其他队员、领队或者当地的校长身上，甚至投射到他们所走过的路上——雪山、高山草甸，以及那里的海子。这个过程至关重要，它让我明白，如果我是权威，那么来访者的力量和能源完全依赖于我，但这种力量是有限的。即使是全世界最厉害的心理学家，他的力量也是有限的。当他们将这种力量投射到自然的元素中去时，我们会发现，真实的世界才是答案的来源。因此，我的角色从提供百分之百的答案转变为只提供1%，让他们自己去探索剩下的99%。

主持人：这确实是心理咨询和帮助过程中的一个基本点，那么，在这样的陪同下，是否发生了您所说的奇迹？

朱松：的确发生了。在心理咨询中，我们期待的奇迹往往是同行们所渴望的。虽然我们常说不要奢望这种奇迹，心理咨询是一个慢慢的过程。但在荒野中，我确实见证了奇迹的出现。以前，无论我们使用精神分析、行为疗法还是认知疗法，最终目标都是希望来访者能够改变。现在我带大家进入山中，最初的时间设置是七天。我当时认为这只是一个概念，七天代表一周，周而复始，就像天上过了七天，地上已经发生了很多变化。但后来我发现，这七天真的发生了有趣的事情。在这七天里，我们去的地方荒无人烟，只有几个队员和山山水水。没有时间、手机、任何消息的干扰。七天后，我的习惯是不带大家去做最后的总结、讨论和反思，甚至不做心理学中讲到的告别。但后来我会发现，几个月、半年甚至几年后，当他们联系我时，他们发生了重要的变化，这些变化是他们喜欢的，也是我认为重要的。尽管我们在一起时，我从未告诉他们应该怎样做，但是他们的变化让我觉得非常欣慰。

主持人：我们通常会建议心情不好的朋友去走走，去旅行。但很多时候，旅行时心情确实很好，但回来后不久，又会陷入原来的焦灼中。

朱松：是的，这种现象很常见，很多朋友和队员告诉我，他们之前也旅行过，但是没有找到答案，所以重新参加我的行走。他们的状况在这里并没有发生，具体因素我没有深入分析，但我认为，可能是因为我在其中的作用，或者是他们认为我在其中的作用。因为当我在行走时，我只是在看风景。但是当你觉得有人在带领大家朝这个方向走时，虽然在整个过程中我基本上不会做任何与心理咨询和治疗相关的事情，但因为有我在，一方面他们觉得有安全感，另一方面他们觉得因为我带领这个队伍，这个队的方向是这个，他们自己的力量就出来了。比如说他们以前自己走，重点是看的过程比较多，但跟我走时，他们可能开始内部加工，无论是对我、对队员还是对山水，他们开始有一个内部作用。我想这可能会起作用，这是一个启动，就是刚才我讲的1%，我只做这件事，剩下的99%，当他们启动后，他们就会运转，与整个世界发生关系。而这个过程中，他们的变化非常神奇，我们从后效来看会非常有意思，每个人都发生了改变，而这些改变在我们的行动中几乎都没有谈过。

主持人：但是跟您出去荒野也好，去行走也好，基本上都是成年人的世界。

朱松：对，我确实喜欢与成年人一起行走，但并不全是。在我的一些行程中，也有小孩参与，最小的只有七岁。他们也经历了重要的成长。您刚才提的问题是，成年人和孩子在这个过程当中，我更享受与成年人的行走。因为成年人具有更强的反思能力，他们有生活阅历，在整个过程中，他们整理的是关于人生更终极、更深的东西，比如死亡。还有一个重要的信息，最初我在招募时并没有限定年龄。这么多年下来一个显著的特点是，三十到五十岁，尤其是四十岁左右的人最多。我在想为什么是这个群体更多，而不是二十多岁的人？按理说，二十多岁的人更愿意参与这种活动。我最后发现，来参加我的行程的队员，在生活上已经走到了人生的一个关键点，他们可能遇到了瓶颈来寻找突破口，或者已经非常好了，他们在寻找更深的东西。在我的行动中，也有一些儿童参与，他们在这里面的收获与成年人不同。他们更多地看到了一个新的世界，他们进入了真实的社会和自然中，这与他们在家庭和学校中的经历完全不同。在这里，他们经历了真实的碰撞，现在的教育有时像楚门的世界，学校、社会和家长共同制造了一个漂亮的东西给他们，孩子以为这是真的，而我做的事情是把他们带出楚门的世界，他们会知道，没有那么漂亮，但是这是真实的，这对他们的成长来说是一个真实的加工。

主持人：他们对未来世界的认知是没有缝隙的。

朱松：对，不仅是无缝的，而且是无限的。实际上，我在治疗过程中逐渐转变到教育领域，就是因为在这个过程中，我开始萌生了这样的想法，用这种思路进行教育是一种很有效的教育方式。

主持人：所以您慢慢地将关注点或者重心从成人转移到孩子身上。

朱松：是的，这当然也是一个机缘巧合。中国有一句古话叫"不为良相，便为良医"。我学医出身，一直用医学的思维做事情，希望能对社会有所贡献。最初我希望做的事情能通过队员扩散到整个世界，把我对社会的理想传播出去。后来有机会从事教育，我发现这个比我之前的做法更有效，通过孩子，经由教育，把我们的想法和理念传递出去，对社会的影响会更广泛，更有深度。

主持人：所以您可能把自己的关注点集中在营地上了。其实营地似乎也是一个西方的概念，叫作 camp。

朱松：没错，现在大家熟知的营地教育也是一个西方的舶来品。它基本上跟心理学同龄，也有一百多年的历史。它的起源与一个小故事有关，一个有军队背景的成年人，他带着一群孩子按照行军的方式，背着包去穿越，去徒步，晚上找地方去扎营，生火做饭，完全是行军的过程。但后来，大家发现，这个过程对这些孩子特别重要，于是他们就开始把它发展成现在的营地教育。现在营地教育其实非常多元，不仅是军事户外运动，还包括艺术、思维、科学的各个方面，但它的原型其实就是从刚才讲的故事开始的。从 2015 年开始，我就把绝大多数的精力投入到营地教育中，最开始做法其实非常简单，就是学习西方的营地教育怎么做，因为他们已经很成熟。慢慢地，我一边做，一边在这里面加入我的一些思考。第一个很重要的思考就是我把心理学的元素加进去，但这种东西其实不管我有意识还是无意识，一定会有，因为我本身有这样的背景。这些年做下来，我觉得心理学对于我做营地教育是非常重要的。因为有很多同行，他们都会觉得有心理学背景的人在做教育时会非常精准，这个课程要怎样设计营地，为什么要这样安排，为什么要设计这样的规定？为什么和孩子这样说话？不管是同行、家长还是孩子，他们都会觉得很到位。但我心里清楚，其实这是心理学的基础，在帮我做这样的事情，我现在也逐渐地把这些东西传递给我的团队。我现在从事全国营地指导员的课程开发工作，会到全国去做培训，把这种方法论传递给大家。

主持人：您就在实践中慢慢总结。现在可能已经有一套相对成熟的模式了。大家想到营地，一定是有一个场所，有一些房子在那里，老师带着孩子们在这个环境中进行一段时间的相对封闭的一些活动、教育课程。

朱松：刚才提到的的确是一个经典的关于营地的概念。但现在营地教育已经有一个更宽泛的理解，突破了营地的围墙，如研学旅行和游学已经走出了营地的范畴。实际上，我们现在推广的是营地教育进学校和社区，营地教育其实是一个概念，为什么要把教育课程或活动放在营地？是这样的，当我们把孩子带到更不可预知的地方时，风险是非常高的，也不是所有年龄段的孩子都适合这样的方式。我们有一个营地后，就可以用一个相对安全有保障的方式让孩子去探索。孩子通常生活的学校和家庭是他的安全区域，我们要去的未来是一个未知的、有风险的、可能会让他们觉得恐惧的区域。在这两者之间有一个中间地带，我们称之为学习区，营地就很好地承担了这样一个区域，在这里让孩子在安全的保障下去探险，这是营地扮演的很重要的角色。我们在做营地时，就要让孩子在这里有足够的可能去探索，那硬件就需要有保障。怎么说呢？至少让孩子有离开父母单独住的过程，有跟一个团队接触形成的过程，这就需要时间，比如三五天或者更长，去国外有长达一个月、两个月的。这就需要我们的营地在硬件上有保障，住宿、饮食、娱乐、学习、医疗，各种东西都要有，实际上就是形成一个孩子的世界，什么都要有，这样才能保证营地教育课程的推进。

主持人：一个优质的环境是营地的基础，但是并非全部。软件方面同样重要。

朱松：没错，硬件设施是基本需求，它为我们提供了探索平台，而在探索过程中，课程和老师就显得尤为关键。老师的角色不仅限于传统意义的教育者，甚至包括营地的厨师和门卫。在营地，孩子通过不同角色的互动，体验和学习。

主持人：在学校，孩子们可能更多地与老师和校长互动，这可能让他们感到一定的距离。

朱松：营地实际上为孩子们提供了一个能够建立不同层次关系的环境。在学校或在家庭，由于角色的限制，孩子可能无法得到他们渴望的关系。在营地，孩子们会将他们在生活中未能实现的愿望投射到营地的师资团队上。他们可能会将营地老师视为父亲、哥哥、朋友，甚至是竞争对手。这种竞争关系对他们的成长至关重要，因为它提供了他们在生活中可能确实遇到的挑战。例如，一些孩子可能会寻找那些强壮的、有运动力量的户外老师，以满足他们对力量和竞争的需求。作为有心理学背景的营地工作者需要理解这些投射，并为每个营员提供他们所需的教学和生活互动。我们不应该自我定位为权威或幽默的老人，而是应该像一张白纸或投影幕，让孩子的投射得到回应。这样，我们就能提供精准的营地教育，满足孩子们的需求。

主持人：你们也在培训老师和团队，让他们在处理孩子们的反馈时融入心理学元素。

朱松：是的。我们强调师资需要展现出理想的教师角色。这包括温柔的坚定和有节制的关爱，两者缺一不可，否则孩子们会感到不适。过度的关爱可能会变成一种自我满足，甚至会造成伤害。例如身体接触应该谨慎，即使是出于关爱，也应该先征得孩子的同意。我们需要帮助孩子建立界限感，尤其是对于青春期的孩子，这实际上不仅是对他们的保护，也是帮助他们学习如何在社会中建立健康的人际关系。

主持人：家长在送孩子来营地时，也会和你们讨论他们的期望吧？

朱松：中国的营地教育市场正在快速发展，但还不够成熟。家长们面临着选择困难，他们送孩子来营地通常有两种情况：第一种是孩子学习压力大，需要轻松。第二种是出于社会压力，觉得孩子必须参加夏令营。这种攀比现象越来越严重，家长们往往在群体焦虑的驱使下做出选择，而不是基于对孩子真正需求的理解。这种情况需要时间来改善，可能需要几年甚至更长时间去达到一个平衡状态。

主持人：就像旅游一样，人们总想尝试新的地方，比如今年去了俄罗斯，明年就想体验东南亚。

朱松：没错，很多机构都在建立自己的营地教育体系，但这种新奇的体系并没有让孩子们真正留在营地。父母希望孩子每年都能去不同的地方，最好是不同的国家，这样在社交媒体上分享时更有面子。这种现象确实存在，但我认为最终

会回归到营地教育的本质，即建立营地教育的课程体系。这不是一蹴而就的，但这是营地工作者的理想。国外的营地教育现状预示着中国营地教育的未来。想象一下，一个家庭的几代人都是在同一个营地成长，这是我们希望在中国看到的。国外的营地教育数据显示，像美国、俄罗斯、日本这样的国家，夏令营的渗透率高达90%。

主持人：渗透率是什么意思？

朱松：就是说100个孩子当中有90个孩子会参加营地教育，比例非常高。而在中国，这个比例还非常低。

主持人：看来营地教育在中国还有很大的发展空间。家长在选择营地时，可能会亲自考察，至少会慎重选择和对比。

朱松：是的，家长和孩子选择营地的标准往往不同。家长更关注硬件设施，如住宿条件、餐饮卫生和安全措施，而孩子更在乎的是软件。他们是否喜欢和同龄人一起，是否有他们喜欢的食物及活动。孩子可能不在乎住宿有多豪华，他们更享受和朋友们一起的时光。家长可能会被宣传资料上丰富的课程所吸引，但孩子可能只对某一项活动感兴趣。比如，孩子觉得皮划艇太酷了，可能整个假期都在玩。如果他回去给他爸爸讲，爸爸可能会说，交了这么多钱，你怎么就只玩了这个？实际上孩子选择营地更多是基于他们的感觉，可能是因为某个朋友或某个喜欢的老师。我们常说的复购率，就是孩子是否会连续几年回到同一个营地。通常，孩子回来不是因为活动本身，而是因为他们想念某个人，希望能跟那个人一起玩。这才是孩子真正寻找的东西。

主持人：两个完全不同的诉求，那到底该听谁的？家长可能会说这是我花的钱。

朱松：所以你触及到了我们的难点。我们在运营营地时，要兼顾各方面的期望，父母和孩子双方都要感到满意。有时候甚至不仅仅是双方，还可能有第三方，比如资助的基金会，他们也有诉求。第四方是营地机构本身，我们有我们的历史和使命，对教育有自己的理解。所以，要满足多方需求，才能够运营好一个营地，这其实非常复杂。

主持人：营地的项目其实有很大的一个目标，是为了探索未知的自我，让你去尝试原来你可能不敢尝试的东西，比如营地里常有的骑马、攀岩等一些所谓的高难度的活动。有些孩子可能会说我不敢，我不要，我要回去了。

朱松：对，这种现象我们经常遇到的。我们处理这类问题时，引用的一个概念，

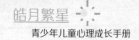

叫作选择性挑战。什么叫选择性挑战呢？举个例子，如果十个教练带着十个孩子攀岩，有个孩子说："老师，我可以不参加吗？我想回宿舍休息。"我们通常有几种处理方式。第一种方式是"不行，你必须爬上去。"第二种是"好吧，你回去休息吧。"这两种都不是好的教育方式。第一种过于粗鲁，让孩子感觉没有选择。第二种则完全放弃了教育机会。我们的选择性挑战是这样的：我们首先会问，"你是觉得太高了，爬不上去吗？"如果他说"是的"，我们会问"你觉得你能爬多高？"他说"我可以爬一半。"我们说"可以啊，你可以爬到一半。每个人的目标是不一样的，我们不需要去比较，那就是你的挑战点。"这是第一种。第二种是孩子说"老师，我不想上，我一直都不想上。"我们可以说，"那这样你在边上给其他九个小朋友鼓励，在下面给他们一些建议，或者你来当我的助手，帮我递一些器材，可以吗？"这样会让孩子觉得他是参与其中的，他没有被强迫，他有选择，他是自由的。另外一个情况是，当其他九个孩子爬完后，我们经常看到最后一个孩子说"老师现在我有点想再试一下。"我们说"好啊，欢迎你来。"这个时候你看他是自由的，他选择不参加或参加，我们都是开放的，这时我们所有人都会帮助他，哪怕他只爬了两步，那也是他的成长。还有些孩子可能会说"老师我不想丢人，能不能大家走了以后，你单独陪我？"这时我们会答应他。实际上，这个过程在营地中经常发生。

主持人：营地教育应该是未来很长一段时间的方向，因为还有很长的路要走。但我们也会思考，营地教育跟传统学校教育的关系是怎样的。

朱松：这种比较实际上是带有标签的。营地教育的范畴非常广泛，学校教育也在扩大，两者很多地方是交叉和渗透的。我们先用标签化来理解。很多父母或老师认为营地教育和学校教育最大的不同是场地不同：一个在学校发生，一个在营地发生；一个在城市发生，一个在自然界发生。当然，这也是一种比较，我对这种比较的最新思考是另一种想法，我把传统学校教育定义为现代主义视角下的教育，而营地教育是后现代主义视角下的教育，这两个教育最大的区别在哪里呢？现代的教育，不仅是中国，整个世界的现代教育其实是工业化后产生的，它完全符合工业生产的概念。我们在做教育时，首先设定一个目标，比如要培养成一个螺丝钉，整个流程就是如何培养螺丝钉。现在的教育也是这样，不管是高考状元还是创业者，都是有目标的。父母会按照这个目标去培养，这就是所谓的施加教育，然后朝这个目标努力。孩子从一年级一直到高三，再到大学、研究生，实际上是这样的过程。这个过程就是现代主义视角下的教育。后现代主义教育不是这个概念，<u>它提倡培养目标不是在教育之前设定的，而是在教育过程中产生的，是在教学互动过程中，老师和学生一起共同建构的</u>。比如在这个过程中出现了目标，再沿着这个目标去努力，这是后现代主义教育的做法。在营地教育中，很多课程都是按照这个思路运行的。营地教育如何体现后现代的思路呢？从心理学的角度讲，皮亚杰最初提出的"构建主义"，其实是后现代主义教育最早的影响者之一。他提到的一些思想演变成现在的体验式学习圈。所谓体验式学习圈就是让孩子在做的过程中学习，让他去做，在做的过程当中他会去回想、回忆，然后找到这里面的关键点，甚至找到这里面的目标，然后由此目标他们再继续推进。比如刚才提到的攀岩，我们通常会问，为什么在营地中要去做攀岩？100 个孩子中，可能有 99 个孩子未来都跟攀岩没关系，但这个过程实际上与他们未来的生活息息相关。因为每次攀登时，都有一个隐喻，它跟未来的家庭生活、工作、社会关系都是一样的，有时候我们需要克服挑战。这是一个后现代教育思路的构建。芬兰的学校教育非常后现代。而营地教育现在在教育领域内给中国教育提供一个新的尝试。

主持人：营地教育在中国目前还处于起步阶段，方兴未艾，在未来将会是一个非常好的发展方向。

⚬ "心灵绿洲" 小课堂 ❧

　　营地教育最初为儿童和青少年提供课外活动，涉及冒险和探索培养生活技能、社交能力和领导力。随着后续的发展，它也扩展到成人教育，成为促进个人成长和社区建设的途径。营地教育旨在帮助参与者在身心、社交和情感方面全面发展，提高生活技能与解决问题的能力，增强自我探索、人际关系、心理健康和责任感。

　　心理学融入营地教育能更好地满足参与者需求，促进参与者的心理健康和全面发展。教育者设计符合年龄的活动，营造支持性环境，鼓励自我优势和潜力的发现，培养乐观精神和抗挫能力。

　　户外活动和自然环境对孩子减轻学习压力、缓解社交焦虑有益，教会他们沟通、合作和建立创造性思维。野外生存技能、急救知识和生活自理能力为他们的成长打下基础，增强其适应能力和竞争力。成人通过挑战性活动了解自己，增强合作精神和协作能力，学习户外生存技能、领导力和沟通技巧，提升个人综合素质。

　　随着科技的发展，VR 和 AR 技术的应用将使营地教育体验更生动。未来，营地教育将融合多学科，培养学生的综合素质和创新能力，同时更加关注心理健康，营造安全和支持的环境。

如何缓解考前焦虑

> 所有正向或负向情绪的发生，都来自于自我体验。
>
> ——程利国

嘉宾简介

程利国，国家人社部心理咨询专家委员会成员，福建师范大学心理学教授、博士生导师。

主持人：这次要和大家聊的话题跟这个阶段学生们的心态有关系。到了骄阳似火的夏天，马上就是中考和高考的时间了。只要有中学生的家庭，这段时间都进入一个备战的状态了。

程利国：考生本人和家长都很关心的问题是怎样以比较好的心态去迎接人生这两个重大的考试。

主持人：那程老师您的孩子在这个阶段的时候，您是怎么做的？

程利国：我记得当年我的小孩去高考的时候，我就跟他聊天说，我们应该要有一颗平常心去迎接高考。平常心说起来容易做起来很难，因为每个家长都有一种比较功利的想法。那什么叫平常心呢？就是对考试来说，你该考得怎样就怎样，接受它，而不是要求一定要达到一种水平，否则自己就承载了太多的压力。这时候家长要做的工作，不是增压而是减压，使他以轻松愉快的心态去迎接考试。

主持人：考试结果一般有三种状况：正常发挥、超常发挥、失常发挥。

程利国：实际上，我们瞄准正常发挥就好。如果一时发挥不好，我们就接受它，不是考完之后痛苦、后悔。该怎样就怎样，这就是平常心。

主持人：您跟您的孩子说，要保持平常心，他的状况和反馈怎么样？

程利国：后来他就慢慢静下心来了。我跟他说，平常心最可贵，你考好还是考不好，都不要去计较。当然讲完了这个事情之后就不要一直再提考试的事情了，给他一种稍微宽松的氛围，这样他反而更容易接受。

主持人：现在距离中考或者高考只剩下一两个月的时间了，准考生们都进入到紧张的状态中。在学校的墙上，可能都会有记录距高考或者距中考的天数，这样的一种操作方式好不好？

程利国：人性非常复杂。有的人可能见到每天向高考接近的时候更有斗志，但是绝大多数人可能随着压力的增加反而会受不了，所以他们很讨厌这段时间，希望自己能静下心来，这就因人而异。学生们千万不要把考场当作刑场，把自己搞得那么恐慌。

主持人：随着考试天数的临近，可能有的人心里会更加紧张。现在心理学界有没有考前焦虑、考前紧张的人数占考生总人数百分比的一个数据？

程利国：我现在还没有看到具体的数据，但是一种趋势可以看到，随着高考中考的临近，学生的紧张度会逐渐地增加。过度紧张的状态显然是不利于学生的正常发挥，所以这时候需要适当地减压。

主持人：您在心理咨询方面也从业很久，请问有没有孩子面临这样的考试觉得心里受不了，找您来做咨询的？

程利国：每年从四月底开始就进入了考前心理调整的旺季，因为考生承受的压力太大了，有的晚上睡不好，饭吃不下去，甚至出现一些自主神经功能紊乱的症状，比如说胸闷、心悸、手脚冰冷、冒冷汗等。这时候就要很明确地去调整他的心理状态。

主持人：有些家长可能会看到孩子出现一些症状，比如说冒冷汗、吃不下饭等，会不会先带他去看医生？

程利国：有一部分家长确实是会这样做的，但也有很多家长想让孩子吃中药来调理一下。实际上应该更多关注心理调理。

主持人：心病还需心药医。能不能为大家分析一下考前焦虑症的成因？

程利国：成因是学校教育、家庭教育和个人所接受的考试信息形成了一个叠加压力。压力大到一定程度学生就受不了了，考试心理焦虑的症状就出来了。这时候就要调整。心理学的调整方法还是很有效的。比如，有的人对焦虑很敏感，一出现焦虑情绪的时候，他的注意力就放在焦虑情绪上。注意力是心理能量放大器。他总想着要消除焦虑情绪，结果焦虑情绪就被放大了，那注意力就不能集中在学习上。这时候正确的做法就是容忍焦虑情绪，做自己该做的事情。我们用八个字来概括，就是"顺其自然，为所当为"。出现焦虑情绪没关系，谁都会出现焦虑情绪，只要过一阵子，把注意力转移到学习的内容上就好了，焦虑情绪慢慢就退去了。

主持人：就要认同焦虑情绪的存在，而不是总希望把它消灭掉。

程利国：要接受它，包容它，不要和它对抗。一对抗，你的注意力就放在情绪上了，一放到情绪上，情绪就被放大了。情绪一放大就是敏感性的反应，结果使你产生了躯体上的症状，那么你的注意力就更无法集中在学习上了，反过来对自己的学习状态就更加不满了，进而就更加焦虑了。

主持人：就形成恶性循环了。我觉得紧迫感和焦虑好像是一回事儿。从正面的角度来看，它就是紧迫感；从负面的角度来看，它就是焦虑。

程利国：实际上每个人承受的压力都不一样。有的人从小就学会了应对比较强的压力，他的抗挫折力就强；有的人从小娇生惯养，他的抗挫力就很差，这跟每个人的性格有关系。在高考临近的时候，我们应该针对不同的人使用不同的方法。最基础的方法就是要接受每个人考前都会有焦虑这样的事实，而不是和焦虑情绪对抗。

主持人：很多家长可能没办法做到这一点，总对孩子说你不要焦虑。

程利国：有的家长他看到孩子很紧张很痛苦，然后就说："能考进就考进，考不进也没事，家里有钱养你，不要紧张，不要焦虑。"那孩子心里怎么想的，家长对我没信心了，太虚伪了，他明明很在乎这个高考中考，现在怎么会说这样的话呢？所以就形成了反向的效果，你叫他不要紧张，他更紧张了。这个时候家长应该做的工作是什么？平时怎样就怎样，不要去刻意地去讨论考试焦虑的问题。

主持人：您说每个人都不一样，学校当中的学霸和学渣，您觉得在抗压能力方面有什么差别？

程利国：这个也很难一概而论。大多数的情况是这样的：有的人觉得自己中考高考没希望了，他心里很轻松，反正我怎么练都是这么回事，彻底地躺平了，所以他谈不上什么紧张。但是对于学习比较好的那一部分人，可能要做具体分析。特别是高考，在本一线和本二线之间的那一部分人会特别焦虑、特别紧张，为什么？他们担心到时候就差几分进不了，这种学生压力更大。

主持人：学习好的同学可能会特别在乎这个。学渣或者学习没那么好的同学，可能内心就无所谓。

程利国：在考试的时候，保持平常心很重要，不要把自己的期望值定得太高。"我非得怎么样，我应该怎么样，我必须怎么样，我一定怎么样"抱着这种心态的人往往考试会失常。比如说他遇到难题的时候，他就想到我的目标达不到怎么

办？这个杂念就出来了，并且影响他的思维。反观如果平常心——我做不出来，那可能更多的人也做不出来，思维就集中在考题上。

主持人：学生在学习阶段可能会经历无数次的考试，到了初三或高三以后就会有更多的模拟考。

程利国：很多人不能够正确地对待这些模拟考试的成绩。有的人已经考得很好了，但他把原因归到偶然的因素，这一次考好了是碰上了好运气，那么下一次我可能就考坏了。他不能接受自己考好的这个事实。那更糟糕的是考坏了。他原来自信心就很不够，现在考坏了，那他就想：这就证明我中考高考可能不行，我真的学习不行，然后就一直担心，担心久了以后心里的紧张度就不断地增加，增加到一定值时，他就把担心中考或者高考考不好，和真的中考或者高考考不好等同起来了，形成了强烈的负面的自我暗示。这个情况是很糟糕的，摧毁了他的自信心，使他对中高考缺乏信心，这样就会影响他之后的复习备考，还有进入中考或高考考场时候的应试状态。

主持人：这个自我暗示是不是也是心理疗法中一个非常重要的方法？

程利国：是，这个跟一个人的个性有很大的关系。比如说他原来的个性就很脆弱，不够坚强，那么稍微受到一点暗示，就会把一些东西放大。有的是很正面的东西也会被他扭曲，就形成了反面的或者负面的自我暗示。那么这个自我暗示得久了，严重的话这个人可能会精神崩溃。有一年，在福建省两个非常不错的学校里，都有考生晕倒在考场上，医务人员赶紧跑来给他抢救，后面他们也考不下去了。他们是因为压力过大，然后又碰到难题，就觉得自己完了。实际上哪一次考试没有难题，没有难题还要考吗？

主持人：自我暗示确实是个很难搞的心态的扭转。就像我对全班同学输入一句话，但每个人的处理器、CPU是不一样的，每个人的输出也不一样。

程利国：每个人心里的东西差异非常大，不是整齐划一的，但是我们可以看出一个大体的趋势。比如说中高考临近时，人的紧张度一般来说是逐渐累积增加的。你承受得了就过了，你承受不了的话可能就崩溃了。有的人今年学得不好，打算明年考。他过分地追求完美，实际上明年可能还是这个样子，甚至明年更难，压力更大。

主持人：每一场考试，每个学生的心态和状态都是不一样的。每个班或者每个学校的学生上课的时候都是在一起的，他们会互相影响。在网上我总看到一种我最讨厌的人：明明昨天晚上在家里读了一个通宵的书，但是第二天早上同学问他读了没？他说没，昨天都在玩，结果这位同学考得特别好。这种可能会给其他同学造成很大打击。

程利国：是，尤其是他的成绩出来以后，和他所表达出来的信息不一致，大家都觉得被他忽悠了。那他为什么要散播这样的信息呢？他认为自己如果考不好的话，可以给自己一个台阶下，我没复习所以考这么差。如果他考得好，大家都说，这个人很神奇啊，学习能力很强，然后又抬高了他的身价。所以这样的人很拽，同学们就是很讨厌这样的人，不诚实，散布虚假信息。这种情况也会给大家造成压力。

主持人：其他同学可能会想：他明明说了什么都没干，还考那么好，我怎么办啊？

程利国：实际上不用焦虑，要想学习好，肯定要努力，但是努力的结果不一定就能考好，这里有很多因素在起作用。在这个过程中，实际上有很多虚假信息，最重要的是调整好自己的状态，让自己能够进入好的状态，一步一步地扎扎实实地前进，这才是最重要的。

主持人：对于中高考的考前压力，要用一个比较科学正确的心态来面对焦虑紧张，把这些焦虑紧张化成我们的动力。每个人对这种压力的耐受程度又不一样，同样的压力，可能有些朋友就会觉得能够轻松应对，有些人可能会觉得快崩溃了。

程利国：当一个人承受的压力太大的时候，心理上会发生一个非常奇怪的变化，他就把担心会输和真的会输混淆了。在这种情况下他一想到高考，就崩溃了。而这时，我们就要进行心理上的调整了。其实很多家长都很重视这个问题，因为孩子可能很脆弱，承受不了失败或者对考前的几次模拟考试不满意，甚至已经考得很好了，但还是会负面地解读，那么在这些情况下，他可能承受不了这个压力了，那怎么办呢？首先我们要做的一个事情就是，让考生意识到，我们仅仅是担心会输而已，并不是真的会输，当真正的高考考卷发下来的时候，大多数人应该都能够应付自如，因为考试试题有70%的内容是非常基础的，还有30%的内容是用来选拔一些尖子学生的。

实际上每年都是这样的规律，不是说你一两题做错了，你整个考试就完蛋了。当你抱着这样的心态的话，自己就承受了很大的压力，有时候行为上就会失常。这个失常有各种各样的表现方式。有一年，有一个考生市级检考发挥得还比较正常，到了省级检考的时候，一下子倒退了几十名。原来他是整个年级段中文科的前十名，这个学校还是个相当不错的省一级达标校。那一天晚上，他把这个省级检考的考卷拿回来，告诉他妈妈说："我没希望了"。到了第二天，他不去上学了。他妈妈问："为什么你不去上学了？"他说："我担心走在路上的时候，裤腰带会掉下来。"后来他妈妈赶紧给我打电话，之后我叫这个男生来接电话，他从床上爬起来接电话，我问他："从小到大你的裤腰带掉下来过吗？看到别人的裤腰带掉下来过吗？"他说："没有。""我们退一万步来说，就算你的裤腰带突然掉下来，你里面不是还有一条内裤可以挡住？是吧？你还可以处理嘛，那么你为什么害怕这个呢？用裤腰带掉下来这个事情来象征考试成绩掉下来吗？"所以裤腰带掉下来在潜意识里面是一个投射。然后他就找到理由说："我不想去高考了。我现在不去上学，以后可以不去高考，我就逃避了高考的失败。"他就是对高考失败充满了高度的恐惧。我后来问他："你班上的同学因为担心裤腰带掉下来今天不去上课的同学有几个？"他想了一下说："应该只有我一个。""你怎么知道只有你一个人呢？""他们看起来比我正常。""你怎么知道自己不正常呢？""因为今天我不想去上课。""你愿意过正常的生活，还是过不正常的生活？""我当然愿意过正常的生活！""既然你愿意过一个正常的生活，那今天应该要有什么样的表现呢？""那我就要去上课。"我后来就问他："你班上的同学知不知道你刚刚因为担心裤腰带掉下来，不敢去上课？"他说："不知道。""你想一想，如果你的同学知道了，他会怎么评价这个事情？"他突然间"哎哟"，然后接着说："同学们可能会笑，我都长这么大了，还担心这样的事情，真不应该这么幼稚，这么天真，这么不成熟。"然后他就说："好了好了，程老师，我知道了，我现在要赶快吃饭，不然来不及了。"然后他吃了两口饭就跑了。后来他妈妈等他走了以后，感到很奇怪，就打电话给我，她说："你刚刚给我儿子说了什么话，让他跑去上课都来不及，之前我怎么拽他起来，他都不起来。"我说："跟你说也没用，这就叫专业。"

后来那个学生回来的时候，还在问这个问题，他说："程老师你有没有更好的办法教给我，让我以后永远不担心裤腰带这个事情。"我说："你还纠结这个事情啊？我告诉你，我用的方法是世界上最好的方法。第一，我坚持了毛泽东思想、邓小平理论的精髓，实事求是地把你担心裤腰带掉下来和真的裤腰带掉下来进行了很好的区分；第二，我让你学会站在最广大'同龄人'的立场上看问题，他们怎么看问题，你学着他们怎么看问题，大多数人都能好好地去上课，你为什么不行呢？使你突然间觉悟到自己的行为不对，所以你就回头了。"在高考之前，像这一类的事情非常多，就是把担心什么事情会发生和什么事情真的会发生混淆了，然后头脑就犯迷糊了、脑袋就进水了，我们要做的事情就是使他回到真实的生活中来，这个是排除高度心理压力的一个最基础的方法。想归想，做归做，把自己所想象的、很恐惧的事情跟真实发生的事情区分开，这是基本的心理调整的思路。

主持人：一种焦虑情绪会不会像感冒一样有传染的情况发生呢？

程利国：情绪的传染性比疾病的传染性要高很多，因为情绪一表现出来，大家就会一下子感受到氛围。当病人产生不好的情绪的时候，我们可以用理性的方法对待他，思考他为什么会产生非理性的情绪，我们做一个分析，或者我们可以采取另外的一种隔离的方法：他是他，我是我，他的情绪跟我没关系。那么你就区分开了，不然很容易受感染、受影响。

主持人：就像每个人都在说"只剩下 20 天就高考了，好紧张。"而这种情绪、口头的表达或者是大家都在埋头写作业的氛围，也会给大家造成另外一种紧张感。

程利国：适度的紧张和焦虑也是必要的，只不过不要把这种紧张和焦虑放大到超出了你的承受力，使我们精神处于崩溃状态，我们要包容地接受适度的紧张和焦虑。在这种情况下，学习效率、记忆效率是最高的。不要认为所有的焦虑和紧张都是不好的。

主持人：另外我觉得可不可以建议学生跟自己来做比较？比如我今年这一场考试在全年段排第 50 名，那下一个考试我只要比 50 名高就好了，不要紧盯着第一名、第二名或者前三名、前五名。

程利国：你提出的这个思路很好。不要跟太多的人比，你也比不了。就算你比得过班上的同学，你在全省的考生的位次也不一定很高。最好的就是自己跟自己比。那自己跟自己比什么呢？比如说我今天掌握了几个英语语法规则或者数学定理公式，到了明天我掌握的更多，所以我每天都在积累着进步。不管别人怎么样，每天都在前进，能感受到每天的太阳都是新的，每天的日子都更加灿烂，这个状态是最好的。不要盲目地去攀比，你也比不了，每个人状态不同，比较的根据不同。

主持人：不单单是学生自己会比，老师也在比，有的家长也在比，特别是现在的很多家长都有班级的微信群或者 QQ 群，他们的联系互动可能会更紧密一点。

程利国：现在微信起到的积极作用还是比较大的，而且也增进了家长和学生之间的感情互动。但是也有一些负面的东西，比如说传递一种过于紧张的状态，让学生进入误区，这些对学生的考试是不利的。实际上，越临近考试的时候，我们要做的工作就越清楚：不是给学生增压，而是要适当地给学生减压。

主持人：说到增压和减压，其实是有三部分的人群可以掌握压力的大小。一部分是任课老师，一部分是学生自己，一部分是家长群体。请程老师分别再来做一些展开。

程利国：老师是很敬业的，都想做出一番成绩。那么这个成绩的指标是什么呢？是学生的高考通过率。高考成绩是一个最硬的指标。社会评价一个学校或者评价一个校长、老师，就看通过达标率，而且现在有的重点中学还看 985 学校的达标率，那这个压力就更大了。但是我们在教育学生的时候，应该要保持一颗平常心，不要过于急功近利。你越是急功近利，越走向反面。我就举一个例子，有的老师说："同学们，你们知道吗？现在到了生命最关键的时候。人生成败在此一战。如果高考失败了，你的一生就毁了！"还有人说："你的中考失败了，就进不了好的高中，你这一辈子也看不到希望了！"诸如此类的语言，好像把学生逼到悬崖边上，风稍微一吹，就掉下去了，所以学生就感受到很大的压力。

主持人：但老师的本意可能是想说大家要背水一战。

程利国：实际上，老师这时候也应该要有一颗平常心。老师说那些话的意图是什么？是想让你更加抓紧时间，一刻都不能放松。

主持人：对于学生来讲，这份压力应该会伴随他的成长，过了中考还得面临高考，过了高考后还有人生的很多考验。我想，能够很好地面对这样的压力，应该也是他人生起步的一个非常重要的条件。

程利国：以前的老师都有一个思路，就是短板理论：把学生有缺漏的地方补上去，这个就是系统论思想了。你短板补上去了以后，整个桶的容量就大了，他们是把注意力放在这里。实际上高考之前的注意力要放在哪里？不是放在短板，而是放在你的优势上。这样就给你信心，觉得自己还是有很大的优势。如果这个信心你没有建立起来，在考场上一碰到难题，你可能就崩溃了。所以老师高考之前的思维导向对学生影响非常大。

主持人：说完老师我们来聊聊学生自己。要改变一个人的心智模式或者认知模式，真的是一个很难的过程，别说一节课了，就一天可能都搞不定。

程利国：我觉得学生有两件事情必须搞清楚，第一，对于中考或者高考，不管它怎么重要，都要认识到它只是人生所有考试中的一次考试。进入的是不是重点高中、是不是重点大学，对学生来说可能影响也很大，但是不管怎么大，他们都是人生马拉松长跑中的一个片段，我们要把自己放在人生大格局的背景下来理解中考、高考，不要把中考、高考想得那么重要。第二，考生自己要学会保持平常心。有很多考生搞不懂平时能够做出来的一些题目，为什么到了考试就做不出来了。我的回答是：高度紧张。这个紧张的情绪影响我们的思维，思维被阻断了，说到底还是心态的问题。好像一块放在地面上的木板，谁都能走过去，但是如果这块木板放在高空中，什么人都走不过去。我们可以把这块木板比作一道题目，把它放在地面上能走过去：在平时作业和平时的小考的时候，我们都能够做出来。但是到高考为什么就做不出来了呢？因为你把这个题目放到高空中去了。在高度紧张的情况下，我们就把主观的和客观的情况混淆了。那么这时候应该怎么办呢？平常心实际上是所有心态调整中最重要的，就是把这块木板放在地面上。

主持人：那有没有一些切实的方法能够让考生自己来放松一下、舒缓一下？

程利国：有，比如说在温习备考的过程中，要注意适当地休息，因为疲劳会积累，休息与放松非常重要，比如深呼吸放松、想一些愉快的事情、做一下冥想放松等。有的人还提出来做肌肉放松，比如让从头到脚的肌肉先紧张一下，然后再放松。当然这个是有程序性的，从头部肌肉到肩颈以下腰部以上的肌肉和上肢，然后再从腹部肌肉到下肢。先紧张两分钟，再放松半分钟，放松的时候去感受这种放松，焦虑也会得到调整。平时焦虑过头是由于情绪紧张，现在我们通过肌肉的放松达到情绪的放松，情绪的放松使我们有更多的正能量，使思维更有创造力，使记忆更加清晰，所以也可以尝试一下做肌肉放松。在睡不着的时候，神经系统得不到放松，情绪也得不到放松。这个时候我们不要和这种睡不着的状态做斗争，不然你对这个睡不着的状态就非常敏感。这时候应该怎么办呢？接受这种状态，不要去理它，不跟它对抗。慢慢地，我们通过全身肌肉的放松，神经系统、中枢神经就会得到放松，大脑皮层放松，然后就慢慢进入了睡眠状态。如果还睡不着怎么办呢？没关系，一觉不睡又死不了人是吧？只不过明天的状态差一点而已，总比你一整个晚上在床上自我战斗、自我绞杀，要好得多。

主持人：这个"内战"可能伤害更大。再说到一些自我放松的方法，其实在饮食方面也要做一些适当的考虑。

程利国：有的考生是通过喝中药，有些考生睡觉之前喝牛奶，它可以促进睡眠，还有椰子汁，像这些也可以帮助睡眠。睡眠质量是很重要的。睡得好，第二天有更好的、更清醒的状态去读书、考试。那当然在所有的学习环境中，课堂应该是最有利于学习的。不要说我为了完成作业，减少睡眠时间，然后把自己搞得很疲劳，那第二天上课可能没状态，这个是不划算的。

主持人：可能有一些学生会有一些"小偏方"，比如去海边、去高山、去空地，然后去呐喊。这能不能作为一种缓解的方法呢？

程利国：是可以的。这就是通过大声地呼喊，把一些负面的情绪宣泄出来。还有一些适当的运动，通过拉伸肌肉的运动，把一些压抑在内心深处的情绪疏导出来。体育生的心理是最健康的，这么多年来没听过体育生出了什么事情，因为他们通过体育运动，会把一些负面情绪带走。

主持人：那说完了老师，说完了同学，还有一个群体就是家长，他们的心态也尤其重要。对于孩子来说，一回家就得面对家长，可能总会被唠叨。

程利国：这时候家长对孩子的学习状态也是非常地关心。但最好的关心是闭上嘴。我有过一次深刻的体会。我曾经遇到一个学生，他中考之前因为市级测验考试不理想，所以整个人没状态，不但没状态，而且连学校都不去了。我后来就跟他讲："只要能走进考场，你就获得了最大的胜利。其他的你不要想太多，能考多少分就考多少分。"他说："我二十多天没去上课怎么办？""没关系，你就当做休整。"后来他家长听完之后也很有体会，回去以后又给孩子唠叨了一大堆，结果孩子又没状态了。之后家长问我怎么办？我说："你又不是专业人员，你讲话里面带有很大的功利性的成分，孩子就是接受不了，心都被你搞乱了。最好的办法就是少说话，平时该做什么事情就做什么事情，你满足孩子一些生活上的事情就好了。"学生最怕的就是家长唠唠叨叨，看起来家长是在正面引导，实际上这些话语在孩子的头脑里面一转弯就变成负面的东西了。还有像这一类的家长会不经意地说："你看看你的表姐状态多好"或者"你看看表哥多争气啊，去年考上清华"诸如此类的话都是给孩子刺激，增加他的心理压力，什么话都不说是最好的。家长告诉孩子，你不管考成什么样子我都能接受，实际上你不能因为孩子考不好，就不接受他，所以你要表达的是真实的想法。

希望每一位家长都要保持一颗平常心，每一位考生都要以一颗平常心去迎接国家对你的检验。

○"心灵绿洲" 小课堂

面对中高考等重要考试，考前焦虑是许多学生和家长的常见问题。首先，保持一颗平常心至关重要，接受考试只是人生众多考验之一，而非全部。家长和老师应避免对学生施加额外压力，而应通过积极的沟通和支持帮助学生减压。

其次，学生应学会自我调节，通过适当的休息、深呼吸、冥想等方法来放松身心。在备考过程中，重视睡眠质量和课堂学习效率，避免因过度疲劳而影响状态。

再次，家长的关心要以正确的方式表达，避免无休止的唠叨或不切实际的期望，而应提供稳定的情感支持和生活上的关怀。家长的平常心和接纳对孩子的心态稳定尤为重要。

最后，学生应正确对待模拟考试的成绩，不因一时的得失而影响自信心。考前的心理调整，不仅是为了应对考试，更是人生路上重要的一课。通过这些策略，学生可以更好地管理焦虑，以最佳状态迎接考试。

青春期修炼手册

> 哪个少年不钟情？哪位少女不怀春？愿我们成为青春期孩子们的"心灵捕手"。
>
> ——黄爱玲

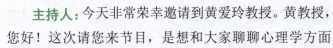 嘉宾简介

黄爱玲，福建师范大学教育学院心理学教授、硕导，福建省家庭教育研究会常务理事，福州市家庭教育研究会副会长，原福建省心理学会常务理事，现福建师范大学心理咨询中心的聘任专家，福州仓山青少年心理咨询中心的聘任专家。从1992年迄今已在福建省首家义务公益机构——福州仓山青少年心理咨询中心心理咨询服务30余年。

主持人： 今天非常荣幸邀请到黄爱玲教授。黄教授，您好！这次请您来节目，是想和大家聊聊心理学方面的话题。听说您近期给一些学校的老师授课，和他们交流了学习心理学的心得，能和我们分享一下吗？

黄爱玲： 好的。我主要分享了在心理活动、心理咨询以及教学等方面的感悟和经验。

主持人： 您从事心理学相关工作多久了呢？

黄爱玲： 我从事心理学教学工作已有30多年，做青少年心理咨询也有32年了。

主持人： 您目前在福建师大一线教学，主要是和大学生交流心理学知识吗？

黄爱玲： 是的，我主要和心理学专业、教育学专业、小学教育专业，以及全校各专业选修或必修心理学课程的大学生，进行心理学方面的学习交流。

主持人： 那您的课时安排是怎样的，一周大概有多少课程呢？

黄爱玲：我的课程比较多，涵盖本科、研究生课程，还有公共课和选修课，涉及不同层次和专业。

主持人：30多年的心理学研究，对您自身成长也有不少收获吧？有没有回顾过自己的成长历程呢？

黄爱玲：在和学生、学习心理学的朋友交流咨询过程中，我常常会想起自己年轻时的点点滴滴。陪伴着青少年成长，也让我回顾了自己的成长。每当看到一届又一届大学生毕业，走向全省、全国各地，用心理学知识服务社会，我内心都很感慨。

主持人：您上学时也是学心理学专业吗？

黄爱玲：我是福建省恢复高考后的第三届大学生，当时心理学和教育学是综合在一起学习的。除了华东师大、北大和北师大，1978—1999年，福建师大的心理学都是与教育学合并在一起的。后来，随着现代社会生活的发展，对心理学人才的需求越来越迫切。在2000年，福建师大就成立了福建省第一个心理系。其他省属师范大学也陆续成立专门的心理学专业。我1984年参加工作，到2000年时已经工作多年了。

主持人：这么多年，您应该见证了心理学领域的不少变化吧？

黄爱玲：是的。以前社会对心理学接受度低，甚至抗拒，人们不愿承认自己有心理问题。比如我在1992或1993年刚开始做心理咨询时，很多家长和来访者不愿让人知道他们找心理老师，还希望我去家里或其他地方咨询，他们把心理困惑等同于精神疾病，这是当时的误区。但现在不同了，常常一家人带着孩子来咨询，大家都认识到心理学对自身和孩子成长的重要性。

主持人：现在心理咨询确实更普遍了，尤其是学校里，很多学校都配备了心理咨询师。

黄爱玲：没错，现在基本每所大学都设有心理咨询中心，有专职心理老师，中小学也都必须配备专职心理老师。

主持人：听说福建师大的心理学专业实力很强？

黄爱玲：福建师大的心理学专业是福建省最早成立的，20世纪80年代中后期就有了心理学专业硕士点，也是福建省第一个拥有心理学博士点和博士后流动站的学校，在福建省一直处于领先地位。

主持人：您在工作中研究了很多领域，主要有哪些呢？

黄爱玲：我主要在心理系、教育系和小学教育系教授应用心理学，将心理学理论应用到实践中，比如管理心理学、女性心理学以及青少年发展心理辅导等。另外，家庭心理健康也是我的重点关注领域。在做青少年和大学生心理咨询时，我发现他们的心理问题大多与家庭有关，包括亲子关系、夫妻关系等，家庭氛围、结构、教养方式以及亲子沟通等，对青少年和大学生的心理成长影响很大。

主持人：您在女性心理学方面有独到见解，女性心理学是近几年才分支出来的学科吧？

黄爱玲：女性心理学是发展心理学中性别差异心理学的一个分支。它通过对比男性，研究女婴、女孩、青春少女、女青年到成年女性、老年女性在不同年龄阶段的心理特点和发展规律。

主持人：在福建师大这样女生比例高的学校，女性心理学是不是更容易发展呢？

黄爱玲：福建师范大学女生占比超过 50%，部分人文社科学院甚至达到 80% 以上，这也反映出现在女性接受高等教育的普及率提高了，为女性心理学的研究和教学提供了一定的环境。

主持人：今天想和您探讨另一个让家长头疼的领域——亲子关系。在亲子群里或和有孩子的家长交流时，常听到他们抱怨孩子不听话，羡慕别人家孩子又听话学习又好，这是普遍现象吗？

黄爱玲：是的，现在社会竞争激烈，压力大，对人才标准也更高，父母会不自觉地把竞争压力投射到孩子身上。

主持人："赢在起跑线上"这句话影响了很多家长，为人父母就意味着要承担家庭教育的责任。今天我们重点讨论如何面对"不乖、不听话"的孩子，尤其是青春期的孩子，这个阶段容易产生暴力、冲突和不和谐。您能给我们讲讲青春期的定义吗？感觉现在孩子的青春期比以前提前了。

黄爱玲：学术界对青春期的界定有不同看法。医学界一般把 16 岁到 18 岁称为青春期；中国心理学界以第二性征出现为标准，即 11 岁、12 岁到 17 岁、18 岁，也就是男女生生理发育成熟，出现第一次月经初潮和第一次遗精的阶段。但现在由于环境污染和激素滥用，孩子性早熟现象增多，第二性征成熟年龄有提前趋势。

主持人：您接触的案例中，小女孩最早来例假是在什么时候呢？

黄爱玲：我和省妇联儿科专家王永康巡回讲座时，他提到门诊中有个女孩

9 岁就来例假了。当时我很惊讶，现在这种现象可能更普遍了，环境和饮食等因素容易导致孩子性早熟，而且孩子生理成熟提前，但心理成熟滞后。

主持人：青春期孩子心理负担可能更大，第二性征提前，他们会担心自己有问题吗？

黄爱玲：对于比较害羞的女孩子，会不愿让同学知道自己来例假，很多孩子心理还没做好青春期成熟的准备。小学阶段基本没有专门的青春期生理和性心理健康保健课程，他们往往在懵懂中突然发现自己生理成熟了。

主持人：青春期孩子心理会停留在未成熟阶段吗？

黄爱玲：心理学家把青春期称为半幼稚半成熟期，是幼稚到成熟的过渡阶段。生理上孩子身体巨变，如男孩长高、胸肌发达、喉结突出，女孩身材变化更漂亮，但心理上，他们的独立性、情感稳定性、个性稳定性和意志行为调节能力等还处于半幼稚状态，身心发育不同步会引发很多矛盾。斯普朗格把这一阶段称为"疾风暴雨期"，也被称为人生的第二次断乳，比第一次生理断乳的心理反抗更强烈，部分孩子对父母和老师逆反情绪强烈，冲突明显。

主持人：为什么人在青春期会出现这种状况，是生理变化导致心理改变吗？

黄爱玲：生理因素有影响，但不是主要的，主要还是心理不成熟，表现为：一是强烈渴望独立，但看问题片面、情绪化，想法幼稚，经济不能独立，产生独立与非独立的矛盾；二是开放和闭合的矛盾，孩子渴望被当成大人，希望摆脱管教，表现出成人感，但又无法完全独立；三是理想与现实的矛盾，孩子觉得读书辛苦，想玩游戏、出去玩，而家长望子成龙，希望孩子先完成学习任务，孩子容易对功课失去耐心，沉迷游戏又无法自拔，想摆脱束缚却难以实现。此外，青春期孩子还有闭锁心理，不愿和大人说心里话，尤其是与父母有隔阂，更愿意与同伴交流，亲子、师生、同伴关系都发生剧烈变化。

主持人：难怪青春期孩子反抗这么强烈，家长觉得孩子不可理喻，从孩子角度看，他们的想法其实是有原因的。

黄爱玲：青春期孩子情绪波动大，高兴时欢呼雀跃，不高兴时愁眉苦脸甚至愤怒、歇斯底里。他们从自己角度看问题，而父母和老师从不同角度出发，矛盾就容易产生。

主持人：学校在孩子成长中很重要，以前学校注重全方位发展，现在似乎更侧重知识学习，这是不是也会引发矛盾？

黄爱玲：不同身份的人看待问题的角度和切入点大相径庭。孩子往往从自身的视角出发，家长更多是基于教育的角度，而学校则围绕统一性要求、教学计划以及培养目标去考量。如此一来，各方之间就极有可能产生冲突。

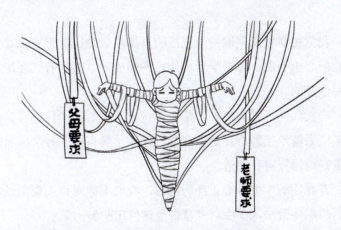

主持人：古有"有教无类、因材施教"的教育理念。可如今，学校里随便一个班级就有五六十名学生，甚至还开设十个八个同年级班。学生数量如此庞大，想要实现一对一教学或者小班化教学，几乎是不可能的事情。这种状况是不是愈发严峻了呢？

黄爱玲：虽说同一班级的孩子处于相同的年龄阶段，但他们各自的状态千差万别。每个孩子都有着独特的心理、年龄特征，以及与众不同的个性、心理特征和个性倾向性。所以，无论是学校教育还是家庭教育，面对青春期的孩子，都需要做到"一把钥匙开一把锁"，采用个性化的教育方式。

主持人：打个比方，11 岁的孩子理应具备这个年龄段应有的心理状态。然而，从出生到 11 岁期间，家庭所带来的压力、变故等因素，都会对孩子产生影响。这两方面因素相互叠加，就可能导致个体差异进一步增大。那么从学校的角度来看，有什么有效的办法可以解决这一矛盾呢？

黄爱玲：学校应当在学生步入青春期之际，有目的、有计划地开展心理健康教育。目前，小学和中学基本都开设了心理辅导课程。要是没有专门的课程，也可以借助学校心理辅导团体，将心理健康教育理念渗透到学科教学之中，助力孩子们顺利度过每个年级。毕竟小学中年级和小学高年级的孩子，年龄特点不同，面临的问题也各式各样。到了中学阶段，又会出现新的问题。比如初一学生存在学科学习适应的问题，初二、初三学生则面临升学压力。而且，部分孩子，尤其是女生，青春期来得比男生更早，会进入"性"的春情萌动时期。所以，学校需要针对青少年，特别是青春期的男孩女孩，围绕学习、人际关系、情感发展、性意识与发展、亲子关系、师生关系等诸多问题，有计划、有目的地开展学校心理辅导。

主持人：我觉得学校能采取的最直接的办法，就是提前把可能发生的事情告知学生，让他们心里有底。尽管学生可能还不够成熟，甚至有些迷茫，但做到心中有数是至关重要的。

黄爱玲：确实如此，除此之外，学校还可以开设心理团体辅导、心理学专门课程等，让学生系统地接触心理健康理念，深入了解自己在各个成长阶段的心理特点，从而更好地进行自我调适。

主持人：青春期的学生身心正经历巨变，我们不能对他们要求过多。除了黄老师刚刚提到的那些做法，学生自身是否也该付出些努力呢？

黄爱玲：确实，我们可以通过自学、课堂学习，或者在心理课程和班会中，将心理健康知识潜移默化地传递给学生。开展心理健康教育时，学生要掌握自我心理调适的基本方法和心理宣泄途径。比如，如何应对学习、人际关系、学业评定带来的心理压力和情绪变化。当孩子情绪压抑时，引导他们宣泄很重要。

学校里，学生可向心理辅导老师或班主任咨询，现在中小学基本都配备了设施良好的心理辅导室，里面的宣泄器械能帮助学生释放压力。比如，福州一所中学刚配备的宣泄器械，不到一学期就被学生打坏了，可见学生积压了不少负面情绪。除了借助学校资源，倾诉也是一种有效的宣泄方式。学生可以向父母、老师、心理老师、同伴倾诉。不过，青春期的孩子有时觉得和父母有代沟，老师的要求也束缚了他们的个性发展，所以更愿意把心事写在日记、博客、微博里，或者和网友交流。

主持人：但有些家长总想了解孩子的内心世界。

黄爱玲：现在独生子女多，家长格外关注孩子，甚至会偷看孩子的日志、社交软件聊天记录。一旦被发现，亲子矛盾就会激化。青春期孩子自我意识增强，更注重隐私权和尊重权，渴望独立空间。青春期主要有三大问题：自我意识、性意识，以及师生、亲子、同伴这三大关系，这些问题严重困扰着青春期的孩子。当孩子发现隐私被侵犯，会强烈抗议，引发冲突。而学生宣泄情绪的渠道多样，像在微博、日记、作文、朋友圈表达内心想法，还可以通过运动、唱歌等方式宣泄。比如，有个高中生学习压力大，就关起门连续唱歌三四个小时来调节情绪。

青春期孩子生理成熟与心理滞后、性冲动等矛盾突出。有些孩子会因好奇浏览不良网站产生罪恶感，甚至有手淫行为。我们要引导他们转移注意力，培养学科学习或课外活动的兴趣，如运动、下围棋等。家长还可以鼓励孩子和同伴交流，扩大社交圈。此外，引导孩子树立人生目标、升学目标，把青春期的冲动和激情转化为动力，用理智克制情感，这就是心理学上说的升华作用。家长不要轻易否定孩子对异性的好感，强制打压可能会伤害孩子心理，不妨建议孩子先把情感封存起来，等完成重要学业后再释放。

主持人：总结来说，要达到帮助孩子健康成长的目的，需要学校、家长和孩

子自身共同努力。黄老师特别强调了家长的重要作用。家长是孩子的第一任老师，可现在很多 70 后、80 后的家长，成长过程比较顺利，在教育孩子时可能会出现问题。家长往往觉得自己比孩子懂得多，这种优越感会不会影响与孩子的沟通？这是您咨询案例中常见的问题吗？

黄爱玲：从我的咨询经验来看，很多家长带着孩子来咨询，希望解决孩子的心理问题。但和孩子沟通后，我发现孩子的想法和家长描述的有很大出入，有些事家长甚至毫不知情。孩子更愿意对我敞开心扉。

主持人：孩子看世界的角度更独特，在细节上比大人更敏感。

黄爱玲：没错，孩子不仅敏感，亲子间一旦观点冲突，就不愿交流。很多家长咨询后打电话问我孩子的情况，其实他们根本不了解孩子，孩子也不愿和他们深入沟通，这就造成了亲子沟通障碍。家长和孩子看彼此的角度存在偏差，导致沟通难以深入。所以，如何与孩子有效沟通，成为孩子的知心朋友，是家庭教育中亟待解决的重要问题。

主持人：家长多年形成的思维和沟通模式很难改变，心理咨询师和老师也难以打破，只能让家长在细节上多注意。

黄爱玲：如果亲子关系良好，没有给孩子造成心理问题，原有的家庭模式和沟通方式可以继续沿用，陪伴孩子成长。但来找我咨询的孩子，大多已经出现心理困扰甚至心理疾病，这时就需要家长配合调整，重构家庭教育和家庭心理健康教育模式。

主持人：很多长辈觉得自己小时候也是这么过来的，孩子也应该如此。

黄爱玲：在咨询中，我发现多数亲子存在沟通问题，双方都需要调整。家长要改变教育要求、方式、重点、切入点，包括说话的语音、语调、语气、时机和谈话重点。孩子也需要改变，他们往往比较懵懂、随性。和孩子沟通后，向他们介绍青春期的年龄特点和规律，让他们明白自身困惑产生的原因，这样孩子就能意识到自身需要调整。

主持人：在多元的世界里，很难评判谁对谁错，该如何解决这些问题呢？

黄爱玲：个体成长是动态的社会化过程，社会环境变化会对孩子和家长都产生影响。就像安东尼说的，学校、社会、家长和孩子应形成一个系统，相互配合，解决孩子成长中的一般性问题和障碍性心理问题。心理学家埃里克森提出，人生有八个心理发展危机，每个阶段解决好危机才能顺利进入下一阶段。比如青春期

的自我同一性危机，只有理想自我和现实自我、主体自我和客体自我统一，才能正确认识自己，之后进入青年期，又会面临亲密感和疏离感的矛盾。

主持人：今天我们主要探讨了青春期各方面的冲突，希望家长能陪伴孩子平稳度过青春期。最后想问，现在青春期普遍提前，那结束时间有变化吗？怎样才算青春期结束？

黄爱玲：我们一般把十七八岁视为青春期，但实际上青春期和青年期是交叉过渡的，青年期时还带有青春期的特点，不能简单划分界限，只能根据各阶段典型心理特点相对区分。

主持人：还是要找机会和孩子坐下来好好沟通。

黄爱玲：家长要学会用平等的态度和孩子交流，也可以和学校心理咨询师、心理老师多沟通。孩子在学校时间长，老师能更及时发现孩子的变化，加强家校沟通很有必要。

"心灵绿洲" 小课堂

　　青少年时期是个体从儿童向成人过渡的关键阶段，不仅伴随着身心的快速发展，也伴随着各种挑战和压力。心理健康在这一阶段尤为重要，它不仅关乎青少年的全面发展，也影响着他们未来的生活轨迹。

　　心理健康问题在青少年中表现为焦虑、抑郁、自卑、叛逆等多种形式。这些问题往往与家庭环境、学校压力、人际关系等多方面因素有关。例如，家庭氛围紧张可能导致焦虑情绪产生；学校的竞争和繁重的作业可能导致压力增大，引发抑郁；同伴间的排斥或欺凌则可能导致自卑和叛逆。

　　维护青少年的心理健康需要家庭、学校和社会的共同努力。家庭应提供一个温馨、有支持性的环境，鼓励青少年表达情感，培养他们的自信心和应对能力。学校应关注学生的全面发展，减轻课业负担，同时加强心理健康教育，帮助学生学会情绪管理和压力调节。社会则应提供更多元化的活动和支持系统，促使青少年发展兴趣爱好，增强社交技能。

　　青少年心理健康关乎国家的未来。我们每个人都应该关注并努力为青少年创造一个更加健康、包容的成长环境，让他们在充满关爱与理解的环境中成长。

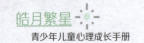

男女生眼中的爱情差异

真正能让爱情长久保鲜的，恰恰是那些我们与对方的不同之处。

——高华

嘉宾简介

高华，心理学博士，福建师范大学心理学院教授、硕士研究生导师；中国心理学会临床与咨询心理注册督导师；美国普林斯顿大学心理学系和香港中文大学教育学院高级访问学者；中国性学会性教育分会副主任委员；福建省心理学会理事；福建省家庭教育研究会理事会常务理事。曾任福建师范大学心理学系主任，应用心理专业硕士学位专业负责人。长期从事心理咨询与辅导、婚姻家庭爱情心理、青少年心理健康的教学科研与实务工作。

主持人：高华老师，听说您开设了关于爱情的心理学课程，这在当前并不多见。是什么促使您产生了开设这一门课程的想法？

高华：在与学生交流及进行心理咨询的过程中，我发现众多学生的心理困扰与情感问题紧密相关，学生群体迫切需求爱情心理方面的专业指导，为此，我面向全校本科生开设了这门公选课《爱情心理学》，每次开放60名选课名额。

主持人：经过一段时间的学习和接触，您觉得他们有什么变化吗？

高华：有变化。经过学习，大学生们能更好地认识并明确自己的择偶观，以及如何更好地建立、维护和修复感情。你可能会认为，听过我的课之后，有同学找到了满意的恋人，这个部分确实存在。但也有恋人们一起来选修我的课，听课之后分手了，这也说明他们通过听课，认识到当前的恋情是不合适的，从而结束恋情。

主持人：您有没有统计过学生的恋爱经历？

高华：每学期第一节课，我都会问他们的恋爱经历。记得有一个学期，选修的 60 名学生中，仅有半数学生表示曾有过恋爱经历，而正在谈恋爱的约为 10 名学生。然而，在看期末学习心得时，我大跌眼镜，班上只有 4 个同学表示从未谈过恋爱，其余学生均有过恋爱经历，且不少学生在高中阶段便已开始涉足。显然，第一节课时，不少学生选择隐瞒了自己的恋爱事实。还有一些同学把曾经的恋情，包括一些很痛苦的经历，真实地写下来，并分享了自己对这门课的学习感受、意见和建议。我觉得他们真的喜欢这门课并且有收获。作为"过来人"，在看他们的爱情故事时，我不禁感慨：年轻真好，可以敢爱敢恨。尽管有时可能会经历痛苦，但是在这个过程中他们也获得了成长。

主持人：你对爱情可能看得越通透，对爱情的幻想就越少。这样会不会觉得是拿了一桶冰水泼向大家？

高华：不会，我对课程有一系列的安排。要让他们了解什么是爱情、什么样的因素会影响爱情、男女对爱情的看法有何不同、如何建立维护及修复爱情等。每次上课同学们都非常认真地听讲，还会有很多同学蹭课，说明他们对这些知识是很感兴趣的，而且这些方面的知识也有助于他们去更好地谈恋爱。你可能觉得我对爱情了解得通透，浪漫和神秘就没有了，其实该浪漫的时候还是会浪漫。我在上课的时候会去讲一些共性的东西，但实际上每一个人的爱情观和应对方式是不一样的，所以还是有很多值得我们去深入探讨的内容。

主持人：毕竟爱情是人类一个永恒的话题。男女对爱情的一些看法会不会有一些相同或者差异？

高华：有相似之处，也存在差异。爱情的本质是一致的，但其表现形式因个体而异。这种差异主要源于男女的大脑构成、每个人的成长背景、原生家庭环境、教养方式、个性特征以及爱情观等的不同。例如，爱情存在性别差异，由于男女在大脑结构上的差异，女生在处理爱情时往往更为感性，倾向于全身心地投入其中，更多需要男生的关注和情感呵护。相比之下，男生在爱情中可能更多地受到荷尔蒙的影响，表现出对女生外貌的特别关注。这种"三观重要，但不如五官重要"的观点在年轻男生中尤为流行。当男生对某位女生产生好感时，他们会迅速而热烈地展开追求，但一旦关系稳定，他们可能会将重心转向学业或事业。在恋爱过程中，大部分男生往往展现出理性的一面，以解决问题为导向，情感关怀不足。例如：当女生对男生说"我感冒了"，你认为女生会喜欢男生怎样的回复？

主持人：我会说"感冒了，去医院看看啊，吃药啊，多穿衣服啊，多喝热水啊。"

高华：你是男生，这就是以解决问题为导向的应对方式，在你眼里，这就是对女孩最好的关心。但是，女孩子不喜欢你的回应，她们希望得到的是你的情感呵护。你再试试？

主持人：那我是不是要说"你生病了，我好心疼你，我上课都一直担心你，来，让我抱抱！"

高华：你真棒！女孩子们就喜欢听这种甜言蜜语，哈哈。

主持人：能不能通过教导训练使女生变得更加理性一些？

高华：可以。但是我觉得爱情有时候太过于理性似乎也不太好。此外，学文科与学理工科的同学，无论是男女，对待爱情也存在差异。

主持人：文科可能会偏浪漫一点，理工科可能会更加务实一点。

高华：是的。文科同学的思维更倾向于发散性、跳跃性思维；而理工科同学则强调逻辑思维，注重逻辑性和条理性。当年我读大学时，流行过一句话："如果你要找男（女）朋友，就找学中文或学外语的；但如果你打算找结婚对象，那么心理学和教育学专业的会是不错的选择。"

主持人：您刚才说男生更重视女生的外貌。反过来呢，女生看男生呢？

高华：女生在恋爱中更注重对方的内在品质，但现在外貌也很重要。当前大学生的恋爱观已经发生了显著变化，他们更多地将恋爱视为一种生活体验，而非仅仅是为了寻找终身伴侣。不仅男生在择偶时看重女生的外貌，女生同样也会对男生的外表有所要求，帅气的男生往往更受欢迎。同时，现在的女生会更勇于表达自己的感情，会主动去表白。

主持人：人到了中年还没结婚，会不会把一些阶段省略掉？会有找个合适的人凑合的想法？

高华：这种情况肯定存在。随着年龄增长，个体面临的家庭、社会和文化背景压力逐渐增大。对于女生而言，随着年龄的增长，选择理想伴侣的机会减少，因此"撮合"现象更为普遍。至于这种"撮合"能否幸福，应由当事人自行评判。

主持人：不同地域的学生看待爱情会不会有差别呢？

高华：关于恋爱，真的存在文化和地域差异。

主持人：爱情，这一亘古不变的主题，今日在我们的讨论中融入了心理学的视角。我们有幸听取了高华老师的独到见解与深切感悟，其间不乏观念的交锋与碰撞。但是我觉得高老师也愿意去接受一些新的观点与变化。

高华：通过这一门课，我和学生一同成长。

主持人：爱情观随着时代的变迁不断变化。就像您刚才说的，以前人们对待爱情相对保守，女生也可能比较矜持。

高华：但是现在的女生会更勇于表达自己的情感。

主持人：以前男生比较主动，现在好像反过来了。

高华：现在，无论是男生和女生，只要是我喜欢的，就要去追。

主持人：什么样的动机造成了这样的变化呢？

高华：随着时代与文化的演进，过去女生在与男生交流时经常羞涩，讲究"笑不露齿、男女授受不亲"。然而，现代社会倡导勇于表达自我，因此，无论是女生还是男生，在情感表达上的主动性均显著提升。

主持人：在我们的理想中，对于爱情的幻想总是相当美好的。但现实中，却可能遭遇诸多阻力。特别是对于刚刚毕业的孩子们，面对找工作、回老家等选择与变化，这一时期尤为焦灼。

高华：一对来自不同省的伴侣，在找工作的时候，会面对一个问题：父母都希望孩子回到自己的家乡，不希望自己的孩子和异地的孩子谈恋爱。

主持人：这涉及代际的问题。您来处理也可能是一个麻烦事儿。

高华：由于涉及家庭因素，必须从家庭层面进行协调。就我个人而言，现代观念较为开放和灵活。若对方选择在北京生活，我亦会考虑前往北京寻找工作，还是可以在一起。

主持人：但有一个观念上的问题。我个人更愿意选择本地的对象。至少我们成长的环境差不多，观念可能也差不多。

高华：对于恋爱选择，部分学生可能在初期就显露出地域偏好。例如，他们发现自己心仪的对象来自不同的地域时，可能会选择放弃追求。也有一些孩子不愿受限于地域因素，倾向于先尝试，再逐步应对可能出现的问题。在爱情方面，我也鼓励他们追寻想要的生活，追求爱的人。

主持人：无论以前还是现在，甚至未来都可能会遇到一个问题：你选择爱情还是选择面包？

高华：我觉得这本身就不是一个二选一的问题。面包和爱情我都想要，也是可以兼得的。

主持人：是。但在我们那个年代都认为这是个问题。

高华：当时实行的是分配工作制度。就业机会稀缺且流动性有限，不接受分配的工作往往意味着失业。个体面临着艰难的选择：是坚守与相爱之人的情感，还是妥协于职业发展的现实，成为摆在许多人面前的难题。

但是现在社会趋向多元化。如果将爱情和面包对立的话，是否你将爱情理解得很纯真、唯美？

主持人：这种爱情在社会上还是比较少见的。

高华：这种爱情好像可望而不可即。大学生们因成长经历、生活年代及社会背景的差异，对爱情与物质生活的看法也会多样化。有些学生既追求真挚的爱情，也期望有一定的经济基础。

主持人：我身边一些颇具抱负的年轻人的想法是：毕业后，要打造自己的事业版图。他们会将大部分精力、时间和能量倾注于工作或创业之中，从而无暇顾及伴侣，索性在这段时间内暂时放下个人情感，专注追求事业成就。

高华：这与人的个性有关。就算在创业的过程中，爱情一样可以兼得。

主持人：下一个我想聊的问题是：爱一个人是需要付出的。尤其对女生而言，这种付出可能是全身心的。但有时候，这种"付出"却演变成了一种义务。

高华：以情人节、七夕节等为例，部分女生期望男生通过红包数额来表达爱意，由此产生各种冲突，甚至分手。这种情况存在性别与个体差异。部分女生认为有象征性的表示即可，然而，也有女生要求特定金额，如 520 元、1314 元、5200 元，认为小额红包说明爱意不足。男生则常抱怨为何总是单方面付出，要求女生也应有相应的表示。我时常跟女生说，一个人爱不爱你，并不是根据他发了多少红包来判断的。你应该从他日常生活的点滴细节、一举一动中去感受。如果仅仅因为一个红包就分手，将来你或许会后悔的。

主持人：在一些特别的日子，比如七夕节，餐馆总要排队。

高华：对，特别是大学附近的餐馆爆满，玫瑰花卖完。上周三晚上，我在学生宿舍楼看到一个男生点满了蜡烛在求爱。我认为在青春年少时，就应勇于尝试，敢于冲动，或许有人不认同。我常以欣赏的眼光看待这些勇敢的年轻人。然而，男女交往间，差异难免会导致矛盾。女生在恋爱中往往全心投入，期望对方亦能如此。例如，清晨醒来，她第一件事便是打开微信或 QQ，甚至发短信打电话，期盼男生的迅速回应。若男生未能及时回复，女生便会心生疑虑：他是否已不再爱我？

主持人：我在网上也看到过这样一个段子：女生给男生打电话未接，女生便生气；而男生给女生打电话未接，女生却觉得理所当然，认为男生就应该主动关心她，就应该经常冷落一下男生。这背后的逻辑确实大相径庭。

高华：是的，男女之间恋爱观的差异可能会导致爱情中产生矛盾和冲突。在不同的爱情阶段，男生和女生的表现和需求是不一样的。我曾与男生交流，他们说，爱情稳定后，与情感相关的激素如多巴胺水平会降低。在追求阶段，这种激素促使他们做出许多令人感动的事。但双方感情稳定后，许多男生会将精力转移至学习、工作或事业上，或开始寻求自己的独立时间和空间，认为保持联系就已足够表达爱意。而女生则不以为然，认为男生应该一如既往地对自己保持初恋时浓烈和强烈的激情和爱。

主持人：这种思维定式可能在工作和家庭中带来困扰。

高华：确实会。婚姻与爱情不同。恋爱是两个人的事，相对简单浪漫。而婚姻则涉及两个家庭，以及更多日常琐碎，特别是有了孩子后，亲密关系模式会发生变化。男女间差异也会影响亲密关系。例如，女性更擅长言语表达，男性表达力相对较弱。因此，女性可能希望多交流，而男性在忙碌一天后可能不愿再多言，这往往会导致误解和冲突，所以，亲密关系需要磨合和经营。

主持人：是一个共性的问题。

高华：以我自身为例，尽管我所学的专业是心理学，自认为对男性有深入了解，但仍有不足。比如，我曾整理我先生凌乱的办公桌，结果却引发了他的不满。因为那是我先生特有的"秩序"，我破坏了它。后来我发现，这其实是许多男性的共性。从此，我学会了尊重他的习惯。如果不了解男性的特点而盲目指责，只会损害家庭关系。相反，理解和接纳这些差异，能让相处更加和谐。

主持人：确实，《男人来自火星，女人来自金星》这本书就形象地描绘了男女之间的差异。这么远的"距离"能聚在一起，碰撞自然在所难免。我们真的需要这样的课程，来教大家如何更好地相爱。

高华：是的，当学生们了解到男女之间的差异后，他们就能更好地理解、尊重、接纳和包容对方。

主持人：很多时候是自己跟自己吵架。如果一个女生非常确认这个男人是爱我的，这种感觉被冷落的现象就会少一些吧？

高华：她也会觉得被冷落。女生还是希望男生能在任何时刻都关注到她们。恋爱中的很多矛盾其实本不应发生，但正是这些琐碎的矛盾，可能导致两人最终分手。在恋爱初期，我们都展示了自己最美好的一面，但关系稳定后，彼此的真实面貌逐渐展露，这时就需要更加理智和包容地看待对方。

主持人：对，恋爱时我们可能都戴着面具，但关系确定后，就无须再伪装。

高华：确实如此。恋爱初期，我们都在美化对方和这段关系，所谓"情人眼里出西施"。但随着时间推移，热情逐渐消退，我们进入了一个更为平淡甚至可能下滑的阶段。我们需要更加真实地面对彼此，以理智和宽容的心态去评价和处理可能出现的问题。

○"心灵绿洲"小课堂

现代大学生的恋爱观更加开放，勇于表达感情，但也可能因理性与感性的矛盾、外表与内在的权衡、家庭与社会压力等因素面临挑战。虽然爱情的本质和经历的阶段相似，但男女因大脑构成、成长经历、个性特征等因素的不同，对爱情的表达和理解存在差异。女生更感性，易全身心投入，更多需要男生的关注和情感呵护；而男生则更理性，两性相处时，以解决问题为导向，情感关怀不足，追求时猛烈，稳定后转向学业或事业，希望获得女生的理解、尊重和信任。了解自己及伴侣的性别差异，以更理性的态度面对爱情中的矛盾，才能更好地相处和发展爱情。

同时，爱情与面包并非二选一，应追求平衡。对于恋爱中文化地域差异带来的影响，应该相互理解和包容。

宿舍里的好人缘

人际关系是大学生活的隐形桥梁，用真诚搭建的纽带不仅能促进彼此的深度成长，更能让青春在多元视角中构建支持系统、收获温暖共鸣。

——李焰

 嘉宾简介

李焰，清华大学学生心理发展指导中心首席专家，教授，博士。教育部普通高校心理健康教育专家指导委员会副秘书长，中国心理卫生协会大学生心理咨询专业委员会第六、七届主任委员，心理咨询师专业委员会第三届副主委，首批认证督导师（XXD-20-079）。中国心理学会临床心理学注册工作委员会第五届委员，认证督导师（D-12-004），曾获得清华大学先进个人、北京市优秀教师、服务育人先锋等称号，有34年高校心理健康教育与心理咨询的经验。

主持人：今天要和大家聊的是大学生当中需要修炼的一个法门，也是在社会当中每个人都需要的一个立身之本，那就是——"人缘"。有个问题要问问我们的李焰老师，您算是好人缘的人吗？

李焰：我觉得我是一个好人缘的人。

主持人：您在清华大学也工作了很久的时间，尤其作为当时咨询中心的主任。一路走来，有没有哪些问题是居高不下或者是老生常谈的？

李焰：在整个大学生群体里面，他们可能遇到的，比如关于学习的问题、情感的问题，还有跟人们相处的问题，这就是您说的老生常谈、常开不败的话题。我觉得这些话题跟年轻人的成长以及在大学里的修炼是密切相关的。

主持人：大学的环境不单单是教你文化课的知识，很多的是教你怎样为人处世。

李焰：我们也非常看重一个人情商的成长，或者说叫情智的教育。尤其是学生们之间的交往问题还是比较突出。现在的90后、00后的独立意识、权利意识更强，他们更需要学习的是跟人合作。大学是他们的一个机会。也许他在自己的家庭里面是一个小霸王、小公主，父母都宠爱他们，他们也比较少有兄弟姐妹。

主持人：宿舍可能是很多大学生的一个梦想，或者是梦魇。

李焰：我听一个学生说过，他对大学充满了期待，因为小的时候想找伙伴玩是很困难的，现在一推开宿舍的门，就有三个舍友在那儿等着，还是很愉快的。当然了，也会有少部分同学觉得大学宿舍是梦魇，可能是因为曾经成长中的种种原因，导致在跟同学相处的时候出现了问题。不到二十平方米的空间里面，四个男生或者四个女生怎么相处，也是一个特别重要的问题。在大学里面我们也会看到那些有好人缘的学生，他们跟什么样的同学都能够相处得来。

主持人：会不会是刚开学的这段时间，大家会把自己的尾巴夹得比较紧，就看起来比较好相处。

李焰：人们都愿意把自己比较好的一面展现给别人。

主持人：就好像在谈男女朋友的时候，也是把自己最美的那一面给对方看。

李焰：人们能假装也是一个很好的表现，但是时间久了的话，假装不住了，就会把他曾经岁月里修炼的一些人际关系的模式很自然地带到他的新环境里。

主持人：人缘，我的理解就是，别人愿意和你亲近就说明这个人有好人缘。

李焰：从心理学的角度来说，有好人缘的人有能力去尊重别人的感受，比较少去评判别人，内心比较能够从多元的视角来理解一件事情，从外在的表现就显示出一种对别人的接纳和理解。

主持人：您说的这个概念好像比较空泛，比较抽象。有没有一些具体的指标跟大家分享？有个参照好理解。

李焰：试想一下，我们身边有这么一个人，他平时比较能够关心别人，不是活在自己的世界里，不是事不关己，高高挂起，而是跟大家一起去感受大学生活，一起学习、一起生活、一起经历一些事情。他也能够看到别人在这些事情上的起起伏伏，或者别人所关注的地方，并在有些时候会用一些语言或行为表达对别人的态度。

主持人：这些关心可能很多都是很细微、很微小的部分。

李焰：比如说比较善于倾听，或者是同学病了，给他端一杯水，或者问他要不要帮忙打饭。<u>尽管是举手之劳，但是它特别能够展示一个人是不是牵挂着别人的感受。细微之处会让别人感受到温暖。</u>

主持人：这可能是现在很多孩子很欠缺的。

李焰：当一个人比较以自我为中心的时候，可能也很难想到去倾听别人的想法，可能就知道自己想什么，不愿意去了解别人在想什么。

我帮你打饭吧

主持人：聆听在很多人看来可能是一个比较被动的行为。

李焰：<u>聆听其实是互动的，关怀的，要给予反馈的。聆听的意思就是我们给予的反馈，仍然反馈的是那个人所关心的、所关注的、所要讨论的问题，这才叫聆听。</u>其实仍然是说这个人是愿意开放心胸的，他的心里是有别人的。还有一点，我把它总结为乐于赞美别人，为他人点赞。去赞美别人表现了一个人的胸怀，一个人是不是能够关注到别人，能不能从别人的视角或者多元的视角来理解这件事情，然后你才可能会有赞美他人的能力。

主持人：现在很多孩子会有点自傲，可能家境好、学习好，特别是在清华，来到这里的都是尖子生。

李焰：当一个人唯我独尊或者看不上别人的时候，就很难真心去赞美别人，所以能够赞美别人也说明他有一个非常平和谦虚的心态。

主持人：赞美我觉得还是分很多的，比如说可以赞美学习、赞美你的生活态

度和赞美其他的东西，我觉得赞美大家也是要学习的。

李焰：赞美也表示我接纳你的那个部分。比如说也许他不接纳这个人的学习成绩，但是接纳这个人的学习的努力程度；可能我不接纳这个人的穿衣打扮，因为我的审美观跟他不太一样，但是我能感觉到这个人其实是很努力地想让自己变得更整洁。赞美与欣赏可以有很多方面。

主持人：一个好人缘的人需要具备什么特质吗？

李焰：要在有矛盾的时候能够以柔克刚，不要正面发生冲突。

主持人：在有矛盾的时候可能才容易看出来这个人的人缘。

李焰：当发生矛盾时，可以以柔克刚或者后退一步，表示他很有胸怀，不是说他伤了我面子，伤了我自尊，我要怎么样报复性地去找回来。恰恰也说明他比较有智慧，或者情商比较高，然后给了处理问题的迂回的空间、转圜的空间，切记恶语伤人六月寒。此外，拥有好人缘的人是心中有别人的人。比如说他有开心的事情，他愿意跟别人分享，有不开心的事情，也能够信任别人、跟别人倾诉。倾诉是跟别人是有联结的，当有人跟我讲他的好，跟我讲他的伤心或者困难的时候，我会觉得我被这个人看到了、被尊重了、被接纳了。

可能会有人说，人缘好有什么用，有的人会觉得人缘好很辛苦。人缘好有什么用是一个比较功利的说法，事实上一个有好人缘的人会在学校里更适应。人生在世，我们会遇到很多的烦恼、苦闷，对于人缘好的人，开心的时候有人跟他同在，郁闷的时候也有人跟他同在，他能够感觉到被支持、被理解、被社会所关爱，他跟社会都有链接。这样的内心状态，使得他在学校里的学习会很顺利，他在各个方面问题的处理上都会感觉到自己跟这个时代，或者跟这个组织、社会是同在的，那是一个很健康的状态。人本身就是群居动物，是需要跟别人相互互动，来感受这个世界，感受这种美好的。

主持人：好人缘哪来的？好像有些人天生就是好人缘，比如说来到宿舍，半天时间三个舍友都成了我的好姐妹、好闺蜜或者好兄弟。

李焰：这三个姐妹来自不同的家庭、不同的地域、不同的文化。可能她们的长相、脾气、秉性都不一样，那为什么这个同学很快能跟三个来自不同背景的人迅速成为好朋友呢？或者说能够彼此接纳呢？我想提一个心理学特别重要的概念，就是一个人有好人缘，要拥有跨界理解他人的能力。心理学研究发现，其实一个人本能上只会理解和自己一样的人。我们会喜欢和自己一样的人，其实就是喜欢自己。人是自恋的动物，都觉得自己好。但一个人要是只觉得自己好，这个人就不会有扩张性，就不能够跟别人建立链接。跨界理解别人的能力就是说我既知道我好，但是我也觉得 A 好，也觉得 B 好，还觉得 C 也好，这是要有胸怀，要有历练的，是要不断学习的。

主持人：那在您看来，人缘是一个单向或者双向的东西吗？

李焰：其实是一个人稳定人格的呈现，实际上是单向的、散发性的东西。

主持人：或者会不会有另外一个情况？还是举刚才宿舍当中的例子，有四个人，A 特别好、特别阳光，把自己的爱和关心都散发给了 B、C、D 三个同学，可能 D 同学就会想，A 为什么一来宿舍就这么对我好，就这么夸我，有什么目的呢？招架不住这样的人。

李焰：就好像 D 开始怀疑 A 了，A 到底想干吗？然后你是不是想说 A 就会被打击了、感到受伤了，以后是不是就不想做一个好人缘的人？

主持人：不能避免有 D 这样的同学存在！

李焰：好人缘是一种情商的表现。比如 A，他能积极地向周围散发稳定、热情的光和热，那他也在同时同意别人跟他热情一点或者不那么热情一点、离他远一点。所以仍然表现的就是所说的好人缘，是当事人自己的稳定的人格状态。那我们回过头来看 D，他为什么是这样？也是跟他的原生家庭有关系，也许在成长的历程中受过伤害，所以会有这样一种防御的反应。尤其是刚刚开始相识的环境里，D 有几种可能性，也许他一直是这样一种防御的状态，不只是防御 A，可能还防御 B、C 和所有人。当然还有一种可能，他刚刚来到一个环境，防御时间久了，发现 A 仍然是一个好人缘的人，经过了他的检验，那 D 就会慢慢放下防备，慢慢放松下来，然后他们就建构了一个积极的关系。

主持人：对于我们刚才举的这个案例，如果宿舍当中有这样一个 D 同学，相信 A、B、C 同学都会不太开心。

李焰：也许 A、B、C 同学会抱团，因为他们之间互动得比较好，然后他们自己建一个群，在有必要的时候，和 D 再另建一个宿舍群，时间久了，D 肯定会觉得被孤立，那大学就变成了梦魇。可能大家都很关心，靠着青年学生自己，是不是能打破这个僵局？因为在学校里面，青年人都是要借助学校的力量成长的。在学校里就有一个特殊的群体，可以帮助年轻的孩子打破僵局，拉动他们的成长，那就是我们的整个学生工作队伍，包括班主任、辅导员，科任老师有时候也会起到这样的作用。比如说辅导员，我们定义他是青年学生的引领者，也可能是贴心人。如果辅导员看到宿舍之间同学们的矛盾和出现的问题，那辅导员就会做一些工作，去帮助 D 觉察自己的局限，也可能会给予 A、B、C 一些建议和指导，让所有的同学一起成长、一起进步。

主持人：也希望 D 同学最终能够感受到组织的温暖，感受到班级的爱。

李焰：这就叫班集体的作用，组织对青年人的成长还是有巨大的修正意义。

主持人：另外家长也是很重要的，比如说这时候 D 同学就会打电话回家说自己在宿舍被排挤。

李焰：很多时候家长也会同意孩子的观点，然后卷入宿舍的纷争，就会使矛盾扩大。这样的话对于 D 同学的成长是不利的，对 A、B、C 同学可能也会有一些负面影响。

主持人：有大学这样一段四年的时光，谁都希望在毕业或者若干年以后大家一起把酒言欢，或者在 KTV 包厢里面能够毫无芥蒂地在一起畅饮、歌唱。

李焰：我也看到一些现象，也许每一个班里都会有一个或者几个同学脱离这个班的队伍，那可能是在这个过程中比较受伤的孩子。我相信其实每个同学从内心里都希望自己有好人缘的，只是出于曾经的经历、原生家庭或者自己性情的原因，导致有的人拥有了好人缘的能力，有的人还欠缺。大学四年是非常宝贵的时光，不仅仅是学习知识，更重要的是情商的训练。作为大学的老师，我特别鼓励年轻人利用大学四年的时光，好好修炼自己的情商，成为拥有好人缘的人。

我对全国高校学生的心理状况普遍比较了解，不同的地域、不同的文化带来的交往特点是不同的，如北方的孩子往往比较直接、比较直爽；南方的学生就会温婉一点、柔和一点，转弯一些；川渝地区的川妹子都比较辣。

主持人：刚才我们也举了宿舍当中 A、B、C、D 四个同学的例子，这时候 D 同学可能就会说，既然你们都看不上眼，那我要换宿舍行不行？这可能也是你们作为心理辅导老师会经常遇到的。

李焰：确实是。一般来说大学宿舍的资源都紧张有限，而且因为期待换宿舍的学生比较多，所以学校很难轻易去同意换宿舍。从心理咨询和心理健康教育的角度来说，我们更多地会去帮助这个学生来觉察自己跟其他同学处不来的原因，到底是为什么。增加同学们自我觉察和自我成长的部分，这样才能够真正让问题解决。我跟大家分享一个来找我的学生的故事。这个学生是一个大二的女生，她跟同宿舍的另外三个同学处不来，希望通过心理咨询的老师帮助自己换宿舍。

主持人：照理说经过一年的磨合，大二可能已经好一些了吧？

李焰：当然也有一种可能是经过一年的磨合，彻底不行了。我作为心理咨询的老师，首先想到的不是帮助她换宿舍，尽管我们可能有这样的资源，但首先是关心这个同学的生活到底发生了什么？为什么会想到换宿舍？这位同学就说她在宿舍里被孤立，太孤单了。另外三个同学都不带她玩儿，比如说她们一起上自习、一起去上课、一起去洗澡、一起去食堂，就是舍友都是集体活动，只有她是一个人，就像刚才我们列举的 D 同学。所以她来的时候，甚至说老师我没有别的诉求，我就是想换宿舍，我一直被孤立，我不应该这样被对待。我了解到实际上是她给同学的一些反馈让同学觉得她不在意，不愿意跟她们在一起。我就问她是不是确实不愿意跟她们在一起？她说不是这样，她愿意跟她们在一起。我问她那你做了怎样的努力，她说去讨好她们，希望通过讨好的方式，她们能懂得自己的心意，能够接纳自己。但她失败了，她很愤怒，希望换宿舍。我赞美了她的努力尝试，同时问她是怎么想到用讨好的方式。后来了解，其实曾经岁月里她也遇到过一些人际冲突的事件，她都用讨好的方式解决了，这是一个有效的方法，是管用的。原来她是渴望跟别的同学在一起的，也尝试了一些办法，这是她身上非常宝贵的闪光的地方。后来我跟她交谈，她表现出愿意去觉察自己、愿意去成长自己。然后我们就充分讨论，除了这个方法，还有哪些方法能够促进她们的关系，我给了这个同学一些建议之后，她努力地去尝试，最后状态发生了改善。通过这个过程，最后宿舍没有换，仍然是她们四个，而且她们状态变得好了，更重要的是来访的这位同学自我成长了。

主持人：她可能以后也会把自己的性格转变了，把自己所谓的被别人看来是自卫的那些刺拔掉了。

李焰：她就成了一个有好人缘的人。实际上这位同学在整个过程中发生了转变，或者说她成长起来了。我们在学生工作中会发现这位同学到底是想要一个志趣相投的人、跟她完全一样的人，还是说能挑战自己的舒适区。

主持人：这可能也是很纠结的，因为人们总会觉得说，我们三个性格比较合得来，所以我们一起去吃饭，我们一起去干嘛。但总会有人跟我们看起来是不同的，那这时候有些人可能就会有选择了，我就离你远点，而有些人可能会想，我是不是应该主动和他打个招呼。

李焰：在学校里，同学们要去交朋友，要广交朋友，要多交朋友，要交不一样的朋友，要有三教九流的朋友。一般来说人们都喜欢交好朋友，和自己一样的或者高于自己的，我们有几个好闺蜜，或者有几个好哥们都是这样的情况，也是非常好的。因为好闺蜜也好，好哥们也好，其实都是你的咨询师，很多时候会给你支持、给你关怀、给你理解，让你也成为一个拥有好人缘的人。如果你还能够去交更多的朋友，或者说更广泛的朋友，那这些人其实就成为你去理解另外一些人非常重要的线索。我们借着那些不一样的朋友，其实是理解了更广泛的人的内心，我们就更容易去看到别人。就比如我们前面谈到的，一个有好人缘的人是能够关怀别人的人，那我们的关怀就落到了点上。我在学校里经常会开玩笑说，我们的辅导员既要能够理解学霸，也要能够理解学渣。因为辅导员都是非常优秀的，都是学霸，所以他们跟那些学霸的孩子内心其实是类似的，但是他们不太容易理解学渣。当然我们这里学渣和学霸是相对而言、调侃而言的。对于辅导员来说，他们需要交一些学渣的朋友，这样对于自己学生中的学渣，也就有了理解。他们的内心世界就会有一定的拓展，增加了一个人理解他人的频谱。人们在本能上、本性上是理解跟自己一样的人，那个频谱就比较窄。而广阔地理解他人的频谱也是好人缘的基础，人缘是老百姓的表达方式。从心理学的角度或者更深层次来理解的话，那是格局。

主持人：刚才我们也反复提到了所谓闺蜜和哥们，那这样的提法，可能在大学当中也会有正反两面的理解吧？正面的说法是你们这样人缘好，那反面的说法

可能会觉得你们搞小团体，可能你们会更加封闭。

李焰：不论是在大学里还是在职场，其实都是很反感小团体的。但是好的人缘和小团体不一样，小团体是聚焦在一小部分人，而好的人缘是拓展的，是一个开放的系统，呈现了你对世界的理解、你的情商、你的胸怀和格局。

主持人：我们也知道清华理工男会多一点，有没有一个统计，是男生要换宿舍的比例高还是女生高？

李焰：当时没有这样专门的大数据，有点小八卦。但是我投射一下，和男生相比，女生可能更普遍存在这种情况，因为女生之间比较容易起冲突。曾经有一位同学是这样描述男生女生的区别的，说刚上大学，女生很快就勾肩搭背，好得像一个人似的，等大学快毕业的时候，谁也不理谁了，友谊的小船说翻就翻；而男生是慢热型的，他们刚进大学的时候都各过各的日子，随着大学四年慢慢融在一起，到毕业喝酒的时候都穿了一条裤子。所以我们投射一下，应该是女生偏多一些。

主持人：可能大家对理工男有这样的一个认知，觉得他们比较直、比较内敛，这是不是也是导致人缘不好的一个表征？

李焰：不是不好，他们不是直，是闷，有时候我会开玩笑，他们是闷骚型的。他们比较内向，不太能够去表达自己，也比较隐忍。

主持人：刚才我们聊得更多的是在学校这个环境当中，大家九月份来到学校报到的第一天，基本上是带着高中之前的生活经验来的。高中之前可能很多是在家庭度过的，那到了大学，可能是第一次离开家，到一个陌生的环境中和一群陌生的小伙伴住在一个房间里。

李焰：您是不是想说一个人有没有好人缘其实跟十八岁十九岁之前是有关系的？确实是。每个人的现在其实背后都拖着长长的生命线，就是指他的成长历程、原生家庭带来的现在性格的痕迹。如父母的互动模式、父母对人的态度，千万次在孩子面前呈现，就会自然成为孩子的一个学习榜样，内化到孩子的形式。如果父母都是那种开放的，对别人有求必应的，或者是比较容易关心别人的，内心是爱他人的，那这个孩子就比较容易成为跟他们一样的人。每天耳濡目染的过程，就是在不断地装程序，在他长大了之后，等到条件符合的时候，这个程序就自动起作用了。父母的言传身教对一个孩子的影响是至关重要。

主持人：父母毕竟是孩子的一个榜样。大学的时间非常宝贵，转瞬即逝。如果你没有在这四年当中好好修行的话，到了社会、到了职场中，可能像这样的一个 D 同学，会处处碰钉子。

李焰：心理学有一个理论叫客体关系理论，形容一个人的人际关系模式。当一个人在家庭里习得了一种行为模式之后，他会很自然地把这种模式带到他的学校生活里，就形成他和同学之间的一种关系。如果在大学里没有进行修炼或者是提升，那他就会把同样的模式运用在职场上，所以在职场上，这个程序仍然会发挥作用。

主持人：我们也听说过有人三年换了五家公司的，这跟更换宿舍是一个道理。

李焰：一个人的修炼离不开几个大的道场：家庭道场、学校道场、职场道场。学校是一个你成长自己、提高自己特别难得的机会。因为到了职场，竞争会更加残酷，或者要求会更高，这时想去修正自己，代价会更大，付出的会更多。当然了，即便如此，对一个个体的成长来说，也仍然是有价值的，因为刚才说职场是道场，那是要一辈子修炼的。

主持人：如果说你越早醒悟的话，那你后面走的路就会越平坦。

李焰：即便是在职场中发生了这样那样的冲突，发生了一些不愉快，我们仍然把它看成一个成长的契机，把它从一个坏事变成一件好事。

主持人：今天我们和大家聊到的是人缘，有好人缘与坏人缘，我们好像说了很多好人缘的好处，那它会不会有一些"弊"？这是我们需要来讨论的，会不会引申到另一个极端，变成好好先生。

李焰：您说的好好先生指的是在任何情况下都以讨好的方式来赢得别人的尊

重，或者是以贬低自己的方式来获得别人的好感。如果是这样的话，那我不觉得他是一个拥有健康人格的人，这种所谓的好人缘也不会持久。

主持人：再或者可能是我在见面的时候非常客气，私底下可能是另外一副样子。

李焰：这也是一种不健康的表达方式。这种内外不整合、不一致的方式，也不是我们所要倡导的好人缘。好人缘、一定是基于一个健康人格的，是能够展示自己内在的善意、热情、对他人的关怀，而且也对别人有很多允许的一种比较健康的状态。

主持人：大家说到好人缘会不会也想到一个极端，叫作和稀泥——乱七八糟的，像和面一样。

李焰：我理解您说的和面的意思，就是这个人没有自己的立场，没有自己的底线，那也不是我们所说的好人缘应该有的品格。换句话说，如果要靠和稀泥换来好人缘，这不是我们想要的，也不是能够长久的。因为这是需要这个人付出更大的代价而获得的暂时的一种假象。

主持人：好人缘的人付出的可能要多一点，比如说大家找我什么事，我都答应，说"不"了会不会大家就不喜欢我了，我会不会就没有这个好人缘了？

李焰：当然要说"不"，因为"不"是一个人的底线，如果在不能够接受的情况下，说"不"也是我们拥有健康人格的好人缘的一个底线。

主持人：那我们今天的节目讲到了人缘的好坏和对生活的影响，包括怎样来提升自己的人缘。好人缘可能也是每个人都在追求的，大家都想往那个方向来努力。作为心理老师，有什么方法可以提供给大家？

李焰：对于年轻人来说，或者对于任何一个社会上的人来说，每一个年龄段、每一个阶段都适用的，第一个建议就是大家要多交朋友、广交朋友、交和自己不一样的朋友，因为这个过程其实是帮助我们理解不同的人的过程，在这个过程中，我们就能够对和自己不一样的人的人生多一些理解、多一些关怀。有一个电影，叫《我不是药神》，看这个电影之前，我对白血病患者是一无所知的，但是看了之后我对他们的命运、对他们、对这个疾病就有更多的了解，对他们有更多的关切，我很高兴国家能够把这样的药纳入医保。以此类推，我们读的书、我们交的朋友，包括不同年龄段的朋友与不同工作环境的朋友，都能帮助我们理解不同人的心路历程，我们对这些人就都会多一点关怀，其实是增强了我们跨境理解别人的能力。

一个人要多增加内心的思考，觉察自己的状态，少一些对别人的评判，多一些自我觉察，发现自己的局限。人人都愿意表达善意，人性如此，但为什么很多时候我们好像没有那么好的人缘？好像我们很热情，其实是为了别人好，但我们对他们有很多的评判的时候，无形中就会伤了他们。如果我们增加一些自我觉察，对别人少一些评判，就能够把我们的关心传递给别人，皆大欢喜。第二个建议是多学习，学习是非常泛的概念，可以从书本上学习，从生活中学习，从电影中学习，从各种方面学习，多增加生活阅历。读万卷书，行万里路；三人行，必有我师。所有的建议其实都是通过一些方法，扩大我们的心胸，拓宽我们的格局，当我们的频谱变宽了，就可以把更多的善意展示在别人的面前。

"心灵绿洲" 小课堂

　　大学宿舍问题一直是大部分学生入学遇到的大问题，对于有的人来说宿舍是梦想，而对于有的人来说宿舍却是梦魇，这可能就是人缘问题。有好人缘的人有能力去尊重别人的感受，经常做一些举手之劳却能够展示牵挂别人的事情，并且善于倾听别人，赞美别人，当遇到矛盾的时候，可以以柔克刚，拥有跨界理解他人的能力。

　　好人缘是一种健康稳定的人格呈现，不是装出来的，也不是依靠讨好他人获取的，这些都是不健康的人格。真正的好人缘一定是基于一个健康人格的，是能够展示自己内在的善意、热情、对他人的关怀，而且也对别人有很多允许的这样一种比较健康的状态。

　　如果想要一个好人缘，首先我们应该多交朋友、广交朋友、交和自己不一样的朋友，因为这个过程其实是帮助我们理解不同的人的过程。在这个过程中，我们能够对跟自己不一样的人的人生多一些理解、多一些关怀。其次，我们应该多学习，多增加生活阅历。读万卷书，行万里路。相信这样，我们可以在大学四年生活中修行得更好。

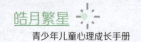

聊聊"内卷"和"躺平"

> 卷累了躺一会儿无可厚非，但躺平绝不是应对内卷的解药。要多元化思维，创新式思考，能跳脱出来，看到更多侧面，找到切实的应对方法。
>
> ——贾烜

 嘉宾简介

贾烜，北京印刷学院心理教师，北京师范大学心理健康服务中心兼职督导师，清华大学心理学博士，美国马里兰大学咨询心理学系访问学者，中国心理卫生协会团体心理辅导与治疗专委会委员，中国心理学会注册心理师。从事心理健康教育、心理咨询、团体心理辅导的理论研究与实践工作等。

主持人： 非常荣幸为大家邀请到贾烜老师来节目中，和大家一起探讨在社会中广泛存在且与我们生活息息相关的现象。不知何时起，网络上开始流行年度热词的盘点，这些热词往往汇集了一年内发生的事情及公众对这些重大社会事件的反馈。例如 2019 年有一个非常流行的词汇叫作"我太难了"，它源自一个视频，并迅速在网络中传播开来。2020 年，像"云监工"这样的词又一次成为热门，它描述的是通过网络监控火神山、雷神山医院建设的场景。还有"后浪"一词，也是源于 B 站（哔哩哔哩）的一个视频。

贾烜： 现在的年轻人确实给人留下了深刻的印象。

主持人： 还有一个词是"内卷"。这恰好与我们接下来要讨论的话题有关。贾老师，从心理学的角度看，您觉得为什么会有这些热词出现呢？

贾烜： 从心理学上来讲，人们确实倾向于关注社会上的热点话题，并且当这些热点引发共鸣时，人们会采用一种共同的话语方式来表达，进而形成一种社会

现象，这就成了年度热词。

主持人：那像"后浪"这样的词并不是新词，但突然间走红，这或许反映了某种社会现象。

贾烜：媒体的推动和社会力量的崛起使这样的词汇重新得到了认可，并回到了公众的视野中。

主持人：这或许代表了一些集体无意识的现象，例如"大家都这样了……"

贾烜：确实如此，当大家面对这些词汇时，内心会产生强烈的共鸣。如你所说，这会引发无意识的回应，使得人们愿意用这些词来表达自己。

主持人：人们甚至觉得这些词汇很适合自己，这也许是触发共鸣的一个先决条件。今天我们主要讨论的是"内卷"和"躺平"，那就先来谈谈"内卷"。

贾烜：实际上，"内卷"这个词其实以前就存在，但从去年开始，它确实得到了很多人的关注。很多现象确实让人感受到了内卷的存在。

主持人：据说"内卷"这个词最初是在农业活动中体现出来的。比如，当大家都发现割水稻有利可图时，都去割水稻了，但水稻的数量有限，参与的人越多，每个人分到的就越少。

贾烜：正是如此，这导致了<u>人们低效、无序地竞争和比较</u>。有一个形象的比喻，就像大家坐在电影院里看电影，突然第一排的观众站起来了，结果后一排的观众为了看到电影被迫也站起来，依次推开，最终全场的人都必须站起来，才能看到电影。这就是一种无效的内耗，导致大家付出很多额外的成本。

主持人：刚才贾老师提到的两个关键词：低效和无序，这或许是判断一件事是否内卷的核心标准。

贾烜：社会中还有很多其他内卷的现象。在学校里，一些人的行为会给我们带来很大的压力，如熄灯后在被窝里用手电或手机看书。在当前条件下，这些行为其实是没有必要的，但它会给身边的人带来很强的焦虑感，好像自己没有充分利用时间一样。

主持人：关于"卷"的感觉，曾经有一篇文章谈到，很多人泡在图书馆里，可能并非出于对知识的渴望，而是因为觉得"我应该去读书"，我应该看起来像在读书。这种现象不正是所谓的"卷"吗？

贾烜：像这种无效的竞争和努力，实际上就是卷入了"卷"的漩涡中。社会上还有很多"卷"的现象，比如学历的贬值。之前看到一个新闻，某卷烟厂招聘流水线工人竟要求是本科以上学历，这的确反映出了教育水平的提高。但在发达国家，这类技术工种通常需要的是职业教育而非学术教育。本科学历和流水线工人的要求之间的相关性难以判断，但这确实造成了一种局限，似乎没有本科学历，就连流水线工人的职位都难以得到。

主持人：难怪现在很多人认为高考是独木桥，很多职校和技校招生遇冷或压力较大。可能是因为就业市场的压力，许多人选择继续深造，从本科生到硕士，再从硕士到博士。

贾炟：而且还会设置各种门槛，如要求双一流、211、985等。但实际上，中央已经发布了文件，试图要改变这种唯学历、唯帽子的用人标准。用人单位提出这些标准，其实就是社会"卷"的一种明显表现。

主持人：例如，名牌大学可能被看作是完全不同的社会阶层。这实际上是一种无效的指向，名牌大学生、普通本科生甚至专科生之间的能力差距真的有这么大吗？也许并非如此。

贾炟：最主要的还是社会对于这些信息的比较。在教育领域，这种现象非常突出，尤其是在中小学教育中，小升初、初升高的选拔过程中，"卷"的现象非常明显。

主持人：都说高考竞争激烈，其实中考压力更大，只有不到一半的孩子能够升普通高中。

贾炟：在北京，这个现象特别明显，许多孩子出国留学，大家比的不仅是上了哪所大学，还有哪个高中毕业。在高中的申请过程中，不仅比学习分数，还比课外的才能。比如，一个孩子钢琴能弹到十级已经很出色了，但他上了高中之后说这在他们班里只是标配，不算才艺。这其实也是一种"卷"。

主持人：刚才说的是作为学生遇到的一些"卷"，作为家长，遇到的"卷"可能也不少。刚才贾老师也提到，原来以为孩子钢琴十级很优秀了，但进入高中后发现班里每个孩子几乎都是十级，好像无形中这个所谓的竞争优势就消失不见了。

贾烜：这就是一种"卷"。上学主要是为了学业能力，其他能力只是锦上添花，这种盲目的比较带来了一种"卷"的感受，导致人们过度焦虑，追求更多的才艺，而不是为了自己成长。

主持人：在教育过程中，补习班也许是一个特别严重或普遍的现象。

贾烜：补习班的"卷"也很严重。过去是成绩不好才需要提升，现在却是所有的孩子，尤其是学习好的孩子更要上补习班，包括奥数等额外课程。实际上，数学家提出了奥数本身和学习能力之间并不具有直接的相关性。但为了满足攀比心理，大家不得不掌握一些额外的能力。这就是教育领域的内卷现象。

主持人：毕业后面临工作的压力，在职场中也可能会遇到被"卷"进去的情况。

贾烜：职场中的"卷"也非常严重。我们经常听到"996"这个词，好像如果不是"996"，都不好意思说自己是在知名科技公司工作。这实际上是一种内卷的状态。我曾经听过一个有趣的故事，在某公司，一个员工加班到八点受到了老板的表扬，结果形成了一种加班文化，大家不加班到八点都不好意思下班。八点本来是额外的加班，现在却成了公司的一种标配。这实际上是一种内卷，并非所有人都需要加班，有时候加班是因为在正常工作的时间内未有效完成工作。这就是职场中的一种内卷现象。此外，生活中我们也不断地被各种比较所卷入。

主持人：例如，在北京拥有几环内的房子。

贾烜：一提起房子，很多人就开始比较。房子本身是一个必需品。生活中有些东西，如车子，有些人并不是那么需要，但因为这种内卷的比较，感觉也必须购置一辆，实际也不常用。这让我想到农村地区娶亲时的丈母娘文化，从要求三金到要求有房有车，甚至要在城里买房。这是典型的"卷"，源于生活水平提高带来的特殊需求和攀比。

内卷在我们的日常生活中无处不在。这让我想起了我弟弟在上中学前总是穿着朴素，但当他进入一所名校的分校后，他发现周围的同学都穿着耐克、阿迪达斯等名牌，他感到自己无法再穿以前的衣服，穿上它们好像会丢份儿。这种情境反映了生活中不必要的内卷现象。

主持人：谈到这个，我想到了一个更普遍的情况：跨年龄段学习。原来我们在学习英文的时候，我还觉得挺难的，因为有一些地方是五六年级才开始学，英文的底子可能就不是那么扎实。而现在很多小孩从幼儿园，甚至两三岁开始家里都是英文环境，到五六年级就已经可以很流利地用英文来表达了。这可能是在很多 70 后、80 后看来特别"卷"的一件事情。

贾烜：我曾经遇到一件事，让我感受到了内卷的压力。我看到 Python 技能似乎成为标配，而我已经读到博士了还不会 Python，这让我觉得自己的竞争力很弱，好像人生发展就要被 Python 卡住了脖子。这其实也是社会宣传给我们带来的影响。

主持人：大街小巷的商户招牌上写着 Python 培训、编程培训等，这无疑给家长带来了很多的压力。

贾烜：实际"卷"真的无处不在，我们不断地被各种各样的生活需求框在里面。

主持人：刚才我们谈到了求学过程中的内卷、子女教育方面的内卷、职场中的内卷、生活领域的内卷，总会有人被卷到其中的某一项或某几项，甚至全部。

贾烜：实际上，这个"卷"的背后常常是一种比较。社会心理学领域有一个非常有意思的研究话题叫社会比较，就是人在做一些事情的时候，是需要寻求一些社会参照的。恰当的参照给我们带来正面的一些激励；错误的比较，或者称之为攀比，就会带来一些不必要的压力或被动的感受。

主持人：最近流行的一个词叫"立一个 flag"，就是立一个标杆，立一个旗帜，这可能是一个特别好的激励我们向前的方式，但这个旗帜应首先是你经过努力可及的一个东西。

贾烜：而且这个标杆最重要的是要有意义。很多时候之所以说我们是内卷，是因为实际上我们是被一些无意义的比较和目标所裹挟了。我们有的时候都忘记了初衷是什么，陷在了一种盲目的比较里。

主持人：我们能否从专业的角度或学术化的视角来看待内卷这种社会现象？为什么大家都会选择内卷？我们应该如何正确看待内卷？

贾烜：内卷确实带来了一些积极的影响，正是因为有了前进的动力，我们才愿意被卷入。但我们今天讨论的内卷更多的是社会上不必要的比较。这种内卷会给我们情绪上带来困扰或负担。内卷是一种社会比较，因为有了比较，才会被卷入。这与个人的特质有很强的关系，比如个人的成就动机较高，容易接受激励，就更

容易陷入比较中。这与我们的个性特点有关，是内卷的一个成因。

主持人：在教育孩子时，比如看到隔壁小明总是考第一，而你的孩子却总是考得不好，这样的教育方式和环境是否容易导致将来更容易被卷入？

贾烜：这一直是我们所反对的一种方式，但也是常见的家长激励孩子卷入的方式。这种方式带来的是一种内卷的心态，会让我们感到焦虑、不安心。面对很多情境时，我们不知道自己处于什么状态。长时间的内卷会导致抑郁、身心俱疲，变得悲观、绝望，觉得自己再怎么努力也达不到目标或期待。这会让我们的自信心受损，心理变得脆弱，缺乏韧性，容易崩溃。这与心理学上强调的积极心理资本，讲究乐观、希望、自信、韧性相反，内卷恰恰给我们带来的是负面的心理感受。

主持人：其实说内卷完全是坏的也未必。一篇文章说过这样一句话，人类的第一次优秀的内卷是因为某一个地方人太多了，有一部分人要走出去，才会来到世界上的各个大洲、大洋生活，才有了各个地方的人类，这可能是一次特别积极的内卷了。

贾烜：在一开始时，社会比较是我们生活在社会上需要的参照。因为有了这样的比较，我们才能够客观地评估我们生活的环境，知道如何调整我们的行为。我们今天的社会之所以这么关注内卷，是因为我们"卷"得有点过度了。本来你卷进去是理所当然的，但你把自己都给卷坏了，那就有违我们一开始的自我要求了，这就会带来一些不必要的情绪。所以内卷还和我们所参照的环境密切相关，这是带来内卷的另一个因素。

主持人：在被"卷"的过程中，我们是否能够开辟一个新的战场？这是不是也是我们应该思考的？不是在同样的战场中作对厮杀，而是开辟一个新的战场、新的才艺、新的领域。

贾烜：这是一个非常积极的应对方式。如果大家能这么想，可能就能够适当地摆脱内卷对我们的负面影响。但是很多人并不是这样想的，面对内卷时，他们选择躺下，而不是开辟新的战场。

主持人：这可能也是我们希望和大家聊的另一个热词——躺平。我记得这个词出来的时候，我的朋友圈可能在三四天内都在发相关的图——你躺平了吗？好像大家都有放弃抵抗的意思。躺平这个词背后可能还会有更多的意义。内卷是无法回避的被不自觉卷进去的过程。在被卷入的过程，你可能会先去做一些抗争，负隅顽抗一下。到最后，有可能你会有一些成果，会离目标更近一步。但更多的情况可能是你失败了，就躺平了。

贾烜：现在社会上有很多有意思的现象，我什么都不做了，要躺平了，享受自己的生活。在发达国家尤为如此，比如日本。

主持人：日本早些年就提出了"低欲望社会"的概念。在物质充足、父母收入稳定的情况下，年轻一代往往选择降低生活欲望，倾向于所谓的"宅文化"。

贾烜：随着经济发展，很多年轻人向上的动力减弱，这与社会的高度竞争和内卷过度有关。

主持人：在日本，社会重视资历。年轻人再怎么努力，职位永远是低于年长的员工，因此可能就会失去了奋斗的动力。

贾烜：在过去，日本高房价让年轻人感到绝望，由此诞生了"御宅族"，他们几乎与世隔绝，可能手机和电脑就能完全满足他们的生活需求，这种生活方式反映了一种"躺平"的心态。

主持人：在早些年，曾有所谓的"佛系"现象，与日本的低欲望社会极为相似。

贾烜：这让我想起了曾经特别流行的一张照片，描绘了一个手持莲花的年轻人，象征着随遇而安、无所追求的佛系态度。从日本社会的状况可以看出，内卷的后果常常是导致相当一批人最后选择躺平。

主持人：从概率的角度来看，如果大家都在努力，真正顶尖的可能只有少数，许多人可能因为看不到希望而选择放弃竞争。

贾烜：从心理学的角度来讲，躺平实际上是一种心理防御，是为了避免在激烈的竞争中受到伤害而采取的一种自我保护的机制。在心理学里把它称为"自我设限"。通俗来说，有的学生常说的"我只是没努力而已……"通过逃避来预防努力却没有结果的挫败感。这就是躺平现象背后的心理动力。

主持人：但在现实社会中，高房价让很多人觉得即使努力也没有办法拥有属于自己的房子，从而产生绝望。

贾烜：谈到躺平的心理动机，心理学上有一个非常有意思的词叫"习得性无助"。心理学家塞里格曼曾经做了一个实验，动物在遭受反复电击后，即使有机会逃脱也会选择放弃，这种现象其实就是躺平，不再想要努力改变这种情况。这就是人们常说的失去了积极动力，最后导致的习得性无助，从而躺平。虽然躺平看似是对内卷的一种应对策略，但它并不一定能有效解决内卷的根本问题。

主持人：因此，在网上出现了关于躺平的激烈辩论。一方认为躺平是思考后的选择，而另一方则认为躺平是绝望的表现。躺平这一观念或社会现象如此普遍，究竟是出于想通后的思考还是出于绝望呢？

贾烜：这实际上因人而异。有些人确实是经过深思熟虑后选择躺平。例如，有人放弃稳定的工作而去追求自由的生活，如经营民宿或旅游，他主动选择了一种自由的和自己的心情相符的躺平方式；有些人是被动、逆来顺受的躺平；还有些人虽然口头说要躺平，但实际上行动上却非常努力，这是口头躺平派。

躺平可以从心理的角度被视为一种选择，但不应该是最终的归宿。有时面对压力巨大的生活，我们可能会选择暂时躺平来调节身心，放空自己，按照自己的心情安排生活节奏。这种暂时的躺平是必要的。但如果是长期、彻底地躺平，这不是一个合理的选择。因为从心理学的角度来看，成长是人的内在需求。如果停止成长，人的生命力会部分丧失。因此，终极意义上的躺平可能意味着某种形式的放弃。我们今天来讨论躺平，它有积极的意义，但并不认为躺平真的就是内卷的一种解药。

主持人：在社会中，确实有很多情况能促使人们产生躺平的想法，如高房价、收入停滞等，这些因素可能让人感到绝望、无助。

贾烜：面对某些方面的躺平，我觉得无可厚非。例如，面对高房价，很多人可能会选择放弃在一线城市购房的想法，因为实际收入与房价之间的差距确实令人感到无望，但这并不意味着我们人生所有的方面都因为房价而停滞了。我们可以通过租房、调整生活城市或居住距离来改善自己的困境，甚至是在短时期内的

绝望状态。困难不应该是我们人生躺平的理由，我们要改变我们能改变的，但也要接纳我们无法改变的现实，同时寻找解决问题的方法，而不是一味地选择就此佛系躺平。

主持人：阶段性或选择性地躺平是值得被鼓励的，这并不是坏事。关键在于我们如何面对社会的内卷现象，并找到应对的策略。贾老师刚才提到，彻底的躺平并不是解决内卷的解药。那么，真正的解药在哪儿呢？

贾烜：那我们下面来聊聊应该如何面对和处理内卷问题。随着社会的发展，内卷似乎不可避免，因为竞争在各个方面都在增强。

主持人：我们不能抱有逃避内卷的不切实际的想法。

贾烜：内卷是社会发展的必然产物，我们需要接受它。中国从曾经的温饱不足发展到如今的物资丰富，这就是竞争带来的发展。然而随着社会的发展，竞争也愈发激烈。因此，从态度上我们应该开放地接纳竞争现象，但也要避免无意义的竞争。

首先，关键是要明确自己想要什么。很多人因为不清楚自己的真实需求而陷入盲目的竞争，他们试图拥有一切，却忽略了自己的实际需求。理想的状态是每个人都能得到很多好处，但社会资源是有限的，而中国有 14 亿人口，比如，如果像美国那样人均车辆比很高，中国的道路应该全部都崩溃了，这是不符合社会现实的。因此，我们需要知道自己到底想要的是什么，不要去盲目地比较，在对人生需求的满足上，我们在一定程度上需要做减法。不是每个人都需要拥有私家车，公共交通可能更方便；不是每个人都需要住别墅，一个舒适的住所就足够了。有时候这种攀比带来的"卷"是没必要的。就像鄙视链，这其实就是一种盲目的攀比。有的人说北京有房，有的人说自己是在六环内，有的人说自己是在四环内，有的人说自己是二环的，这其实就是一种"卷"。实际上所睡的只不过是一张床，要看到这个本质，而不是那些外在的附属的东西。要想清楚自己最主要的需求是什么，朝哪个方向去努力。

其次，面对内卷，我们需要有多元化的思维。当众人都在从事相同的工作时，比如大家都在生产手机，那你能不能出来生产平板？考虑是否能开拓新的领域或创造独特的价值，而不是在同一赛道上和大家攀比。比如别人加班到八点，那你是否能通过提高工作效率或创新来获得认可？这其实就是通过其他角度另辟蹊径应对内卷的有效手段。

主持人：提到内卷，很多人会想到一个关于卖鞋的故事，这个故事可能也会给大家一些思考，当大家都在卖皮鞋时，你是不是能卖运动鞋？

贾烜：是的。差异化思维和多元化思维也是我们破解内卷的关键。在面对竞争时，我们还应该努力降低恶性竞争，减除无效、重复的竞争。因为它们会带来负面情绪，从心理学角度看，这种情绪会让人的视野变窄，不利于摆脱"内卷"的状态。因此，我们应该避免和他人进行恶性、低效的竞争。

主持人：面对内卷，我们可能需要从一个更高的维度和更广阔的视角来审视这一现象。

贾烜：我们需要能够跳脱出来，采用创新的思维方式。当面对比较时，我们要看到自己的不同点，例如，马云就曾说他是在做生意的人里最会讲英语的，在教英语的人里最会做生意的。一旦你找到了自己的创新点和特色点，自然就能从这个卷里跳脱出来。

主持人：回到之前提到的卖皮鞋的故事，有些开咖啡馆的人可能会抱怨大家都在买鞋卖鞋，没时间喝咖啡了。那么你能否创造一种新的业态或模式，让大家在忙碌之余有机会放松，这可能也是一个创新的点子。

贾烜：就像刚才说到的咖啡，我有一个朋友从事教育行业，他发现培训市场竞争激烈，于是他就把培训地点转移到了社区里，并提供像咖啡菜单一样的多样化选择。结果他发现这个社区有孩子托管的巨大需求，家长工作回家前的空档期

需要托管服务。因此，他提供的服务不仅包括教育，还有食物、托管等。创新模式很快就火起来了，并发展成了连锁。因此，不要只局限在一个单独的方面，和大家重复地比较。

主持人：用现在流行的话来说，就是避免零和博弈。通过我们这样的一个思维，把蛋糕做大。

贾烜：从这个角度上来讲，想要摆脱"卷"，最终还是要发掘自己内在的优势或自身独特的资源。心理学的问题归根到底都是自我的问题。我们常常谈心理健康的核心也是自我。积极心理学中讲人有 21 种优势。你在摆脱"卷"的过程，也是探索自我、发掘自身优势的一个过程。

主持人：社会上有很多习得性无助的现象或是社会风气弥漫，大家可能看到"卷"或躺平，大于 90% 的人可能都会选择悲观、负面的方向，这也是大家需要警惕的。

贾烜：我们需要理解内卷存在的客观原因，而不是一味地抱怨处于内卷的环境中，无论是教育、学习还是工作。我们需要开放地接纳内卷，调节情绪，适度躺平，同时积极探索内在的资源，找到适合自己的路，最终摆脱这种卷，达到自我选择的、舒适的位置，让自己的生活保持一种开放、积极、有成长性的状态，健康地进行。

"心灵绿洲" 小课堂

"内卷"本指农业活动中的低效竞争，现泛指社会中的无效、无序竞争，如职场中的"996"文化、教育中的过度补习等，这种竞争常导致焦虑和抑郁。相对地，躺平作为一种应对压力的方式，在不同人中有不同的含义，可能是积极调整或者消极放弃。

通过这篇访谈，我们了解到应对内卷的策略包括明确个人需求、避免无意义的比较和竞争、拥有多元化思维以及开拓新的领域，在合适的程度下接纳必要的竞争，同时寻找符合个人和社会发展的健康竞争方式。通过理解内卷背后的心理动机，社会和个人可以更合理地面对竞争，减少无效的内卷现象，在保持生活的积极性和成长性的同时，找到积极应对内卷的方法，最后实现更加健康和可持续的发展，摆脱过度竞争带来的压力和不适。

心理咨询咋回事？

嘉宾简介

严由伟，中国心理学会认证心理专家，中国临床心理注册督导师（D-20-050），福建师范大学心理学教授，博士生导师，心理咨询资深专家。

主持人：严老师作为心理咨询资深专家，已投身心理咨询行业近 40 年，亲历并见证了行业的发展。

严由伟：是的。1986 年，我刚在高校工作一年，因条件有限，自制写有"心理咨询"的信箱挂在学校主干道开启工作，当时很多人对心理咨询一无所知。信箱起初空无一物，收到的第一封信是咨询学习问题及询问心理咨询是什么的。因没电脑只能手写回信，针对地址不全等问题，我在信箱旁注明"来信请注明您的地址"，回完信投到学校传达室班级信箱，这便是最初的工作模式。

后来学校成立了心理咨询室，得以开展跟踪随访等服务。咨询者从好奇的同学逐渐发展到有心理困惑乃至心理障碍的人。其间，面临资料匮乏、无人指导等挑战，却成功解决了诸多问题。如帮助一位偷胸罩成瘾、临近毕业害怕受处分的男生克服心理问题，这成为我首个成功处理的心理障碍案例，标志着专业工作进入新阶段。

随着时间推移，我国 20 世纪 80 年代中期开始有相关著作出版，90 年代初，众多媒体参与助力，全国掀起心理咨询推广普及高潮。

主持人：那么到底什么叫心理咨询？

严由伟：如果我们下一个简洁的定义的话，第一，应用的必须是心理学的知识和原理，凡是没有依据心理学知识和原理的，都不叫心理咨询。第二，要遵循心理学的原则，尤其是心理咨询的原则，有悖这些原则的通通都不是心理咨询。第三，必须通过心理咨询的技术和方法，如果说一个人所从事的工作，他运用的不是心理咨询的技术和方法，那也通通不是心理咨询。第四，从事心理学相关工作的目的是帮助人解决心理上的问题。我们必须是解决心理问题，如果不是解决心理问题，那也不是心理咨询。

主持人：有这四点原则，那我们一点一点来解读，首先第一点是应用心理学的知识和原理。

严由伟：嗯，应用心理学的知识和原理，这是我们的一个前提。比如一位先生在路边放一块纸皮，这边写"麻衣相术"，那边写"心理咨询"，那他从事的这个活动到底是不是心理咨询？

主持人：可能他确实能够帮助人解决问题。

严由伟：很多老百姓认为这难道不是在解决我心理上的困惑吗？比如说我现在生了一胎是女孩，下一胎我要生男孩，我心里一直在纠结，你帮我算一下看看。

这应用的其实都是各种相术，还有其他的原理，反正不是心理学原理，那这就不算是心理咨询。第二点说到"原则"，如保密原则，是心理咨询的生命力。只要违背了这一条，就不是心理咨询了。这就涉及来访者对心理咨询活动的怀疑和抗拒。

主持人：心理咨询师可能是知道最多的人。

严由伟：是的，我们心理咨询师可以说是人们心灵的一个倾诉的地方，心理咨询师心里装了很多的东西，这就需要大家保护好来访者的各种隐私。除了保密原则之外，还有很多其他专属于心理学的原则，我们判断是不是心理咨询，还需要从这个方面平衡地去审视、去考察。

主持人：技术方面呢？

严由伟：随着心理学的普及，老百姓也知道不少了。比如有各种流派——精神分析、人本主义、行为主义，还有认知心理学等，这些在心理咨询的应用非常深入。必须要依照一些心理咨询的技术和方法来做，如果采用的是别的方法，恐怕也不能叫心理咨询。就像我们大家非常熟悉的思想工作，早期红军队伍所开展的思想工作，是卓有成效的。但是对于当时来说，在这么艰苦条件下要做有成效的思想工作，他们依照的是什么？其中就有心理咨询的方法，但他们也没这个意识。所以你有意识地去应用方法和技术的话，就是心理咨询。无意识地应用，哪怕用的非常多，我们都不太好说它就是心理咨询。如果从广义上来讲，它是一项助人的工作。有的人恐怕会说，那也是心理咨询，是广义上的心理咨询。但如果你不是有意识地应用这些方法和技术的话，应该把它归在思想工作范畴里。现在思想工作跟"心理咨询"的联系已经非常多了，思想工作人员也是有意识地去学了很多知识来为人服务，帮助人的思想成长。其中既有心理咨询的成分，也有思想工作的成分，二者交叉在一起，这个时候判断是否为"心理咨询"就要看具体的事情了。我们必须自觉地有意识地应用心理学的技术和方法来开展工作。

主持人：最后一个要求就是工作的目的，这项工作会达到一个什么样的效果，正面或者负面的。

严由伟：心理咨询所要解决的必须是心理方面的问题。像前面说到的思想工作，有些解决的是政治立场问题。广义上来说，政治立场问题涉及人们的三观，也可以说是一个心理上的认识问题。但是，现在还是要把它分清楚，就是涉及政治工作的时候，要将其划入思想工作范畴，不叫心理咨询。

主持人：咨询方面可能更多的是人和人之间的沟通上的一些问题，或者是自己的障碍。

严由伟：必须是来访者自己的。就像一个家长来解决的是孩子教育的问题，这是心理咨询吗？不是，这是家庭教育问题。

主持人：前提是本人的。

严由伟：是来访者自己的心理问题。

主持人：嗯，比如我同寝室的某某某，我代替他来做咨询，这种是不行的。

严由伟：应该这样说，可以来咨询，但是那个咨询不叫心理咨询，叫其他的，比如说和室友一些人际交往或共同发展上的沟通，可以和室友一起来做工作，一起做一些交流。

主持人：我们和严老师一起梳理了一下心理咨询的含义，主要有四个方面。

严由伟：对，它有四个内涵，或者说是四个主要的特点。

主持人：把特点抓住了，就能促进心理咨询的工作，让它更加顺畅。

严由伟：是的，对大家来说很重要的一件事情就是要认识到什么才是心理咨询。这个问题在国内的确比较混乱，就像有些现象算不算心理咨询呢？我举几个例子，像我们常见的社区里，隔壁大妈的社会经验非常丰富，待人非常热情，十分有爱心，哪个邻居家的小媳妇家里闹别扭了，大妈过去以后，几句话把人安慰得非常好。这种邻里之间的现象，在中国的传统文化里是常见的，那这到底是不是心理咨询呢？实际上，像这种情况，我们不叫心理咨询。首先，从应用心理学的知识和原理上来说，其自觉性不是很明显；其次，从应用心理学技术和方法上，虽然她使用了，但只是根据自己的经验在用。这里可能有这样的技术，但应该说它是从经验出发，从经验中来，到经验中去，然后再到现实中去。这个不能叫心理咨询，尽管它也是做人的工作，解决的也是人心理上的一些情绪困扰等。

这是我的亲身经历，比如我到某个景点，进了一个名刹，在一个不太起眼的地方，墙上挂着一块板子写着"心理咨询由此进"。像这个，我们要说的是，在宗教人士当中有些人岁数不小了，也在学习心理咨询的理论和技术，来举办各种培训班等。宗教机构开始做某些跟我们心理咨询类似的助人活动，这个时候它是不是叫心理咨询呢？特别是有些教友去参与这类活动，接待你们的人前半句是宗教术语，后半句是心理学术语，恐怕你也觉得挺好接受。但是严格来说，也不叫心理咨询，因为他依据的是他们的宗教教义和一些观念。这就如同我们前面讲的思想工作和心理咨询的关系一样，宗教人士在应用一些心理咨询的理论方法和技术来做教育的工作时，有一些助人的意义，但不能算作心理咨询。如果哪位宗教人士，他与自己的宗教术语、宗教身份能够分离开，能够独立遵循心理学的原理，依照心理学的原则，然后应用心理学的理论和技术方法，将宗教和心理学工作二者界限划分清楚了，通过这种工作帮助人的心理的成长，也可以叫心理咨询。当然，实际上这种界限很难区分开。我们和宗教人士有过一些交流讨论，对他们的工作我们还是接受的，但是他们要向教友们讲清楚所从事的是宗教活动还是心理咨询的活动。

主持人：嗯，刚才严老师介绍了什么是心理咨询，那接下来问题来了，什么样的人应该去寻求心理咨询呢？

严由伟：我们不妨记住三种人，第一种是精神正常，但是有心理困惑的人，他们会在生活、工作、学习过程当中，在发展过程当中遇到各种各样的心理困惑。我们把这类人的咨询叫发展性咨询，这是我们主要的工作对象。第二种就是有心理障碍的人，他自己难以控制各种症状，难以调适，这种情况就必须来咨询，我们称之为心理健康咨询或矫治性咨询。第三种是康复咨询，这些精神疾病患者已经治愈，或者是正在治疗当中，他们通过服药处在稳定期的时候，也可以来做辅助性、康复性心理咨询。

主持人：嗯，那么找谁来咨询，是不是也是一个非常重要的问题？

严由伟：是的，这个问题涉及我们行业里头一个很严肃的问题，就是关于咨询资质的问题。这个对于一些心理学爱好者来说，也是一个很认真很严肃的问题，需要大家好好思考。那么到底找什么人去咨询呢？简单来说就是两类人，一类是获得了国家认可的心理咨询职业资质的人，另一类是长期从事临床与咨询工作研究的人。

先说国家认可的资质问题。当前国家认可的资质有四大类。第一类是经过中国心理学会注册系统注册的临床心理师、咨询心理师、注册临床与咨询督导师，这些人都是经过严格考核和资质认证的专业咨询师。未来还可能有国家的其他与心理咨询有关的专业协会认证的专业咨询师。第二类是我国医疗卫生系统认证的临床心理治疗师，他们主要在各级医疗机构开展心理或精神卫生方向的心理咨询工作。第三类是教育部认证的各级各类教师资格条件的心理辅导师，主要面向各级各类在校学生的心理咨询工作。这些都是我国心理咨询行业的专业工作队伍。第四类比较特殊，队伍不太整齐，但其工作可圈可点。当年劳动部开启了心理咨询师职业资格考试，通过考试拿到二级证书的人，其中一批优秀者也可以开展心理咨询的服务工作。目前全国各地仍有一大批单位或机构依然认可这批二级证书持有者，他们依然活跃在心理咨询岗位上。人们可以去找这四大类有资质、有职业证书的人去咨询心理问题。

另外一部分人不一定获得了上述四大类资质，但是长期从事临床与咨询心理方向的研究工作，我们暂且称之为心理咨询研究专家。这些人也是可以开展工作的，他们有正规的专业培训经历，以及长期严格的专业学习和训练，拥有高校教授或研究所研究员等各种身份。这些人通常都是科班出身，应该说基础都相当扎实。大家如果有心理困惑，也可以向第二部分人咨询，可以说这些人也是中国心

理咨询事业的重要力量。当然，随着我国专业资质认证的推广和普及，临床心理学家或者咨询心理学家们迟早都会去申请国家资质认证。

当然，我们希望所有具备心理咨询能力的人都能够在国家认可的一些正式机构、场所开展工作，各尽所能。

大家有问题要去找咨询师的话，去哪些地方找呢？学校方面的这支队伍人数是最多的。稍微大一些的学校都有心理学专业的教师，这些人是很好的资源，可以去找他们。

主持人：但从目的的角度来说，您举的大妈的例子，她的效果也挺好，那会造成一些不太好的影响吗？

严由伟：这么说吧，过去也没有心理咨询这个行业，过去我们邻里之间很多纠纷，都是通过街道、社区，大家相互帮助。街坊邻居或自然村落内一些德高望重的人，以及各方面能力素质基础好的人在开展这种工作。所以我们还是提倡大家继续营造一个良好的邻里氛围，不要老死不相往来。大家都在同一个社区或小区里，应当以邻为伴、以邻为友、愉快相处，那么这方面的资源就会比较多。在日常生活当中，有谈得来的，也可以聊天，这些活动我们都可以继续做，挺好的。有这样一些好邻居、好街坊，都是我们很好的资源。我们暂且不说它是不是心理咨询，但是这项活动是有意义的，首先要给予肯定，我们还要继续发扬中华文化的一些优良传统。但从另一方面来说，如果在这些人当中，你难以找到合适的人，或者如果经过与他人交流还依然有疑惑，或者是不可控的症状，那还是得找专业的心理咨询师。

主持人：专业的咨询师会给来访者提供一些建议或者一些对事情的看法。其实这也需要来访者也就是求助问题的人来主动配合。

严由伟：是的，有很多人觉得，心理咨询怎么会产生这么好的效果，有一些个案甚至很神奇。其实我要特别说一下，就是做心理咨询并不是说坐在这聊聊天就有效果了。远不是这么回事。真正来说，要起到好的效果，咨询求助者的信任、这些来咨询的人对咨询的主动性和积极性其实是很关键的，也就是来访者主要应当靠自己，在咨询师的协助下，通过他们自己的努力，把问题解决好。这里面有一种类似四两拨千斤的关系，这个千斤力还是要靠自己，借助的外力就起到四两的作用。心理咨询工作就像这样，通过咨询师的一些努力，来访者自己再加把油，事情就解决了。

主持人：在我看来，好像是一个问路的过程，比如我问去厦门思明区的中山路怎么走，咨询师可能告诉我说，前面第二个路口右拐，大概走两百米会看到一个书报亭，再往右拐就到了。咨询师可能会根据他的经验，根据他的心理学理论和方法，做一个这样的指引。

严由伟：可以这么理解，但来访者的路还是要靠来访者自己走。

主持人：是，不可能咨询师代替你走到那个地方。

严由伟：很多来咨询的求助者或来访者，进来以后第一句话就问，我是这样的问题，你说怎么办？希望开药方一样，他们拿着这个方子，事情好像就解决了。其实，心理咨询师的效果也不是那么立竿见影，也没有那么简单。但是你要说神奇，有时候也的确很神奇，是双方共同努力的结果。

主持人：来访者本身也要有一个好的心态，不是说我找到咨询师就万事大吉了，实际上还要通过自己的努力。那就要请教严老师另外一个问题，您在咨询这条路走了快四十年，您观察到的过去和现在应该也是有很多的不同了？

严由伟：四十年的路可以看到中国心理咨询事业的整个发展历程。像前面谈到的，从挂木制信箱到后来有了咨询室，再到学校成立了心理咨询中心，这个时候随着全国大面积的普及和推广，应该说心理咨询迎来了春天，心理咨询工作在全国轰轰烈烈地发展起来了。当然中国的心理咨询工作在未来某些方面，仍需我们不懈努力。首要任务就是在学术理论和方法的建设上，在出版书籍等方面，我们要不断地去努力。比如有些书籍该修订的要修订，要继续做好有关方面的出版普及工作。此外就是师资的培训，我们需要有一支专业的培训心理咨询师的教师队伍，需要进一步加强。

主持人：那目前这方面的工作怎么样呢？

严由伟：总体来说，国内这方面的工作应该是很不错的，这个局面非常可喜。事业总是不断地往前推进，如果从更高的目标、更高的要求去衡量的话，还要思考怎么促进这支队伍进一步，提升专业化。接着就是不要满足现状，怎么来进一步地发展，这是要做的第二个问题。第三个是这个行业的管理问题。随着工作面铺开之后，暴露出一些问题，需要我们不断去规范，行业内要好好重视起来。其实这个问题在任何行业都会存在，这是各行各业一个共同的特点，都在不断地自我建设，不断发展。不过可喜的是，随着心理咨询相关知识的普及，有心理困惑或者有心理障碍并主动去寻求咨询的人会越来越多，而且寻找的咨询师也会更加

精准、明确。当前，中国心理学临床与咨询心理学分会、中国心理学学校心理学分会，以及中国心理卫生协会等国家级专业学会或协会，都在陆续颁布心理咨询师的伦理守则，中国心理咨询事业必将迎来更加美好的局面。

主持人：是的，慢慢地这些咨询师可能也会有自己的心理品牌。

严由伟：对，也许到了十年八年之后，我们身边熟悉的人就会成为专家型心理咨询师。

主持人：挺好的一个局面，还有一个话题也是和这个有关，那就是科技的进步会不会助力这个行业的发展？现在，国内已经有了各种各样的专业心理咨询网络平台，心理求助者交流变得格外方便，电话、短信，甚至微信、微博这些交流方式都十分便捷。

严由伟：会。各种技术的进步也推动了心理咨询事业的发展。各种网络技术、媒体技术，应该说都是非常好的渠道，也包括广播电视台。有一些电台也开办了心灵热线、情感热线，还有深夜12点的悄悄话节目等，这些渠道都非常好。每一种方式、每一种技术手段都有它的独特魅力和优势所在，大家也可以通过多元化的技术渠道，通过各种方式进行心理咨询。未来还可能有人工智能AI技术平台，科技改变生活，许多难以想象的高科技手段也将走进心理咨询事业当中。总而言之，大家有问题可以向邻里朋友倾诉，可以跟专业的咨询师诉说，也可以通过各种各样的媒体渠道来交流，不要把心思压抑在心里，没问题时要预防问题，有问题时要及时联系心理咨询师协助解决心理问题。

主持人：如今的心理咨询应该是更方便了，原来可能我们要去找心理咨询师，要花费好长的路途或者好多的时间，但现在我加一下他的微信，在他的微信公众平台来预约留言，就可以实现一个简单的交流了。

严由伟：对，起码说我可以完成前期的一个相互熟悉和了解的阶段，这样的话你选择什么咨询师，或者你到底有没有心理问题都能明了。比如我遇到过一位姑娘，每天晚上12点之前都要从床上爬起来，下楼去停车棚摸一下自己的自行车车锁，看看锁了没有，每天都这样，一直连续两个月。她疑惑这到底是什么问题，是不是强迫症呢？经过多种媒体平台查阅后，当事人可以明确地知道这不是强迫症。通过媒体或者技术途径，可以解决一些前期基础认知的问题。很多人不太了解什么叫强迫症，误以为自己是强迫症的时候很难克服，就感到焦虑，容易继发别的心理问题。刚刚的案例很简单，经了解，她之所以每天深夜必须确认车锁是否锁好，其实是一种"现实顾虑"，因为她经常听说"新车被盗事件"，像这种情况，只要她把"新自行车"挪到安全的地方放一段时间，她的"毛病"自然就好了。解除了应激源，确认对应的焦虑和顾虑清除之后，她心里就踏实了，就不再强迫检查了。

主持人：老师怎么看待传统意义上的面对面咨询呢？

严由伟：面对面咨询依然是主导的、主流的方式。心理咨询工作是一项助人的工作，当面能容易了解更多信息。对来访者来说，在自己身边或者容易找到的地方，如果能找到合适的咨询师，则有更方便之处。心理咨询工作中很多的信息都是要依赖当面的交流才能获得。大家如果真的有心理问题，有条件的话还是去找有资质的心理咨询师。

主持人：在面对面的沟通当中应该也会更有安全感？

严由伟：是的，毕竟这样获取的信息量会更大、更准确一些。

主持人：严老师还是鼓励面对面的交流，那怎么样才能够成为一个符合您所提到的这些要求和原则的心理咨询师呢？

严由伟：要成为一名合格的心理咨询师，这三大渠道，大家可以去努力。第一渠道就是心理学专业学习，有条件的话，专业学习是首选渠道，我们称之为科班出身。如果是高中生则欢迎大家报考心理学类本科专业，全国各个省市，比如福建省各地市都有高校开设心理专业，其中福建师范大学是本硕博心理学专业都齐备，拥有福建省最强大的心理学专业学历教育和本硕博学位培养能力，借此要特别告诉大家，我们的心理咨询专业还招收在职人士攻读心理学专业硕士学位。第二渠道就是对已经有工作的人，或者是正在从事别的专业学习的人，如果你将来想从事心理咨询工作，可以关注国家有关专业学会或协会，比如中国心理学会、中国心理卫生协会的培训学习，以及其他各种机构举办的心理咨询师课程培训和考试，完成相关心理咨询师资格的注册或认证。第三渠道是临床与咨询心理督导、见习、实习，实现"带徒式"学习。福建省已有一批取得临床与咨询心理"督导资质"的心理咨询专家。他们是广大心理咨询师专业成长和职业化训练的好专家。大家可以在互联网上检索这方面的信息，也可以向身边的人打听。福建师范大学有一支专业基础扎实、咨询技能过硬、咨询经验很丰富的督导师队伍，欢迎大家投师报名。

主持人：这个学习会很难吗？

严由伟：难者难，易者易。

主持人：还是要看大家的用心程度。

严由伟：是的，认为它难的人是光有一个愿望，不好好努力，肯定是成不了咨询师的，这毕竟是一个非常专业化的工作。那"易者易"是什么呢？就是只要有这份心，好好地持之以恒地钻研下去，经过几年的努力，完全可以成为一名合格的咨询师。在这里也欢迎大家积极跟心理咨询专家们沟通、交流、请教。在此，热诚欢迎大家直接与我们取得联系。福建师范大学心理学院官网可以找到我们的联系方式。

主持人：这是利人利己的事情。

严由伟：是的，大家共同来做好这份爱心的事业。

"心灵绿洲"小课堂

心理咨询，这一旨在促进个体心灵和谐与成长的工作，其核心精髓可以归于以下四大要素：应用心理学的知识，遵循心理学的原则，采用心理咨询技术和方法，最终聚焦于解决来访者自身的心理问题，这四点共同构成了心理咨询的广阔天地。

心理咨询的价值，不仅体现在对于焦虑、抑郁等负面情绪的有效疏导与缓解上，更在于促进个体自我认知、锻炼更为坚韧的抗压能力上。在这个过程中，选择一位合适的心理咨询师至关重要，我们应审慎选择以确保获得专业且有效的帮助，可以倾向于已经获得国家资质认可的心理咨询师及心理咨询研究专家或临床心理学家，他们具备提供心理咨询服务的能力，是公众可以信赖并寻求帮助的对象。

然而心理咨询的效果并非单靠咨询师一人的作用，它更依赖于来访者的主动配合与自我努力，因此来访者需以开放的心态，积极投入咨询过程中，与咨询师建立基于信任和尊重的合作关系，最大化发挥心理咨询的作用，助力个体在心灵旅途中实现自我的成长与蜕变。

心理急救离我们很远吗？

心理急救，勇敢伸出援手！心理危机干预，一开始就已经在治愈。

——锁朋

嘉宾简介

锁朋，中国灾害防协会认证心理急救员课程研发和主讲人，中国智慧工程研究会心理督导专委会副会长、心理危机干预专委会主任委员。

主持人：今天邀请锁朋老师来和大家聊的话题，是他最近一段时间一直在大力推动的——心理急救。

锁朋：是的，心理急救正是我目前正在全力以赴的事情。

主持人：听说您以前是一名医务工作者。

锁朋：没错。提到急救，大家自然会想起医生，想起"120"。实际上这也是我投身心理急救的原因。因为我们的身体可能会受伤，同样地，我们的心理也会受伤，受伤后的心理同样需要急救。

主持人：听说您在做医生时，处理过不少急救案例。

锁朋：是的，我做医生时，常会遇到一些因车祸或突发疾病受伤的人。当我们治好他们的身体创伤和疾病后，往往会发现他们留下了一些后遗症或者说会落下毛病。什么毛病呢？比如有一个驾驶员骨折治好了，但他却不敢再开车了。还有一些突发身体疾病的人，比如心肌梗死患者，发病后他们就会变得神经过敏，稍有不适就觉得自己可能又心梗了，会危及生命，因此非常紧张焦虑。

主持人：嗯，按照一般的"120"的流程，就是把你的腿伤也治好，心梗也治好，治疗好了，可能就OK了。

锁朋：是的，医学确实更关注身体的疾病，但身体和心理其实是密切相关的。尤其是突发疾病，或遇到一些紧急事件，包括天灾人祸，特别是自然灾难和大的社会恐慌事件，这些都会给人的内心留下非常严重的创伤。这种创伤的严重性，可以说不亚于甚至可能会超过身体的创伤。而且，它给心理留下的一些问题并不像身体的疾病那么容易被发现。

　　主持人：确实如此，心理创伤往往被我们忽视，但它对一个人的生活影响是非常大的。

　　锁朋：心理创伤会留下一些很怪异的行为、想法，以及扭曲的心态，这些会影响患者的生活。

　　主持人：心理急救它最早的缘起大概在什么时候？

　　锁朋：国际上，心理急救最早的缘起可以追溯到 20 世纪 40 年代。那个时候正好是战争结束，很多经历过战争的老兵，回到了自己的国家，但由于心理问题，他们无法正常生活。他们所在的部队注意到了这一点，于是开始给他们派出精神科医生、心理专家、社会工作者以及神职人员，帮助他们恢复内心的创伤。在心理辅导团队工作一段时间后，他们的社会适应能力和个人建立关系的能力都得到了一些改善。但是，依然有大概 20% 的人无法回归社会，无法恢复到原来的状态，我们称这种病为创伤后应激障碍。而心理急救就是在早期阶段能够及时为他们提供心理上的支持。

　　主持人：那时候可能还处于一个处理问题的阶段，然后慢慢地往根上倒。

　　锁朋：是的，往根上倒就是在最早期阶段，我们要意识到怎样去帮助他们。

　　主持人：这是在国际上的情况。那在我们国内呢？

　　锁朋：国内最早开始关注到心理援助，应该是在 20 世纪 90 年代末期。但真正大力地发展心理援助，是在汶川地震之后。

　　主持人：说到汶川地震，可能每个中国人都经历过那样的一些时刻。如那几天，整个电视画面都是黑白的。看到那样的画面镜头报道，不要说当地的人民了，我们外面的这些普通百姓可能都会有一些心理障碍了。

　　锁朋：是的，您说的特别对。不单是现场受伤的人需要心理急救。其实您说的就是第四级人群，那这个级是怎么来分的呢？**第一级**就是在灾难或突发事件中受伤的人以及遇难者的家属。**第二级**就是那些去帮助受灾人民的人，比如医务人员、救援官兵、志愿者和在当地协调的人。**第三级**就是在后勤去支持救援人员的这部分人。**第四级**就是通过媒体间接接触到了灾难信息的人。

　　主持人：每一级他所遭受的打击与创伤都是不同的。所以我们面对这四级人会有一些相应的不同应对措施。

　　锁朋：是的，每一级的应对措施是不一样的。但最需要急救的还是第一级，就是直接在现场的那些受伤的人以及家属。这是我们需要重点关注的。在我们采取的措施里，最重要的一点就是让他们当下的情绪能够得到一点平复，能稍微感觉好一点，让他知道，周围是有人在支持他们的。

　　主持人：从国际到国内，做心理急救的人现在是越来越多了，也可能会有一些专业组织参与进来。

　　锁朋：是的，现在灾难事件频发，还有一些动荡的状况，比如校园危机或社会危机的爆发，这些都让越来越多的个人和团体关注到了心理危机干预，或叫心理援助。相关的专业人员数量也越来越多。但最困难的是，在受灾或者突发事件发生的最初阶段，特别是48小时之内，专业人员其实很难迅速赶到受灾的人身边。早期的帮助非常重要。这部分帮助虽然可以由专业人员来提供，但由于他们不能及时赶到，而且数量也有限，因此需要每一个受灾的人身边的人都掌握一定的心理急救技能，这样我们就可以在当时为他们提供最快的心理帮助。

　　主持人：从汶川地震开始，可能很多的媒体都在传达一个概念——黄金72小时。这相当于我们身体急救的黄金周期。

　　锁朋：是的，身体急救有一个黄金周期，也就是最佳救援时间。同样，心理也有一个最佳救援时间。国际上比较公认的心理救援时间是48小时以内，但其实越快进行干预效果越好。在48小时内进行心理救援，效果是最显著的，最迟也不应超过一个月。在这一个月内，我们主要采用心理急救的方法来帮助人们。为什么说48小时以内是心理救援的最佳时间呢？我来给大家举一个例子。在一次校园暴力事件中，有一个初中的孩子目睹了自己的同学在这场事故中去世。他回来后，当晚就无法入睡，第二天就开始胡言乱语，说的都是他在噩梦中信以为真的事情，比如暴徒还要杀好多人。这时，我们就应该立即采取行动。然而，这个孩子因为不能上学而感到非常焦虑，家长和老师也十分担心他是否会因为这件事而精神失常。但幸运的是，在我们专业人员的讲解和心理急救的帮助下，他逐渐放下了恐惧和焦虑，状态也越来越好。因为48小时以内是我们面对突发事件后的一个心理应激阶段。这个心理应激阶段有很多身体和心理的一些表现，会和我们平时完全不一样。比如说会血压升高、血糖升高、肌肉紧张等症状，导致变得非常紧张、焦虑和害怕。这些看似异常的行为，其实只是应激反应的一部分。

不过，随着时间慢慢推移，从 48 小时到 72 小时，这些异常反应会逐渐缓解。缓解过了一周左右，很多人自然就好了。但如果我们没有这个概念，也许我们会把它当作严重的事情，就会过分地强化这些表现。还有一些人如果是创伤和创伤程度太重或是持续存在，那么 48 小时以内的这种心理应激反应就很难恢复过来，它就有可能固化下来，这就是我们说的心理创伤的基础。我们为什么要在 48 小时以内尽快提供心理的帮助，因为心理创伤的实质就是自主神经系统的应激反应变得紊乱。如果得到了帮助，神经紊乱就有机会恢复过来，那么他后期得创伤后应激障碍的几率就会大大减少。

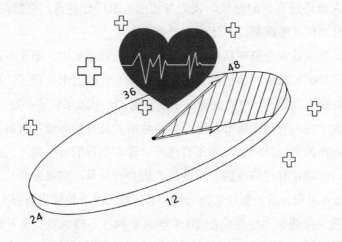

主持人：举一个不知道恰当不恰当的例子，比如很多马拉松选手跑完以后，或者是足球运动员踢完球以后，都要马上进行肌肉放松。如果不放松的话，那可能接下来的三天五天、一个礼拜都会很疼。

锁朋：对，您这个例子举得太好了。我们需要让这个绷得太紧的神经能够得到舒缓。

主持人：通过按摩的方式，把这些肌肉来放松了。

锁朋：对，您这个比喻很恰当。心理急救就像一种按摩。其实就是让我们绷得太紧的神经、心态有一个放松的时机，而这个时机在什么时候最好呢？就是在你最紧张之后放松的那会儿。如果错过那个阶段，肌肉就像发条一样，上的过紧了，绷断了，那以后弹性就会变差了，就是他心理的适应力会越来越差。

主持人：这也解释了为什么要尽早来处理。

锁朋：是的，而且尽早来处理的话，会比较简单。就像放松肌肉一样，我们就自己按摩按摩，倒腾倒腾，十多分钟就会慢慢地好起来。这个时机很重要，方法很简单，但如果我们没有采取方法的话，到后期它固化成其他的症状，无论是表现还是处理，都会变得更加复杂。

　　主持人：心理急救、心理危机干预，在最近几年当中，一直都是高频热词。

　　锁朋：对，大家都比较常听见这些词。其实心理急救就是心理危机干预的最早阶段。给大家打个比方，假设心理危机干预是整个医院的急诊科的话，心理急救就是出现场的急救车。再简单一点，其实心理急救就像"120"还没有到现场之前周围的人怎么去处理，比如说受到外伤，我们会给他止血包扎。心理急救实际上是专业人员还没有到的时候，我们身边的人怎样让他得到更好的专业帮助，以及他在当时怎样才能缓解，不让他更严重。

　　主持人：其实这也是挺纠结的。在我们一般人的理解中，出了事故，既然你都需要拨打"120"，就说明事情有点严重，需要专业的人来处理了。这个时候如果身边的人处理不当的话，可能会是做了很多努力，但效果可能不好，甚至更糟。

　　锁朋：大家也会有这个担心，这个担心恰恰就是我们心理急救需要去推广的原因之一。心理的紧急反应和身体还有点不一样。当我们被吓到了，或我们处在恐惧当中时，情绪是有传染性的。周围的人也会被波及，如果你是被波及的这个人，还要紧急去采取合适的做法实施心理急救，自己本身也要克服很多心理状况。而心理急救就是依照世界卫生组织2013年颁布的《心理急救指南》来学习，把它简化，然后不断去重复，不断练习，我们就可以实施现场的心理急救，克服掉自己内心受冲击而产生的恐惧感。如果遇到像您说的突发事件或自己搞不定的危险，比如他好像马上要疯了，要跳楼了，或是情绪崩溃，这时我们自己本身就受到严重的影响，又如何使用专业的方法来平复自己，同时又能够帮助他人呢？这就是现场心理急救要学习的最重要的内容。

　　主持人：所以你们最近也在用各种媒体、各种手段、各种渠道来向公众推广这些东西。

　　锁朋：对的，我们可以看到，在一些突发事件发生之后，除了身体的创伤，心理的创伤给每个人带来的影响更严重，因为它持续时间可能会更久，所以也需要更多人关注到。这些方法其实很简单，每个人都可以学会，而且每一个人都有可能去运用，并且能在很有效的或在最需要的时间来实施，我们又何乐而不为呢？

　　主持人：在一些应急情况发生的时候，千万不要等待"120"等实体的元素介入以后再来做一些事情，在当时就得开始做。

锁朋：是的，在每一个受灾的人遇到危险、遇到惊吓、遇到突发情况之后，在他旁边的人就可以做心理急救。心理急救实际上是什么？就是你怎么去发现问题，怎么去和他说话，怎么让他情绪平复下来。

主持人：像急救和"120"可能都有一套急救流程。那到了我们心理这块，就好像没有这种操作手册，可能就得随机应变了。

锁朋：您说的这个就是大家现在的困惑——是不是应该随机应变发挥？到底该怎么做去发挥自己的特点？怎么去劝说呢？

主持人：可能有些背景知识的他能说或他会说，那可能稍微木讷一点的，或比较内向的，他就不行。

锁朋：其实在心理急救领域也有急救手册，也有标准的流程，它是由世界卫生组织颁布，在2013年的时候就颁布了第一版的《心理急救指南》。在指南当中就强调了操作的流程，这个流程就是"看、听、找"。我把它总结了一下，其实就是去评估，去观察哪些人需要帮助。我们在现场的时候，每个人都会被吓到。但不是每个被吓到的人都会留下创伤。那些需要帮助的人是哪些人呢？就是遇到突发事件之后，一种是他表现的情绪过分低落、睡眠不好、不吃东西、活动减少。另一种是过分地高亢，兴奋活动增多，睡眠减少。还有就是脾气变得非常糟糕，爱发火，或他在行为上会有依赖酒精、烟的表现。这些表现出过度高亢或过度低落的人，就是我们需要去关注的人。那么需要关注多久呢？我们要去观察两三天，有些人也就慢慢缓过来了。这部分人我们就不去管他了，但两三天还没有好的，我们就需要重点关注。在那两三天当中，除了观察以外，我们还要听。

主持人：会不会有一些人把这些创伤的世界和画面像种子一样埋在心里了？这两三天的时间可能看起来也都好好的，但可能在若干年以后，比如某一年的纪念日的时候，突然间这东西就被翻出来了。

锁朋：在突发事件现场确实会有这种情况，他不表现出任何不舒服，所以要持续观察到一周，至少一周。在一个月以内，我们都要去进行了解和观察。

第一步"看"其实就是去评估，不是忙着去做什么，就是要去观察，去评估他的问题，包括那些当时看起来好像挺正常的人。下面就说到如果发现情绪波动比较大的这部分人，甚至是表面看起来好像还挺好的人，我们都可以去采取第二步"听"。

看　听　找

　　"听"是一个老话题了，也是我们心理咨询的一个基本功。大家都知道"倾听"这个词，可是什么才叫真正的倾听呢？就是你要不带评价，不去揣测他现在到底是什么问题。最重要的是你不把他当作一个有问题的人，不把他当作病人。因为受惊吓之后，所有人都会变得好像有点不正常，所以我们只是去倾听。如果觉得有人想要诉说，你就要去问他三句话，先问需求，再听诉说。说"看、听、找"的"听"，有时候你得先去"问"。这个问，就要用开放式的问题——发生了什么？你有什么感觉？你需要什么帮助？这三个问题是在心理急救当中带有魔法般的、最重要的问题，是要求大家背下来的。当然你怎么去发挥都行。但这三个最核心的是"发生了什么，你有什么感觉？"也就是你的情绪是什么样的，然后"你需要什么帮助？"当我们问出三个开放式问题，或一个接着一个地问时，这个受惊吓的人就可能开始诉说。诉说的时候，我们就要不带任何评价地去倾听。我们有一个口诀叫"注视、点头、手一起"，这就是倾听。注视，就是你要用眼睛看他，有眼神的交流。点头就是你要对他表示认同，只能说最少的词儿、最少的字。不打断、不建议、不批评，不去揣测他到底是什么问题，不去分析他现在讲的这些问题我应该怎么去回应，都不需要，更加不要去诊断他。我们也不要去分享自己的经历。有个心理学家做过一个调查，在交流当中，人们平均讲到两句半就开始讲述自己。因此我们倾听的时候，要"注视、点头、手一起"，用最少的语言去回应他。"手一起"就是我们要重视肢体动作，有时候牵牵小手，然后拍拍肩膀。对年幼的孩子，还可以去拥抱他，对情绪特别激烈的、不是很抗拒的，我们也可以去拥抱他。包括一些简单的被动活动，如按摩、拍打都是非常有效的。

　　倾听就是要"注视、点头、手一起"。不阻止哭泣，如果对方哭，不要着急递手纸巾，不要说"你不要哭了""节哀顺变""不要难过"之类的话。他哭其实代表内心的情绪已经开始释放了，其实是个很好的事情。他哭的时候，我们都会很尴尬，遇到别人哭，自己会不知道该怎么办。这个时候，你就可以用你的眼神去表达你的理解，表达你对他情绪的这种感同身受，用你的肢体语言去安慰他。有时候你也可以对那些哭了以后还觉得没有完全哭出来或想要压抑的人，用语言去引导他——"你可以用任何方式来表达你的情绪，你现在不需要压抑自己的情感"。这些都是心理急救当中非常重要的内容。

第三步是"找"。找什么呢？找信息，找资源，然后帮他找重要的财物。人在受灾当下，最需要的就是财产以及家人。如果你发现那些需要特别帮助的人，你就要帮他去找专业人员。这就是"看、听、找"中的"找"：找家人，找信息，找资源。

主持人：在一些灾害灾难面前，我们就可以用"看、听、找"的方式来识别周围可能需要帮助的人。

锁朋："看、听、找"听起来很简单，实际上这是世界卫生组织在心理急救指南上强调的。我们会发现，在帮助他人的过程中，我们第一会急于表述自己，第二会想办法马上就让他心情平复，第三会没有关注到他实际的需求。心理急救的模式、流程简化为"看、听、找"也是有次序的，我们得先去观察，注意不要错过任何细节。因为很多人在受灾以后，会掩饰他的情绪、个人状况。我们要去仔细、全面地观察和评估，去发现他可能潜藏的问题。第二是"听"，一定要让他的情绪得到充分流露。有一次我在辅导当中，有一个志愿者来问我，让一个人的情绪平复下来，我该怎么安慰他呢？我说你做了什么？他说我听他讲完话了，但是我不知道在他讲完之后该怎么去回应、安慰他。后来我又问他，你在跟这个受助者交流的过程当中，你有没有得到安慰呢？他说，我已经得到安慰了，而且我的情绪已经好多了。其实我们有时候忽略了，当我们去倾听的时候，本身就已经在帮助他人了。在倾听的时候，你让他的情绪得到了平复，让他得到了宣泄和倾诉的满足。其实他已经开始接受支持，甚至是说治疗都不为过。很多时候我们低估了倾听的作用，或急于想要去帮助他——就是想我该说什么做什么，才能够让他获得安慰和支持。实际上你在倾听的时候，在去询问需求的时候，就已经充分体现了心理急救的原则——提供了人道性的、以他为主的一种关注。

主持人：最近一段时间您应该也发现了，好像社会上对心理急救的认知是越来越强了。可能你们在做工作的时候，也越来越容易推动了。

锁朋：是的，大家比较关注心理健康，而且也会关注到一些突发事件对我们内心的冲击。这也是为什么我们要来推动心理急救、培训以及实操的一个很重要的原因。

主持人：刚刚我们讲的更多的是一些灾难性事件或突发事件。其实在我们的生活、生命当中可能也会有很多这样的时刻，需要我们小心应对。

锁朋：确实是这样。2008年地震之后，我在汶川地震灾区待了3年，不间断地在做心理援助和辅导。当时我以为这些技术和方法在灾难之后就放下了，可能也没有太多用处了。但实际上恰恰相反。当我回到常态的生活以后，我发现自己成为一个经常被别人拉去做心理急救的人，这些人都是我的朋友。大家都知道，如果我们有一个医生朋友，有什么问题我们就会去打电话找他。如果我们有一个心理咨询师朋友，我们也会打电话找他。我就经常被打电话。找来找去，我就觉得心理急救技能其实是可以根据世界上的一些权威指南，把它变为日常生活中我们每个人都可用的一些方法。因为其实每一个人他都有心理学习的能力和潜能。当我在做临床医生和出现场急救的时候，我确实觉得很多人对医疗的急症很害怕。但对于心理急症，其实每一个人都有触类旁通和一点就通的能力，只是可能我们存在一些误区，以及我们被当时的状况吓到了，不知道该怎么去做。如果我们能够知道有一套权威的流程，有具体的方法，那我相信每一个人都可以来实施这套心理急救的方法，而且可以帮助到身边的人，可以最快地去提供帮助。

主持人：我们要做生活当中的有心人。

锁朋：我们心理急救学部的口号叫"我是离你最近的守护天使"。希望有更多的人掌握一些心理急救的方法，以备应急之需。

"心灵绿洲"小课堂

　　身体和心理其实是密切相关的。心理创伤往往被我们忽视，但它对一个人的生活影响是非常大的。在受灾现场，由于专业人员难以及时赶到，因此每个人都需要学习心理急救知识。是不是应该随机应变发挥？到底该怎么做去发挥自己的特点？怎样去劝说？关于这些问题，锁朋老师在本文中进行了详尽的解答。同时，她也建议我们在日常生活中要学会关注他人的情绪，预防或避免悲剧的发生，做生活中的有心人。

后　记

　　厦门集美，一个名字就充满诗意和美好的地方，山海湖田，四季如春，这里不仅自然风光旖旎，更有着深厚的人文底蕴。厦门大学、集美学村的美轮美奂，与善良、富有爱心的厦门人相得益彰，共同构筑了一个让人心生向往的圣地。在这里，人们生活得富有人文、幸福、美好，心情特别放松、开心、舒畅。集美之所以如此吸引人，不仅因为它的外在美，更因为它特别适合心理建设、心灵成长。这里的自然环境、人文氛围、教育理念等都为人们的心理健康和心灵成长提供了得天独厚的条件。而集美区委宣传部、集美大学心理咨询中心、厦门市集美区心理学会等对心理服务工作的重视，更是为这片"心灵绿洲"注入了源源不断的活力。

　　心理学是一门探索人类心灵奥秘的学科。它关注人的情绪、情感、认知、行为等方面，旨在帮助人们更好地理解自己，更好地与他人相处，更好地应对生活中的各种挑战。广播，这个伴随着无数人成长的传媒方式，其影响力与普及度是不可估量的。从2015年开始，集美区通过《心灵绿洲》广播这种传播方式，成功地将心理健康知识普及到了更广泛的人群中，在一定程度上，不仅提升了整个社会的心理健康水平，也为构建和谐社会奠定了坚实的基础。

　　本书集结了19位心理学领域的专家学者的智慧，他们不仅拥有丰富的学术背景和实践经验，更有着对心理学深入骨髓的理解和热爱。他们将从各自的专业领域出发，深入浅出畅聊青少年儿童心理学的方方面面，带领读者一起探索心灵的奥秘。无论是对于心理学爱好者，还是对于想要改善亲子关系的家长，这本书都是一本不可多得的佳作。它用通俗易懂的语言，将深奥的心理学知识讲得生动有趣，让人在轻松愉快的阅读中收获满满。

　　最后，我想说，厦门集美这片"心灵绿洲"，因为有了大咖们的加入，而变得更加璀璨夺目。他们的智慧和热情，将为更多的人带来心灵的滋养和成长。让我们一起在这片绿洲中感受心灵的和谐与美好。

　　特别感谢以下心理学专家们给予集美的帮助与支持。他们是清华大学彭凯平、樊富珉、李焰、张丹、赵昱鲲等；北京大学苏彦捷、周晓林、刘海骅、徐凯文、何瑾等；中国科学院心理研究所张侃、傅小兰、韩布新、张建新、高文斌、高路、张莉、时勘、王咏、王利刚等；北京师范大学方晓义、伍新春、陈秋燕、聂振伟、蔺秀云、张英俊等；首都师范大学蔺桂瑞、岳晓东等；国际关系学院李胜强；中国儿童研究中心梅建；北京胡亚美医学研究院王廷礼；中国社会工作联合会林平光；浙江大学马剑虹、马建青等；第四军医大学肖玮；天津师范大学白学军、杨海波、吴捷等；华南师范大学李红等；四川大学格桑泽仁、肖旭等；南京大学傅宏、桑志芹等；上海体育大学贺岭峰；上海精神卫生中心徐勇；上海大学程明明；苏州大学附属第一医院吴爱勤；浙江师范大学刘宣文等；中南大学唐海波、吴大兴等；海南师范大学肖少北；大连理工大学胡月；北京交通大学鲁小华；国际关系学院李胜强；北京印刷学院贾煊；兰州大学彭贤等；福建师范大学连榕、孟迎芳、程利国、严由伟、黄爱玲、张锦坤、高华、王东宇、彭新波、林荣茂、陈坚、郭明春、曾宪霖、尹彬等；香港、台湾的心理专家们……他们都来到集美，对集美心理工作进行专业指导或授课。感谢厦门大学、集美大学、华侨大学、厦门医学院、厦门仙岳医院的心理专家们以及集美许多基层干部和志愿者们，他们用一颗真诚的爱心积极推动集美心理工作。在此，我们表示诚挚的谢意！

同时，也特别感谢集美大学学生钟晨洋、杨炜玲、肖艺旋、林逸玲、陈海宁、吴丹丹、吴梓宜、江怡巧、黄雯婷、赖羽珊、石兴瑞、靳雅、黄佳蕙、陈静怡、关婧婧、林韩雪、艾大武、黄闽登、岑兴军、李姗、李展、胡宇洁、马颖、林晨灵、林翠珍、陈紫晗、刘亚晴、戚艺瑞等和集美区"益科心"心理工作室陈舒虹、黄雅婧老师等积极参与本书前期的文字校对、"'心灵绿洲'小课堂"整理等工作，特此致谢。

林赞歌

2025 年 4 月 15 日